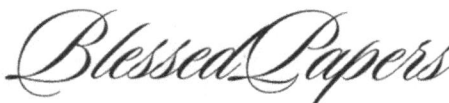

SOPA DE LETRAS

Y

DICCIONARIO

ARTE

Bienvenido

Desde BlessedPapers esperamos proporcionarte un entretenimiento y aprendizaje, divertido y relajado. Los libros de esta colección contienen diccionarios. Aprenderás al mismo tiempo que te diviertes.

Una recomendación:
Hazlo con lápiz .
Estamos convencidos de que volverás a hacerlo, una y otra vez.

Temas:
Las sopas de letras están ordenadas por temáticas dentro del tema principal.

Diccionario:
Al final del libro dispones del diccionario con todas las palabras contenidas.

Esperamos que pases un buen rato

BlessedPapers

Somos una editorial Joven, que intenta hacer
cosas nuevas y diferentes.
Si te gusta el libro, te divierte y te aporta algo,
sería una grandísima ayuda que nos dieras tu
opinión. Es la única manera de poder hacernos
visibles y llegar a más personas.
Sólo tardarás unos segundos escaneando el
código QR.

Muchas gracias por tu ayuda

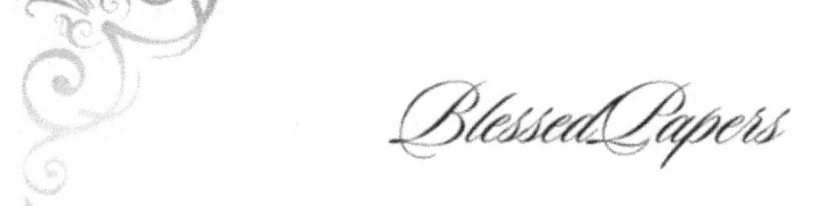

BlessedPapers

Estilos Artísticos

C	O	I	B	Q	U	M	R	C	M	C	Y	W	S	T	V	W	R
G	T	T	M	S	I	K	F	M	H	Y	Y	Y	R	H	N	C	D
B	E	R	W	P	U	L	N	V	P	A	T	W	R	X	I	N	Z
F	Z	W	D	I	R	L	C	O	P	J	O	E	V	F	J	R	N
X	B	O	M	M	I	E	I	M	Y	N	P	Z	G	M	X	N	C
Q	V	O	B	P	O	I	S	S	C	L	Z	U	D	B	Q	Y	Q
C	B	T	B	O	N	L	S	I	T	U	E	D	Y	Z	R	S	H
T	A	N	S	L	T	G	G	L	O	Y	B	Q	N	H	T	O	A
M	R	E	R	L	T	C	N	A	X	N	Z	I	J	I	N	J	J
X	R	I	H	H	L	V	A	E	L	J	I	W	S	X	M	M	J
L	O	M	S	I	L	A	E	R	S	F	P	S	M	M	D	Q	T
T	C	I	V	K	V	P	Y	R	T	J	G	U	M	A	O	V	P
E	O	C	V	U	D	F	W	U	W	S	X	U	Z	O	T	D	J
Q	P	A	F	B	Y	Y	J	S	U	A	B	A	B	A	X	O	Q
D	I	N	P	H	Y	N	W	M	R	X	T	A	M	Z	A	X	I
M	S	E	C	T	Y	X	S	O	K	W	S	F	F	H	W	B	V
S	T	R	T	J	H	M	L	G	I	W	J	B	X	Y	M	U	I
M	Z	L	M	H	U	C	H	E	Z	S	P	F	M	E	E	E	G

Renacimiento   Barroco   Impresionismo

Cubismo   Surrealismo   Abstracto

Realismo

Instrumentos Arte

J	R	W	G	N	F	M	Y	H	D	J	E	D	Y	U	A
H	D	M	W	H	N	T	N	O	X	P	M	B	J	D	D
T	Q	L	V	R	H	G	M	R	Q	L	M	Y	P	O	H
G	X	C	I	E	Q	U	E	H	B	G	S	Y	H	V	T
M	F	I	A	T	F	Q	O	G	Q	P	K	U	A	Y	R
N	X	D	N	R	P	B	O	W	F	P	H	N	O	K	O
X	P	O	H	E	B	I	Z	X	R	Q	E	Q	F	L	R
I	J	R	K	U	H	O	R	A	F	L	Y	V	K	Y	O
A	G	F	P	F	T	G	N	D	C	R	E	A	W	Z	B
T	A	V	W	A	J	F	N	C	R	N	S	C	Q	L	E
E	G	V	K	U	Z	P	B	O	I	X	M	Z	N	G	Q
L	N	F	M	G	O	Z	N	E	I	L	A	L	N	I	K
A	L	E	R	A	U	C	A	G	E	Q	L	J	K	X	P
P	W	A	S	S	W	K	W	U	X	E	T	O	W	X	O
Q	B	L	P	O	K	Y	Y	Z	T	E	E	Y	F	K	P
P	Q	P	B	A	D	X	Y	F	E	E	V	S	Q	N	L

Pincel   **Paleta**   **Lienzo**
Esmalte   **Carboncillo**   **Aguafuerte**
Acuarela

Escultores

J	G	Y	W	J	D	M	B	M	U	E	I	N	W	K	J
G	P	V	S	Z	W	C	R	A	Y	C	H	R	E	P	C
W	C	Z	Y	U	G	I	A	C	O	M	E	T	T	I	B
J	J	F	B	Q	O	P	N	N	C	I	P	H	I	F	F
V	Z	F	H	U	O	A	C	S	M	V	E	B	J	W	Z
L	R	O	D	I	N	J	U	Q	I	D	K	O	Y	Z	T
Y	M	A	A	B	S	X	S	N	G	K	M	C	H	F	W
U	J	T	T	I	C	D	I	K	U	T	Q	S	H	A	E
L	V	O	O	Z	A	N	O	B	E	Y	X	Z	Z	W	A
J	Y	Q	O	D	R	P	R	N	L	W	D	T	H	V	S
X	D	H	W	E	A	K	K	O	A	F	D	Z	K	N	Y
V	W	T	B	V	I	R	W	F	N	T	J	L	Y	G	X
L	G	J	U	G	P	Y	K	U	G	X	E	D	W	P	Q
L	D	Q	Z	N	L	K	Y	Y	E	O	K	L	V	O	C
J	G	V	F	Y	N	O	I	Z	L	L	I	S	L	Q	V
L	T	B	R	Y	Z	D	E	T	O	B	E	R	O	O	M

MiguelÁngel	Rodin	Bernini
Brancusi	Moore	Giacometti
Donatello		

Colores Artísticos

O	O	V	U	Y	V	D	F	Z	J	E	K	Q	Q
A	W	N	O	X	U	P	P	A	T	W	E	A	A
R	R	R	K	G	P	L	T	U	I	O	S	J	J
X	D	K	S	Z	U	E	Y	R	F	P	M	Y	V
S	R	R	G	T	L	L	L	A	I	F	E	W	C
X	M	L	O	X	I	D	O	G	R	X	R	S	A
I	P	L	E	F	N	S	E	Y	S	S	A	O	A
Z	P	N	R	H	A	R	E	C	A	I	L	L	V
R	P	A	X	O	U	X	V	M	J	V	D	O	Z
I	M	L	U	R	R	E	J	B	R	V	A	A	O
N	G	T	M	H	Z	F	U	J	O	A	N	O	K
I	N	U	D	R	X	G	S	S	A	O	C	R	F
J	Q	G	U	L	C	S	C	Q	Q	R	W	V	Q
G	M	V	S	O	F	S	A	G	E	S	Z	O	N

Carmesí   **Óxido**   **Sepia**
Esmeralda   **Añil**   **Marfil**
Ocre

Técnicas

A	W	R	P	U	F	C	E	D	Z	Z	D	F	F	F
C	O	X	C	V	M	Q	A	W	Q	K	X	G	E	X
D	K	Y	V	Z	N	W	H	A	L	G	E	A	Y	O
O	L	P	S	O	M	O	B	C	U	A	Z	I	R	D
O	U	T	P	V	V	O	D	I	N	O	G	U	C	A
N	G	R	A	B	A	D	O	I	C	F	C	C	M	I
J	K	J	P	V	K	U	V	Y	C	S	G	M	B	F
Z	Q	O	V	E	S	K	I	D	O	R	L	I	H	A
W	X	T	Q	T	X	U	G	R	T	E	A	X	W	R
H	G	Y	B	Q	G	T	A	B	Q	L	S	T	D	G
D	L	P	L	C	O	L	L	A	G	E	E	A	S	S
H	I	F	L	H	C	I	O	J	R	X	A	S	Y	E
B	Q	Y	S	V	O	H	V	A	A	A	D	K	S	T
R	C	F	G	W	A	K	O	L	M	H	O	U	N	M
G	Q	O	T	P	V	D	Z	S	Q	I	A	P	V	Z

Esgrafiado	**Mixta**	Glaseado
Claroscuro	**Estarcido**	Collage
Grabado		

Museos Mundiales

N	D	J	O	I	N	D	P	M	M	V	U	Y	Q	V
M	V	U	P	P	I	N	X	T	X	Y	P	I	N	W
L	N	G	R	U	U	K	L	P	S	J	C	E	R	Y
F	O	M	M	I	E	H	N	E	G	G	U	G	E	R
G	M	G	W	L	U	U	J	C	H	L	D	A	D	W
T	U	R	W	Y	X	O	W	R	O	H	V	T	O	V
W	W	N	M	G	I	I	P	U	I	P	F	I	M	G
K	I	O	N	M	P	S	V	Y	R	L	W	M	E	W
Q	M	B	E	A	P	R	F	T	H	S	Z	R	T	V
A	N	T	F	J	E	B	A	O	D	B	F	E	A	M
A	I	U	C	L	S	V	L	D	Q	C	R	H	T	O
L	N	T	S	M	A	X	C	M	O	L	Y	F	F	R
W	L	N	U	F	H	Z	U	L	Z	T	F	D	W	Y
O	R	Y	M	U	J	U	A	B	J	L	W	F	P	W
V	Q	D	H	F	U	Z	Q	N	W	R	I	H	P	P

Louvre   **Prado**   **MET**
TateModern   **Hermitage**   **MOMA**
Guggenheim

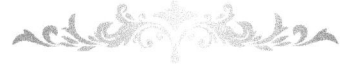

Obras Maestras

Y	N	M	B	U	T	V	L	J	S	S	V	V	I	X	H	N	U	E	M
Z	J	O	A	Y	L	L	X	K	Y	G	B	I	V	R	A	J	M	A	L
H	M	C	C	A	C	U	S	C	A	F	C	L	L	L	J	H	R	C	B
D	W	L	I	H	H	X	G	Q	Z	Z	P	K	K	Q	J	N	M	X	Y
K	E	J	N	P	E	R	B	M	V	R	S	G	V	U	N	A	S	L	Y
Y	L	P	R	P	Y	E	O	Q	I	J	V	K	Y	R	J	C	Q	Z	M
G	Q	S	E	Q	Y	U	S	K	B	R	E	L	J	G	B	I	H	E	A
L	E	N	U	C	C	B	D	T	G	B	L	W	N	S	H	M	N	Q	F
I	D	O	G	Z	N	S	A	H	R	K	K	N	B	K	Y	I	F	E	F
U	I	A	F	S	X	M	G	I	S	E	I	K	O	C	N	E	O	F	Y
Z	L	M	P	Z	S	B	I	Z	T	M	L	U	V	A	S	N	W	L	U
Q	U	T	Q	D	K	B	Q	E	O	M	O	L	S	Y	S	T	J	M	S
A	T	I	I	D	R	Q	M	S	D	A	I	T	A	O	H	O	B	Z	G
Q	D	M	A	M	K	J	E	G	S	P	O	V	O	D	U	V	R	L	D
K	R	N	I	I	A	M	E	P	H	B	O	K	B	H	A	E	O	C	O
O	K	N	O	C	A	C	X	W	S	A	R	T	F	T	V	N	E	N	D
R	S	A	I	C	I	L	E	D	N	I	D	R	A	J	L	U	N	B	K
U	K	I	P	Q	O	Z	Y	N	E	E	A	T	U	F	A	S	H	C	Z
I	V	W	S	Q	C	I	F	B	A	S	G	L	R	K	N	X	P	V	E
A	Y	Q	C	U	A	Z	G	X	J	R	D	W	V	K	Z	B	T	A	X

ÚltimaCena   NocheEstrellada   **Guernica**
Gioconda   JardínDelicias   **Meninas**
NacimientoVenus

Movimientos Art.

X	W	E	A	E	L	F	G	A	X	O	T	P	C	J
M	J	Z	H	K	F	J	A	N	D	L	P	Z	Q	M
R	D	S	O	K	N	X	R	U	H	Q	Y	V	N	H
E	H	L	N	F	F	G	T	D	V	W	Z	F	Z	B
L	A	U	T	P	E	C	N	O	C	I	H	M	C	B
M	A	S	G	J	L	N	O	B	P	C	S	M	E	O
C	W	J	C	Y	G	C	U	B	R	A	P	M	S	J
L	X	J	H	U	I	Y	V	W	O	B	R	A	O	S
K	E	J	H	T	N	V	E	P	C	C	F	T	G	W
C	K	J	E	O	K	P	A	E	O	A	B	G	H	E
Z	R	N	G	J	W	I	U	T	C	P	P	A	M	C
Q	I	U	O	U	L	B	W	D	O	N	W	S	M	P
C	J	U	W	B	N	E	O	S	I	Q	D	F	T	R
H	A	V	H	T	Q	T	J	I	O	N	P	N	X	W
X	A	I	J	K	C	D	T	R	J	Y	I	K	V	Q

Rococó   **Fauvismo**   **Pop**
Conceptual   **OpArt**   **Cinético**
ArtNouveau

Arquitectura Celebre

W	U	F	D	R	K	N	N	H	Q	D	Y	E	E	P	K	F	E	P
O	M	U	S	J	V	B	E	O	T	T	A	U	V	Y	W	J	M	W
R	E	H	L	A	A	G	C	B	J	G	K	O	L	M	O	A	C	A
C	D	V	M	R	G	Z	E	C	R	M	M	D	T	K	I	W	C	C
E	C	G	T	E	U	R	P	Q	Q	Y	V	Y	K	G	M	F	P	R
L	E	C	C	P	E	L	A	T	D	I	W	Y	Y	L	A	K	X	O
K	J	D	E	O	D	Z	F	D	A	L	I	V	A	D	Q	S	R	P
Q	A	V	K	Y	L	Q	A	O	A	J	Y	F	Q	V	N	Q	S	O
J	D	R	P	E	V	I	M	A	N	F	M	D	L	Q	X	G	V	L
C	N	L	F	N	Z	M	S	P	C	F	A	A	H	K	N	C	V	I
X	Y	F	L	D	C	P	L	E	O	Q	J	M	H	B	R	G	Z	S
E	I	V	J	Y	I	Z	L	E	O	N	N	G	I	A	E	Y	D	L
E	C	L	A	S	P	G	B	A	Y	X	J	Y	Z	L	L	D	N	Y
C	V	Y	Z	D	X	R	U	K	B	X	D	R	M	T	I	C	G	V
T	G	K	E	C	C	Z	M	G	V	B	D	K	I	D	U	A	G	L
W	B	I	X	U	F	L	P	Q	C	Z	P	C	I	L	D	V	F	S
V	H	U	O	P	S	Q	W	X	Y	J	X	L	L	Z	I	Y	O	A
G	O	Y	W	D	W	D	H	V	L	G	B	C	D	G	P	F	L	N
E	S	X	B	J	N	U	E	B	S	X	G	J	Y	P	B	A	L	X

Gaudí   **TajMahal**   **Coliseo**
Eiffel   **Acropolis**   **SagradaFamilia**
SydneyOpera

Contemporáneos

G	H	R	B	U	H	D	J	S	L	I	G	J
U	J	E	Q	J	D	O	B	B	Y	N	L	P
R	V	Z	C	V	X	K	X	N	B	V	I	Q
N	S	R	I	K	S	N	Z	C	C	K	K	B
Q	A	N	Z	E	E	H	F	N	X	J	P	Z
P	Q	I	Y	E	W	K	I	U	V	J	N	L
V	D	T	T	S	R	I	H	Y	H	A	M	T
Z	T	J	Z	A	K	J	E	Y	E	S	F	W
N	G	T	U	U	Z	N	G	W	M	M	J	Z
J	E	L	S	I	K	E	A	T	I	H	W	O
O	C	A	G	C	R	H	T	B	N	A	T	X
I	M	Y	O	H	G	G	M	I	U	O	L	S
A	L	H	F	V	C	I	K	M	D	H	C	J

Banksy   **Kusama**   **Hockney**
Hirst   **AiWeiwei**   **Emin**
JR

Géneros Artísticos

L	B	N	Z	G	X	M	X	D	S	B	T	Z	M	H	D	J	P	L	Z	I
U	N	P	V	U	Y	M	N	J	C	T	V	P	X	L	W	H	Q	M	Z	T
I	U	A	A	R	T	T	W	L	C	Y	M	J	J	T	K	W	O	G	A	X
I	K	P	T	C	S	H	X	A	S	R	O	J	S	G	Y	T	V	Q	A	G
K	L	W	X	U	F	F	W	N	R	M	K	K	W	R	C	J	W	A	C	B
M	J	A	E	Q	R	C	B	E	Y	F	J	R	I	A	Y	A	B	R	U	F
X	N	V	T	X	U	A	K	A	P	L	E	J	R	S	F	K	T	U	O	K
L	S	A	Q	I	O	B	L	U	A	N	X	T	F	T	U	T	A	T	T	A
J	G	B	Q	O	G	F	F	E	P	G	S	H	E	J	J	Y	A	O	L	R	W
U	N	N	V	I	T	I	P	A	Z	B	V	R	O	U	D	G	Z	U	L	F
J	H	P	Q	M	K	A	D	G	A	A	E	H	Y	P	R	K	A	C	C	I
H	M	S	W	X	I	F	R	E	A	Z	M	P	S	A	U	J	O	S	Y	O
V	H	A	Q	S	T	W	T	T	T	Y	L	U	F	C	B	O	F	E	O	G
H	N	B	A	N	L	R	G	P	E	R	A	I	E	K	I	H	E	K	X	G
C	A	J	T	L	A	L	G	I	M	R	A	L	K	R	Z	R	Q	X	G	U
U	E	O	H	R	X	E	W	R	W	E	B	F	Z	J	T	G	O	S	D	Z
M	M	C	Q	X	K	Q	W	L	E	G	H	A	X	S	V	A	W	K	I	G
J	F	Y	H	S	F	P	M	T	G	I	B	A	P	R	O	A	G	P	T	T
R	Y	A	K	M	R	G	Q	I	Q	R	Z	H	J	Y	Z	X	O	C	K	Z
G	C	S	P	Y	K	X	N	N	C	Z	O	V	U	H	F	U	N	U	K	U
Y	K	G	O	M	D	K	C	H	A	G	A	M	B	X	L	A	V	I	H	Q

Retrato   Paisaje   NaturalezaMuerta
ArteAbstracto   Escultura   ArteDigital
Fotografía

Teorías Artísticas

P	O	M	S	I	L	A	N	O	I	C	N	U	F	P	R	N	E
W	O	R	O	W	Z	O	F	O	D	F	X	X	B	E	A	F	M
C	X	M	B	Z	W	Q	K	F	S	M	Z	O	X	K	U	V	Y
S	C	M	S	J	O	R	X	P	L	O	S	P	J	U	T	E	L
O	V	G	I	I	D	M	P	C	X	U	R	T	Q	M	B	V	I
Q	Q	G	I	Y	L	S	O	Y	U	E	O	Z	P	F	W	V	A
U	Y	W	Y	G	B	A	S	K	S	D	O	O	E	I	U	N	V
F	K	U	X	G	X	O	M	I	V	Q	C	R	L	V	I	F	E
J	C	V	O	I	B	A	O	I	G	C	B	E	D	Q	O	S	C
C	E	A	H	T	A	N	D	W	N	F	D	J	A	R	D	J	V
Q	D	C	R	O	I	D	E	C	H	I	I	R	M	U	R	I	Q
I	N	I	Z	S	K	B	R	S	P	T	M	A	N	G	U	W	X
D	K	T	M	B	P	V	N	Z	X	M	L	O	W	O	N	P	K
C	D	O	D	D	B	E	I	N	Z	I	G	I	C	K	M	A	P
V	P	I	C	T	O	A	S	E	S	T	E	T	I	C	A	Z	C
F	S	M	M	W	C	Z	M	M	R	Y	B	V	N	T	I	Q	X
W	D	E	F	P	V	L	O	O	Q	P	U	U	J	N	A	K	U
H	K	S	V	B	U	A	F	R	Y	C	R	N	E	L	Z	J	S

Estética   Expresionismo   Formalismo
Minimalismo   Posmodernismo   Funcionalismo
Semiótica

Escuelas de Arte

W	Y	O	X	H	H	F	I	O	F	T	E	U	T
Y	J	J	B	L	Y	X	Y	W	V	T	T	F	W
E	H	O	L	A	N	D	E	S	A	U	L	N	U
K	F	N	L	V	R	X	Q	E	C	A	X	P	W
H	K	A	B	A	S	B	T	S	M	P	C	Y	H
M	H	C	C	K	N	P	I	E	D	C	K	P	L
Q	U	H	Z	M	Z	E	N	Z	U	N	N	E	W
G	K	S	Q	X	K	C	I	J	O	E	O	M	E
S	U	A	H	U	A	B	X	S	Z	N	X	G	A
A	U	S	Q	T	Q	I	E	R	K	O	Z	Q	B
O	J	J	E	V	R	H	C	X	T	S	C	F	J
P	H	N	W	A	X	B	G	P	W	Q	V	G	I
L	A	I	K	R	R	T	A	G	S	U	V	E	X
S	C	G	C	R	J	S	W	J	T	H	S	C	V

Bauhaus   **Atenas**   **Barbizon**
Flamenca   **Holandesa**   **Siena**
Ashcan

Colores

F	P	L	H	F	M	S	Z	Z	D	E	V	E
B	Y	F	U	L	A	T	N	A	V	R	C	F
Y	T	Q	Y	S	Z	J	N	O	G	R	I	S
O	D	T	Y	T	A	Z	M	L	D	L	A	B
Z	G	B	O	U	F	L	C	B	A	T	N	X
V	R	D	L	P	R	U	X	R	P	Y	Z	F
M	T	I	L	I	A	X	O	N	D	C	G	V
N	B	K	I	S	N	C	J	B	T	N	D	E
F	U	N	R	C	N	D	I	E	J	G	T	G
W	J	V	A	P	S	E	I	O	P	C	Y	L
K	T	H	M	D	T	C	X	G	K	F	B	N
S	H	R	A	S	K	O	V	E	O	S	H	Z
C	E	K	Z	I	Q	D	R	A	B	W	E	B

Amarillo　　　**Índigo**　　　**Cian**
Coral　　　　**Gris**　　　　**Topacio**
Azafrán

Técnicas

V	G	N	I	P	Q	S	G	N	Y	A	E	Z	U
F	D	K	N	Y	M	Q	B	Q	W	A	X	F	M
O	Y	H	O	I	W	K	H	R	S	R	Y	E	D
D	K	Q	I	D	P	M	Q	A	M	E	Z	G	C
I	K	D	S	F	A	X	Z	S	C	C	G	F	J
C	V	A	I	H	I	L	P	C	L	L	K	K	E
R	C	G	C	Q	G	U	E	A	C	E	G	E	V
A	M	Q	N	U	A	U	I	D	S	E	H	N	P
T	L	B	I	R	A	A	G	O	O	T	L	U	R
S	E	J	Y	Q	Q	R	U	N	C	M	E	R	Q
E	N	U	F	K	R	X	E	Y	F	R	X	L	H
J	U	Y	Z	Q	P	G	R	L	T	K	E	L	A
W	O	Q	H	C	B	L	V	S	A	D	Q	G	H
C	O	A	V	Q	M	U	L	U	E	D	T	T	P

Estarcido   **Acuarela**   **Mezcla**
Pastel   **Incisión**   **Modelado**
Rascado

Esculturas

J	G	H	K	X	M	Q	K	R	E	T	N	G	Y	S	Q	S
F	A	W	B	L	T	N	X	Z	H	S	I	G	K	G	R	G
L	H	C	S	K	S	W	E	M	N	A	I	A	H	M	Z	Q
D	Y	G	D	A	A	C	R	K	Q	U	Y	Z	H	H	S	V
X	J	J	L	Q	S	R	D	B	Q	J	F	J	T	L	M	T
P	G	O	V	B	O	T	A	K	W	D	Z	P	I	K	V	W
A	M	A	X	H	B	T	A	P	N	D	Q	Z	F	N	P	F
L	B	U	H	S	U	U	M	L	L	C	S	R	N	V	V	O
M	L	S	G	H	W	I	U	N	L	H	A	D	G	A	N	B
R	J	T	T	E	L	H	Q	R	O	A	B	M	G	I	K	S
S	Y	U	A	R	I	A	R	U	G	I	F	A	E	Z	O	T
F	M	Y	S	J	A	D	W	T	G	U	S	C	U	A	N	X
G	E	F	N	E	E	C	D	H	S	B	F	R	Y	P	E	W
G	D	Q	C	D	P	O	C	S	I	L	E	B	O	U	W	K
I	F	K	C	I	N	E	T	I	C	A	W	X	B	T	W	X
S	E	V	E	I	L	E	R	R	O	J	A	B	O	Z	D	T
K	P	V	W	D	F	R	W	I	P	N	P	F	W	T	M	R

Bajorrelieve   **Abstracción**   **Cinética**
Torsión   **Talla**   **Figura**
Obelisco

Materiales

E	L	O	H	R	U	N	I	T	N	Y	I	C	P
A	T	O	C	A	R	R	E	T	A	P	S	C	A
A	L	U	R	T	Z	A	L	P	L	K	X	E	X
P	H	A	G	R	J	V	D	O	B	H	N	J	F
L	V	A	B	Y	Q	E	J	L	X	Y	Z	L	N
O	T	I	F	A	R	G	K	I	U	M	M	B	Y
M	G	R	D	W	S	I	K	M	W	B	E	A	J
R	Z	D	E	Y	Q	T	K	E	G	C	K	V	K
A	S	M	E	Y	G	K	R	R	N	U	M	V	T
M	D	P	Q	E	B	A	N	O	S	Y	V	R	D
O	A	W	P	Y	U	B	R	G	V	M	J	R	D
G	P	O	D	F	V	B	L	S	V	E	B	M	K
J	Y	R	Z	O	R	C	R	M	H	T	H	R	Q
Y	E	F	S	A	H	S	W	A	G	G	X	W	H

Mármol	Terracota	**Grafito**
Alabastro	Polímero	**Bronce**
Ébano		

Estilos

N	M	D	H	U	V	B	R	E	A	L	I	S	M	O	A	P
O	M	S	I	L	O	B	M	I	S	C	G	K	V	M	E	M
H	P	Q	J	Y	S	V	U	I	Y	K	T	D	U	S	K	N
B	G	S	V	D	B	D	H	E	P	Z	Q	R	S	M	V	J
E	O	X	U	U	M	V	I	Q	S	Z	A	P	Y	C	T	H
O	R	V	X	P	G	C	J	O	H	L	D	W	Z	V	D	G
X	C	K	D	W	R	J	F	M	I	U	H	E	E	U	F	X
F	X	N	B	D	Z	E	O	S	S	C	N	F	M	T	X	K
B	N	G	B	M	P	O	M	I	S	O	Y	A	U	W	H	B
W	N	E	G	G	L	O	S	A	L	A	W	T	Q	G	R	D
U	A	G	M	Q	D	D	I	D	T	P	P	F	N	Y	U	L
H	D	P	D	M	S	A	C	A	I	I	Y	U	J	D	U	S
E	Z	V	S	P	E	D	I	D	S	J	S	U	Y	O	S	N
K	Q	R	M	G	B	F	S	S	N	S	E	M	Z	O	N	R
H	H	J	W	X	T	N	A	I	F	R	R	W	O	D	F	S
U	D	Y	Y	O	L	D	L	S	L	D	F	U	R	Q	C	I
X	M	S	T	H	H	W	C	U	V	F	X	V	Y	T	S	X

Simbolismo　　　**Realismo**　　　**Naif**
Suprematismo　　**Dadaísmo**　　　**Clasicismo**
Muralismo

Épocas

B	A	V	A	P	J	Q	Q	C	W	Y	N	C	F	A	U	Z	E
E	N	X	E	K	L	F	U	C	S	T	W	I	L	R	L	P	S
Q	P	V	M	A	Y	E	M	B	X	R	Y	T	S	P	U	Y	O
M	O	J	W	A	D	O	R	H	I	F	D	C	F	B	N	O	U
L	Q	U	K	G	D	C	O	F	H	W	O	L	O	K	V	B	K
L	K	V	G	E	Q	J	R	J	G	O	E	D	M	P	R	H	E
O	R	K	R	I	G	W	G	R	J	U	N	B	F	P	E	O	T
F	S	N	A	R	T	F	B	L	A	J	A	F	G	Y	T	M	H
T	O	X	G	R	W	N	V	G	X	C	R	B	W	N	S	J	C
A	X	N	E	O	C	L	A	S	I	C	O	C	E	L	B	T	L
D	B	F	Y	M	C	H	U	L	Z	U	P	I	N	D	J	D	J
W	G	D	G	A	J	Y	Q	F	P	X	M	S	Y	D	F	D	D
G	P	Y	H	N	F	R	Q	Y	D	I	E	K	Y	X	E	J	A
E	K	P	H	T	P	E	R	Y	C	Z	T	L	P	E	R	C	O
P	G	O	T	I	C	O	R	A	Q	C	N	P	J	H	F	P	I
T	J	F	D	C	Y	C	N	X	I	Q	O	G	W	Q	P	A	S
W	A	B	R	O	V	E	J	F	N	F	C	C	I	O	R	O	I
A	G	W	H	Z	R	B	R	U	A	T	V	S	Y	G	G	Q	S

Antiguo   Renacimiento   Romántico
Moderno   Contemporáneo   Neoclásico
Gótico

Museos

R	X	E	H	C	Y	W	L	Y	L	O	K	H	N	O
A	M	M	M	O	S	U	X	Z	A	C	F	N	O	Q
E	Z	G	U	B	R	M	B	T	V	G	M	G	K	L
N	A	W	U	E	T	A	T	D	R	N	X	V	B	W
I	A	Y	O	G	Z	X	T	N	K	I	D	H	O	P
L	R	F	H	A	G	T	Y	V	U	I	C	Z	E	W
O	O	B	J	T	U	E	O	U	W	H	T	O	W	G
L	K	U	Y	I	N	D	N	G	W	N	C	Q	I	E
B	E	R	V	M	A	D	Z	H	S	G	Z	U	O	B
Z	X	K	Y	R	E	F	I	H	E	J	C	I	A	F
X	H	L	P	E	E	Z	V	R	X	I	M	D	M	D
H	P	H	E	H	I	C	H	O	O	Z	M	T	D	F
Y	W	U	W	F	F	B	T	L	Q	O	O	T	R	A
B	D	A	F	U	U	Z	L	K	M	J	P	Q	B	I
L	C	U	I	T	Q	G	Z	A	X	Z	U	M	F	H

Louvre　　　　　**Guggenheim**　　　　**Tate**
MOMA　　　　　 **Prado**　　　　　　　**Uffizi**
Hermitage

Movimientos Art.

U	G	O	V	I	T	C	A	R	E	T	N	I	E	D	O
A	H	R	O	I	A	S	P	U	H	C	S	Q	B	T	T
B	B	E	W	W	A	F	T	D	I	G	I	T	A	L	T
R	P	M	I	E	G	F	Y	R	T	E	E	R	D	A	I
L	M	I	A	S	N	F	I	E	E	A	C	A	S	K	N
J	M	F	L	G	W	P	R	C	V	E	C	D	D	M	B
O	O	E	B	R	R	X	A	S	R	P	T	N	S	T	B
Q	Q	Z	B	X	U	B	M	F	O	A	Q	A	M	P	T
Z	I	G	I	Q	E	B	X	U	E	N	N	L	R	J	V
Z	P	B	D	F	T	D	Y	Q	C	I	O	P	V	T	B
F	R	F	A	W	V	W	E	V	A	A	P	R	Q	K	Y
T	P	K	H	C	D	P	X	U	O	J	U	R	O	M	Q
G	V	N	U	Z	W	Y	V	H	I	H	D	O	D	E	P
W	D	P	S	I	G	Z	A	S	C	A	F	R	R	F	L
F	V	B	I	O	A	R	T	E	D	J	T	U	N	Q	P
V	V	G	Z	T	M	P	O	N	I	Q	F	D	Z	B	M

StreetArt	LandArt	**Digital**
Bioarte	Interactivo	**Efímero**
Sonoro		

ArtistasRenacimiento

R	Z	Z	A	T	H	W	M	G	M	E	K	Z	K	B
Y	L	X	A	C	C	D	W	V	L	M	T	T	B	I
G	O	S	L	V	O	L	L	E	T	A	N	O	D	J
C	S	T	N	S	V	E	T	R	J	N	T	F	G	G
Y	A	F	Z	E	V	A	A	R	A	T	J	K	I	T
U	P	V	K	B	N	F	G	O	I	E	K	W	I	D
F	Q	R	T	X	J	A	D	C	S	G	R	Z	Q	A
X	E	J	X	Q	X	R	E	C	G	N	I	H	N	J
B	U	Q	E	X	V	L	Z	H	H	A	B	C	D	T
M	S	F	M	I	L	N	I	I	N	B	T	A	B	E
L	V	W	K	I	J	B	O	O	Q	S	O	A	T	E
Z	F	N	I	M	E	M	E	S	U	V	O	B	N	X
C	J	N	J	R	R	M	D	G	M	M	G	M	V	A
Y	N	Q	T	J	U	G	M	B	Q	O	P	G	M	O
U	O	I	T	C	R	J	P	S	O	Z	Q	R	E	N

Rafael   **Tiziano**   **Donatello**
Botticelli   **Verrocchio**   **Ghiberti**
Mantegna

Esculturas Antiguas

Q	P	A	N	I	P	O	H	V	P	P	Z	A	W	G	C	G	G	T
W	B	X	M	A	L	W	O	U	I	G	K	V	T	H	A	Z	D	D
N	Z	D	Y	I	L	Y	O	N	E	Q	R	P	W	B	G	J	Z
U	W	Y	L	P	T	U	S	Z	K	L	L	O	H	Z	E	X	L	O
S	Z	O	P	H	Y	Z	T	C	X	T	I	A	T	Y	Z	R	U	C
C	U	V	E	F	W	K	R	S	K	C	M	K	G	W	A	U	F	B
P	L	M	U	G	T	P	L	Z	E	N	S	O	P	P	S	X	T	S
D	A	P	P	J	N	H	K	W	T	T	U	I	C	O	O	U	D	D
K	C	C	A	Y	F	M	I	L	V	V	N	O	I	H	L	I	Q	K
H	D	K	T	M	K	T	I	Q	B	R	E	A	C	R	M	C	D	H
Z	B	I	Y	X	W	A	M	F	M	E	V	Z	L	N	E	O	E	D
V	J	L	S	S	S	G	E	E	V	M	D	T	W	T	C	N	A	D
S	L	I	Y	C	M	H	A	O	B	Y	H	S	K	R	A	W	E	I
W	E	T	N	O	O	C	O	A	L	E	G	N	I	F	S	E	R	W
W	V	M	O	O	U	B	O	D	Y	C	K	W	W	T	U	W	N	A
T	F	Y	E	E	Q	V	O	L	Q	T	S	N	I	S	K	D	M	U
C	Y	P	H	O	J	E	L	L	R	M	E	M	W	H	S	N	R	W
C	D	R	O	N	E	B	D	H	O	P	N	H	D	A	M	J	W	E
U	V	S	P	K	H	A	T	M	I	E	Y	L	I	N	E	U	J	P

VenusMilo   **Laocoonte**   Discóbolo
Esfinge   **Moai**   CabezasOlmecas
AtlantesTula

Conceptos Artísticos

I	A	Y	T	B	P	Z	O	I	U	B	Y	J	A	E	Q	D	A
E	D	B	N	G	H	E	M	G	Z	C	X	Z	Q	L	C	V	B
E	Q	Z	S	D	B	P	E	R	S	P	E	C	T	I	V	A	M
Y	T	L	E	T	S	Q	S	E	F	Q	X	G	W	M	V	R	O
N	K	S	P	V	R	Q	Y	O	G	K	P	L	S	G	A	G	M
P	N	E	Y	U	C	A	O	D	S	B	R	Z	C	G	W	P	S
J	Z	T	E	B	Q	E	C	B	S	V	E	I	W	D	S	V	I
O	G	L	K	V	Z	V	B	C	G	A	S	B	R	C	P	N	L
U	A	F	N	X	B	U	O	T	I	M	I	S	P	K	O	X	A
A	A	B	B	Q	C	F	F	O	H	O	O	Y	D	I	Q	T	M
N	W	C	L	P	T	L	E	W	M	J	N	G	C	A	F	G	I
S	P	H	T	O	W	Q	J	P	I	I	I	I	V	T	B	G	N
J	J	G	Y	G	E	S	T	I	L	O	S	V	W	I	P	I	I
V	F	K	Y	X	C	L	I	B	Z	O	M	Q	K	C	C	O	M
C	U	C	Q	J	F	M	Z	D	P	P	O	Y	B	H	H	E	D
I	O	J	K	S	D	H	O	M	S	I	L	A	E	R	R	U	S
R	M	E	O	F	W	O	O	S	S	U	F	A	K	J	L	I	S
F	Q	H	H	G	D	C	S	M	A	G	P	H	Q	P	X	K	W

Estilo   Composición   Perspectiva
Abstracción   Expresionismo   Surrealismo
Minimalismo

Artistas Siglo XX

U	D	X	Z	H	M	P	F	X	N	U	F	I	E	Y	Y	H
X	P	T	X	R	V	G	W	I	K	K	R	J	K	H	W	V
U	X	R	Q	J	Z	P	M	A	H	C	U	D	M	O	E	P
O	T	Q	D	S	B	Y	D	Z	L	H	O	L	E	B	X	M
Z	E	M	C	F	W	K	X	B	D	X	M	L	T	A	G	O
M	K	N	I	E	T	S	N	E	T	H	C	I	L	J	G	B
D	D	F	B	R	O	M	H	A	M	A	S	I	O	O	N	W
R	G	P	I	H	Y	G	S	L	Y	S	K	M	N	T	P	J
F	I	N	V	U	E	I	S	N	S	K	Y	Z	X	C	S	P
J	S	M	M	T	C	W	C	F	R	A	B	K	O	C	O	B
D	Y	M	M	J	Z	D	O	E	X	J	M	M	L	F	I	G
W	L	I	L	N	B	E	P	Y	I	V	S	E	H	M	S	X
H	L	X	V	F	S	P	A	G	C	Z	Z	B	A	O	O	Q
K	W	A	R	H	O	L	L	Q	V	E	O	F	K	K	U	Z
T	X	R	E	H	R	G	H	E	R	K	N	L	B	O	G	S
D	U	X	S	J	E	V	Z	P	U	J	Y	Q	U	N	T	D
Q	K	W	J	W	J	W	U	J	N	B	D	K	O	M	N	C

Pollock   **Warhol**   **Lichtenstein**
Klimt   **Hopper**   **Kahlo**
Duchamp

Pintores Barrocos

J	U	H	J	Q	E	A	Q	C	S	S	C	U	K	U
T	G	E	Y	O	I	G	G	A	V	A	R	A	C	L
N	A	R	A	B	R	U	Z	E	S	R	V	J	F	V
V	T	E	W	G	J	O	L	L	V	T	K	P	J	M
B	R	E	M	B	R	A	N	D	T	E	M	U	J	W
V	Q	X	H	U	Z	M	M	H	Q	M	P	Y	K	T
D	D	L	B	Q	L	W	K	B	K	I	R	F	P	S
B	D	E	U	N	Z	R	U	N	I	S	S	U	O	P
R	N	E	E	T	I	S	B	Z	O	I	H	K	C	Y
S	Z	K	Y	D	F	C	X	X	M	A	Z	X	K	K
G	P	L	V	X	D	Z	T	L	Y	G	M	V	P	W
Q	E	L	A	B	M	D	F	W	W	Y	N	V	W	H
J	X	T	C	A	L	N	V	T	W	E	K	K	M	R
J	J	J	P	F	I	G	B	R	L	Q	Y	R	A	T
W	X	T	J	M	O	R	E	J	O	R	G	D	A	O

Caravaggio	**Velázquez**	**Rubens**
Rembrandt	**Poussin**	**Artemisia**
Zurbarán		

Movimientos

Z	O	S	T	P	G	G	Q	A	Y	A	K	M	O	K	D	J	K	F
F	A	K	N	N	G	M	I	O	F	Y	U	O	V	N	B	U	C	U
C	N	J	X	O	Z	W	W	Y	M	Y	T	K	J	D	I	R	C	T
W	U	Y	P	M	K	Y	V	Z	J	S	Z	G	J	D	D	D	P	U
U	I	U	U	S	R	O	M	A	N	T	I	S	M	O	G	H	B	R
E	B	O	Z	I	T	J	E	G	L	H	G	L	C	A	E	O	M	I
U	R	E	A	L	I	S	M	O	S	O	C	I	A	L	K	J	O	S
D	J	N	P	O	R	M	N	I	J	V	T	P	B	E	V	X	F	M
J	R	H	J	B	D	V	P	Q	C	V	E	A	L	H	R	X	Z	O
P	F	V	Q	M	Z	L	K	R	N	N	I	B	E	A	N	T	B	X
L	X	J	J	I	A	N	W	X	E	A	D	O	R	W	Q	G	S	B
I	W	A	T	S	D	U	W	S	T	S	V	V	F	Z	P	V	F	J
N	J	H	O	M	F	O	Z	A	J	O	I	X	Z	W	D	Q	Z	K
C	U	B	O	F	U	T	U	R	I	S	M	O	D	K	V	H	A	D
W	N	Y	Y	H	K	P	K	C	D	C	Z	F	N	G	J	N	O	L
T	B	C	W	K	T	D	M	I	P	Q	T	D	X	I	B	R	R	M
T	T	W	X	Y	W	J	V	Y	D	L	Z	H	V	F	S	F	R	Z
W	N	C	H	N	V	G	B	M	I	X	H	N	O	L	W	M	O	L
R	D	Z	P	T	E	U	I	Q	T	W	M	J	N	O	O	E	O	K

Romantismo	Realismo	Simbolismo
Impresionismo	Futurismo	Cubofuturismo
RealismoSocial		

TécnicasFotográficas

S	X	V	B	V	X	Y	S	S	V	K	H	W	K	E	W	K	W	S	K
K	F	V	I	N	S	T	A	N	T	A	N	E	A	E	O	R	I	E	D
I	X	H	S	O	C	E	P	L	X	A	P	G	K	A	N	L	I	L	G
Z	Q	H	K	I	I	R	Y	V	Y	R	V	Z	M	B	U	R	K	X	A
B	C	X	U	C	R	L	I	J	N	L	B	L	D	G	X	W	E	Z	
Y	Z	X	K	I	B	G	Z	J	W	O	S	A	N	P	S	I	V	T	M
E	S	F	D	S	E	R	N	U	V	I	N	D	C	V	K	Z	T	U	C
G	D	A	O	O	F	V	B	R	I	C	S	P	Z	J	G	U	C	G	C
D	L	S	H	P	B	C	E	I	O	I	I	T	M	Z	U	O	O	F	M
S	R	B	B	X	W	N	N	Y	Q	S	F	V	T	M	M	U	A	M	J
O	O	J	E	E	I	Q	N	E	B	O	O	O	G	O	V	H	Q	P	O
X	O	P	E	A	T	E	V	H	T	P	V	U	B	H	T	C	Q	U	W
D	L	F	R	G	G	K	X	O	H	X	B	G	G	Q	V	X	A	L	A
P	S	U	Y	R	O	A	M	K	G	E	R	X	S	H	U	D	Y	A	W
X	Y	V	O	A	O	O	U	B	V	E	F	C	J	T	N	C	K	U	B
Z	E	Q	L	L	N	P	E	B	K	L	E	V	X	A	O	R	D	H	M
E	M	L	T	T	A	N	V	M	R	B	W	K	A	K	Q	Z	D	X	K
A	I	F	A	R	G	O	T	O	F	O	R	C	A	M	N	Z	H	F	B
F	O	J	G	Y	N	Z	I	T	T	D	P	M	Y	X	L	Y	W	P	L
J	E	R	F	N	M	K	S	A	N	L	F	O	T	E	L	P	O	S	T

Macrofotografía　　　**DobleExposición**　　　**BlancoYNegro**
HDR　　　　　　　　　**Instantánea**　　　　　**Fotomontaje**
LargaExposición

Abstracto

T	O	O	G	U	X	B	Z	I	C	O	I	I	Z	U	F	G	D	G
M	A	X	Y	M	X	J	Y	I	X	O	T	V	I	X	N	K	Q	L
E	N	N	M	K	X	C	N	M	K	R	M	T	S	W	B	B	L	G
B	M	E	X	P	R	E	S	I	O	N	I	S	M	O	L	U	I	I
B	Z	M	D	S	M	X	G	C	C	E	J	T	I	Y	B	A	Q	W
O	Z	L	Q	W	F	I	N	A	U	O	U	N	E	H	O	E	L	N
F	U	I	Y	A	V	O	I	V	Z	D	O	E	F	M	C	E	Y	I
V	R	C	I	H	T	K	T	I	E	I	I	H	S	F	G	A	A	A
C	Z	V	T	F	U	X	N	P	C	E	W	I	U	G	X	Y	T	Y
O	B	H	S	O	J	D	I	C	U	D	L	R	G	L	P	A	W	D
L	E	R	Z	I	Y	E	A	F	T	A	S	P	I	R	U	G	K	U
O	O	U	V	D	T	R	P	O	M	S	I	L	A	U	T	S	E	G
R	P	E	Y	P	T	U	N	R	H	S	U	O	K	I	M	R	F	L
F	Y	V	N	S	I	U	O	S	B	U	L	E	Q	N	T	M	P	Y
I	Q	O	B	T	M	F	I	R	U	H	Z	X	I	L	O	V	M	J
E	C	A	E	J	N	X	T	Z	K	D	P	Z	H	D	K	S	W	I
L	T	K	S	I	P	D	C	P	L	Y	A	Y	F	H	E	P	K	F
D	Z	H	M	O	O	Z	A	C	F	Y	L	D	J	E	M	Q	P	D
S	R	P	A	U	E	X	Z	P	B	U	A	D	L	M	J	I	J	W

ActionPainting   ColorField   Gestualismo
Expresionismo   Abstracción   Tachismo
Informalismo

Artistas Pop Art

P	T	F	Q	Q	B	P	S	Q	E	X	X	L	U	F	I	M
J	L	Y	W	R	K	P	Y	K	U	Y	O	Q	S	U	Q	P
O	E	D	T	K	F	V	V	T	Q	H	U	W	L	D	L	D
Y	R	U	S	D	U	A	T	Z	C	E	N	I	C	M	D	I
O	R	A	I	R	U	L	U	S	S	U	C	T	F	J	C	E
C	G	R	U	B	N	E	D	L	O	H	W	N	O	G	K	U
G	I	Q	Q	S	S	H	V	R	T	E	D	O	H	M	R	H
V	E	P	N	N	C	F	O	E	S	W	G	Z	A	R	X	B
D	T	G	E	N	U	H	N	S	C	V	G	R	I	F	D	T
L	G	A	S	P	B	S	E	T	C	P	B	Z	A	F	Y	C
S	K	M	O	D	T	L	H	N	N	K	S	K	F	L	L	H
I	Z	D	R	E	M	A	X	U	B	O	U	S	O	E	Y	K
X	J	C	I	A	V	Y	D	L	W	E	E	H	E	U	W	F
A	U	N	N	R	W	Y	F	A	L	G	R	Q	I	Q	O	H
E	V	N	C	Y	C	X	P	H	V	A	I	G	F	Z	B	M
M	G	K	G	J	O	H	N	S	W	H	E	J	W	W	G	N
S	A	S	T	M	M	R	M	I	K	K	M	Q	I	J	Q	L

Lichtenstein　　　　**Warhol**　　　　**Johns**
Oldenburg　　　　　**Rauschenberg**　　**Rosenquist**
Wesselmann

Estilos de Grabado

P	B	B	N	Y	R	M	W	C	Y	W	Q	J	W	C	E
V	H	U	Y	A	R	A	G	W	O	X	G	P	Q	P	R
E	C	I	F	S	L	I	T	J	M	C	V	V	O	B	T
S	U	K	H	Q	A	F	D	N	Q	A	I	M	Z	M	V
K	I	D	K	W	E	A	O	F	F	G	P	X	F	A	Q
I	G	L	A	T	M	R	G	H	J	U	C	L	K	G	N
D	N	L	I	N	O	G	R	A	B	A	D	O	A	U	J
A	I	F	A	R	G	O	L	I	X	T	R	H	F	A	Y
T	B	Q	K	B	C	C	D	W	A	I	T	T	N	F	C
V	A	A	V	E	V	L	G	F	X	N	M	H	T	U	S
F	Y	H	F	N	Q	A	H	J	F	T	W	S	G	E	W
O	Y	Z	Q	A	L	C	V	L	M	A	H	V	O	R	P
H	U	E	D	Q	S	K	X	G	P	D	H	I	C	T	R
W	D	K	M	O	N	O	T	I	P	O	C	R	E	E	A
Z	J	W	A	C	E	S	A	T	N	U	P	M	E	F	G
J	H	R	Y	U	T	N	Y	C	P	S	A	Q	I	B	G

Xilografía   Aguafuerte   Linograbado
Calcografía   Puntaseca   Aguatinta
Monotipo

Materiales

H	Z	O	J	T	H	T	P	O	C	F	G	Z	Z
S	U	X	X	Y	W	M	H	I	I	C	G	U	C
X	Q	H	B	A	M	N	O	S	K	B	O	T	I
S	L	W	H	V	Z	V	S	F	D	Y	J	R	U
L	W	T	E	M	K	W	O	A	L	A	C	D	O
S	F	U	N	T	C	Y	K	V	F	R	K	M	W
A	A	Y	Q	D	T	V	R	N	A	A	O	W
F	N	L	E	D	Y	G	J	F	D	D	N	U	R
A	N	I	O	B	R	O	N	C	E	M	Z	B	L
A	W	Q	S	M	Y	O	Q	R	D	E	B	Q	X
O	Q	Z	T	E	R	R	A	C	O	T	A	P	B
J	A	O	S	W	R	A	L	J	R	A	Y	N	V
S	J	O	M	Q	J	F	M	G	W	L	I	I	G
D	K	T	M	H	H	D	W	W	E	B	P	P	J

Terracota   **Mármol**   **Madera**
Metal   **Bronce**   **Yeso**
Resina

Artistas Surrealismo

N	C	X	Q	Y	Q	L	E	T	X	D	A	G	W	W
Q	W	V	A	U	W	R	F	B	C	E	U	L	G	S
J	F	Z	G	G	L	B	F	K	K	B	I	R	V	M
Y	L	U	D	N	W	L	C	P	Z	T	W	B	I	K
Y	W	U	H	A	U	U	M	S	Q	L	M	F	Q	Q
Q	A	M	T	T	C	N	Q	F	X	L	L	D	Q	R
B	L	U	H	N	V	R	I	B	E	Z	B	Z	M	L
I	N	U	F	T	G	Y	E	L	T	Z	T	A	V	I
N	U	O	U	X	F	F	D	G	T	X	X	U	G	Q
X	O	S	T	F	Z	U	A	E	I	E	W	Z	B	J
S	R	E	L	E	Q	J	O	N	R	L	C	T	J	U
G	G	S	C	A	R	R	I	N	G	T	O	N	D	B
Z	A	M	R	S	I	B	S	M	A	S	Q	A	O	I
E	D	X	K	M	E	T	B	C	M	T	L	B	Y	K
R	S	R	R	P	C	K	T	K	Z	I	N	Y	S	I

Dalí **Magritte** **MaxErnst**
Miró **Breton** **Tanguy**
Carrington

Colores. Naturaleza

G	F	E	C	O	R	A	L	V	S	G	C	W	C
C	B	O	E	O	N	A	R	L	T	I	R	Y	D
Y	B	A	L	I	W	O	B	C	S	I	L	M	F
Q	G	A	D	L	A	R	E	M	S	E	C	L	G
H	P	J	M	C	L	I	F	R	A	M	L	W	K
O	I	A	G	Q	I	F	F	W	P	F	P	I	P
F	P	L	R	S	E	A	D	Z	Q	E	C	Y	V
D	T	T	L	A	H	Z	T	O	B	A	Q	T	M
H	E	N	I	X	R	Z	Q	A	A	D	S	Z	Z
T	F	I	B	P	G	T	P	N	G	H	U	E	V
Y	N	T	Q	V	M	M	K	B	A	A	I	B	X
E	M	E	Y	T	P	A	N	J	Z	I	H	P	O
Q	U	C	T	Q	T	T	R	C	E	Z	J	B	J
X	S	W	T	K	Y	H	E	R	R	T	E	X	T

Esmeralda	**Zafiro**	**Ámbar**
Ópalo	**Coral**	**Ágata**
Marfil		

GénerosFotográficos

C	A	C	U	K	V	A	I	D	M	S	B	W	F	J	S	L	C	W
S	R	N	Y	F	O	T	O	P	E	R	I	O	D	I	S	M	O	G
W	E	V	M	C	P	D	D	I	U	P	E	C	Q	T	H	O	H	H
T	X	H	P	Q	P	E	F	V	P	D	R	H	O	O	U	D	U	V
G	Y	S	S	A	J	C	S	E	A	K	L	O	T	Z	I	A	C	W
K	J	O	X	C	U	M	R	U	B	M	X	D	X	W	S	G	H
E	K	E	P	J	U	Q	G	K	V	S	R	F	Z	U	Z	X	M	K
L	D	Z	Y	C	A	R	S	D	I	U	A	W	C	T	C	R	E	D
N	P	E	M	B	S	I	J	B	G	K	J	Z	P	A	B	T	S	Q
A	X	J	S	G	J	Q	V	Z	E	D	N	W	V	T	H	I	O	V
M	V	P	T	J	A	O	Z	G	N	S	E	T	N	K	F	R	T	B
U	R	F	O	U	S	U	K	P	P	E	R	D	J	P	C	I	A	W
A	X	P	T	N	K	W	M	B	Z	J	V	Z	L	A	J	M	R	Q
N	B	W	Y	H	G	R	Q	M	D	A	C	A	M	E	X	P	T	E
W	C	C	P	N	I	Q	X	F	X	S	L	D	V	P	X	A	E	G
U	A	E	H	K	X	D	C	B	A	I	E	I	F	H	H	V	R	N
O	R	V	G	O	B	S	Z	X	O	A	B	A	V	L	K	L	F	G
W	Q	D	C	A	Z	T	D	Z	P	P	F	N	Z	B	L	N	S	F
G	G	V	I	C	X	M	L	X	K	C	Y	N	O	N	K	Y	C	Z

Retrato   **Paisaje**   Fotoperiodismo
Macro   **Viajes**   Moda
DeProducto

Arte Cinético

M	E	Z	E	M	E	Z	X	S	B	H	X	E	M	R	R	S	V	J
J	F	Q	X	S	J	O	Z	R	A	A	S	G	W	G	K	Q	D	I
V	M	M	D	Y	C	T	X	V	Y	O	P	A	R	T	V	L	X	T
R	V	O	Z	E	W	U	N	L	S	B	C	X	U	P	O	I	U	B
M	U	H	V	S	C	R	L	J	U	X	S	L	E	H	N	L	C	X
C	N	B	A	I	A	Y	Y	T	P	N	G	E	D	T	C	O	R	P
T	L	J	N	J	M	H	H	C	U	C	I	N	E	T	I	S	M	O
O	P	J	J	M	G	I	N	Z	X	R	A	R	J	A	M	E	M	M
Z	W	O	E	I	P	F	E	O	T	P	A	F	Q	X	W	Q	T	X
T	T	V	L	C	U	X	J	N	R	C	C	M	R	U	D	R	X	O
F	U	N	O	Q	H	G	G	L	T	L	I	V	O	M	Y	P	M	S
L	V	X	A	B	T	V	O	I	K	O	A	K	Q	V	E	S	D	O
Q	T	V	X	M	G	O	V	G	O	I	E	W	X	U	I	L	E	O
T	Z	W	Q	H	P	O	S	H	B	M	R	T	F	M	E	L	X	I
Q	K	B	Z	E	W	D	I	N	F	W	X	O	A	X	S	F	F	I
U	L	R	N	H	A	W	T	A	M	E	T	N	C	Z	P	Q	P	Q
I	C	L	J	P	A	T	F	N	Y	I	I	L	F	E	O	I	L	R
U	C	V	D	K	R	E	U	Z	E	D	A	K	I	L	Y	L	U	E
N	K	P	O	X	Z	E	R	D	I	J	P	A	Z	Y	C	U	T	C

Móvil   **OpArt**   Cinetismo

EsculturaMóvil   **Interactivo**   Movimiento

Dinamismo

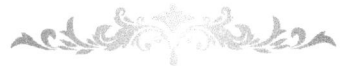

Impresionistas

Y	D	N	G	U	W	W	V	E	W	Y	H	D
B	G	E	Z	V	V	I	B	S	C	Z	S	Q
A	H	S	P	H	N	R	M	T	Z	U	M	Q
S	R	G	P	R	E	O	M	R	J	W	K	S
P	I	S	S	A	R	R	O	Z	S	R	N	A
F	P	H	P	I	T	E	N	A	M	T	R	U
S	V	N	S	Y	R	D	E	G	A	S	A	X
P	D	O	E	W	H	E	T	T	E	V	T	H
T	T	A	S	S	A	C	N	X	Z	V	M	Z
A	X	P	U	N	K	R	F	O	Q	Q	B	L
Q	V	N	H	H	S	U	N	N	I	K	W	F
Z	L	M	T	A	C	E	S	X	T	R	W	S
S	R	V	M	E	E	M	J	N	S	K	T	V

Monet	Degas	Renoir
Pissarro	Morisot	Manet
Cassatt		

Museos Arte Moderno

P	Y	E	I	L	K	E	S	C	F	J	Y	C	Z	C
O	T	Z	Z	B	E	E	G	B	R	T	C	D	V	J
A	G	J	H	O	G	Z	K	S	A	Z	R	G	B	U
O	Z	L	K	P	N	X	J	T	M	L	E	V	U	J
K	A	Z	K	X	C	L	E	H	O	K	I	J	L	X
M	U	J	W	I	B	M	X	F	M	D	N	L	J	W
K	F	N	V	P	O	I	P	T	J	E	A	A	P	Z
N	X	X	S	D	Q	J	J	O	D	I	S	Y	L	B
J	V	O	E	T	Y	R	I	C	M	Z	O	Q	X	W
H	N	R	Q	X	H	H	T	Q	E	P	F	E	L	A
R	N	C	H	I	C	A	G	O	I	P	I	K	S	I
T	R	D	C	Q	X	Q	U	Q	Q	I	A	D	U	J
G	W	N	R	S	O	X	H	S	G	C	X	L	O	K
S	E	V	I	W	J	R	A	B	Q	N	O	D	Q	U
V	E	B	O	Y	K	N	G	M	F	P	B	N	G	Z

TateModern　　**MoMA**　　**Pompidou**
ReinaSofía　　**Chicago**　　**MAXXI**
Kunsthaus

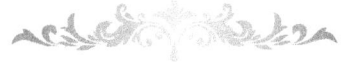

Técnicas Escultura

D	B	T	B	S	E	N	S	A	M	B	L	A	J	E	H	K
H	B	U	S	I	C	E	B	O	J	K	B	F	O	G	K	I
L	N	M	Z	G	U	P	O	M	P	N	C	L	A	H	X	H
A	Z	M	R	J	S	W	M	Z	G	P	A	J	E	R	K	J
T	T	S	W	Y	L	Z	A	J	M	G	B	I	Z	E	I	K
N	J	C	K	G	B	A	I	D	M	V	Z	A	L	F	V
E	E	R	E	C	R	I	F	L	R	A	J	Z	A	I	X	J
M	T	E	L	R	H	Y	Z	X	Z	A	S	U	F	E	G	K
U	M	H	R	Q	I	M	O	C	Z	B	O	E	R	V	U	C
N	B	A	T	F	G	D	W	D	E	D	I	T	W	E	I	K
O	Y	T	T	N	S	E	A	R	A	L	E	C	N	I	C	M
M	Q	L	C	G	W	T	J	L	W	I	F	W	G	M	K	V
D	J	W	D	I	T	O	E	C	L	L	C	K	P	X	J	G
B	U	W	C	C	D	L	B	B	A	Y	A	Y	O	U	N
O	O	Q	Q	X	O	D	V	Z	P	I	T	Q	V	X	K	A
N	F	B	A	M	W	V	N	V	T	Z	G	X	R	I	F	K
J	M	B	M	H	P	P	J	E	M	C	U	U	J	A	Z	G

Modelado   **Cincelar**   **Vaciado**
Talladirecta **Ensamblaje**   **Relieve**
Monumental

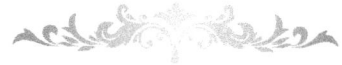

Artistas del Barroco

L	V	S	I	R	Y	T	D	N	A	R	B	M	E	R	T
K	A	Y	A	N	Y	F	M	U	Q	C	S	J	W	J	T
Q	K	A	V	E	I	S	S	W	Q	L	V	X	Y	A	T
C	O	H	K	C	B	N	F	R	N	Y	I	Y	I	B	N
T	W	I	X	N	G	J	R	T	Y	G	O	Z	W	S	O
J	C	A	G	K	F	R	A	E	S	E	U	P	F	D	K
E	B	D	D	G	F	Y	N	B	B	N	M	M	Y	N	A
Z	W	F	C	E	A	R	S	U	S	T	H	V	V	T	E
W	U	F	W	O	H	V	H	X	A	I	E	J	P	G	W
T	Y	G	C	I	S	C	A	N	I	L	I	G	R	Q	V
D	X	Z	E	T	V	V	L	R	A	E	J	F	B	D	Z
L	D	A	C	S	H	Z	S	Z	A	S	F	N	S	R	J
B	C	W	K	E	A	H	Q	V	L	C	T	I	Z	S	B
M	N	O	X	X	H	U	H	A	C	H	Y	M	F	S	D
X	L	R	U	B	E	N	S	R	A	I	X	S	E	O	U
S	D	Q	Q	Z	M	L	V	H	F	Q	I	G	G	U	H

Caravaggio   Bernini   Velázquez
Rubens   Gentileschi   Rembrandt
FransHals

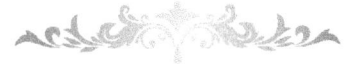

Géneros Musicales

A	P	E	J	L	Z	Z	A	J	Q	A	A
G	A	C	P	U	D	O	N	C	B	I	J
M	J	S	J	G	H	B	M	T	K	M	Q
Q	N	W	F	Y	X	A	R	P	N	B	X
G	R	G	S	F	B	L	R	R	R	H	A
B	C	K	H	I	P	H	O	P	L	H	C
P	L	R	N	I	L	Q	C	L	Y	E	I
Z	H	U	E	F	I	F	K	X	W	O	S
F	F	T	E	Z	H	S	J	L	P	I	A
S	V	W	D	S	D	D	A	L	O	I	L
U	K	N	A	A	O	D	X	G	P	F	C
H	R	B	M	J	T	U	N	M	P	Z	W

Jazz   **Blues**   **Clásica**
Rock   **Pop**   **HipHop**
Folk

ArteUrbano

G	A	A	Q	B	F	T	G	A	F	S	S	P	E	M	Y
O	A	E	J	V	D	O	F	O	D	W	D	V	R	W	Z
V	D	I	K	Z	K	U	Q	Q	W	Q	L	R	W	X	R
E	N	N	D	J	C	T	Q	I	G	I	S	F	L	J	R
Y	M	S	C	Q	N	R	Y	G	C	T	Y	P	S	E	H
N	I	T	P	R	F	X	J	N	W	I	A	A	X	E	H
J	B	A	P	L	B	C	E	W	L	F	T	C	B	Q	Y
Q	M	L	G	X	G	T	B	T	N	F	D	S	M	B	R
N	C	A	C	I	S	T	W	Q	I	A	T	L	N	M	F
V	T	C	C	I	M	D	M	M	I	R	F	J	G	Y	V
M	H	I	I	L	T	U	P	F	E	G	I	D	H	C	C
I	J	O	Y	Y	Z	O	R	E	M	I	F	E	O	E	K
I	W	N	O	I	W	S	T	A	F	T	N	Z	J	Q	D
J	F	X	V	G	K	A	D	G	L	X	V	L	B	M	F
C	T	C	H	E	R	Y	J	N	A	B	A	D	V	I	X
A	K	I	G	T	Y	B	A	X	U	Y	C	T	G	A	R

Graffiti   **Mural**   **Tag**
Stencil   **StreetArt**   **Instalación**
Efímero

Pintores Realismo

U	Q	L	C	Z	F	G	Q	H	E	V	C
E	O	P	O	O	F	B	A	I	M	F	H
N	B	Z	B	E	U	P	J	H	I	R	X
J	J	O	L	X	H	R	U	W	L	R	R
L	E	Z	N	M	R	P	B	H	L	D	F
B	Z	G	O	H	C	E	T	E	E	A	N
R	V	B	S	R	E	M	O	H	T	U	V
Z	F	M	F	E	E	U	A	C	M	M	F
N	H	V	Y	W	E	O	R	D	T	I	E
E	A	K	I	N	S	Q	F	J	D	E	U
K	O	R	V	U	W	G	Z	S	G	R	C
D	X	I	L	N	I	P	E	R	D	E	R

Courbet	Millet	Daumier
Repin	Eakins	Homer
Bonheur		

Diseño Gráfico

F	I	E	T	B	M	R	X	G	H	T	M	O	W	K
A	I	U	Q	R	A	R	E	J	A	R	I	I	A	E
P	S	B	G	U	X	K	U	Y	N	H	A	J	H	D
R	E	P	E	T	I	C	I	O	N	N	R	X	C	J
O	W	J	N	L	W	L	L	T	X	A	L	O	H	O
X	L	W	P	K	J	I	I	D	T	T	N	R	F	C
I	S	O	E	R	I	T	M	B	H	T	V	Q	G	Z
M	V	Q	Z	I	N	O	I	C	R	O	P	O	R	P
I	I	L	U	D	A	R	X	A	Y	I	C	H	J	P
D	P	W	V	E	T	I	S	Q	U	G	O	R	C	M
A	L	K	M	M	C	T	R	Z	C	M	O	X	A	Y
D	Z	A	H	Z	E	M	E	N	S	L	R	W	D	S
V	Z	L	C	M	E	O	O	P	O	M	O	D	H	A
G	L	R	T	K	J	D	H	X	P	U	I	G	L	S
E	A	M	H	P	J	R	R	F	U	X	V	C	F	M

Contraste   Repetición   Proximidad
Jerarquía   Equilibrio   Ritmo
Proporción

Arte Conceptual

I	K	V	A	C	O	F	L	N	V	R	E
N	E	E	S	H	R	W	C	T	Q	E	W
P	L	E	W	I	T	T	P	F	R	N	H
I	M	M	D	C	P	U	L	P	L	I	A
S	Z	A	K	N	S	I	R	J	M	E	Y
U	Y	K	H	O	F	S	Y	H	C	W	P
V	Q	R	C	C	S	Y	V	I	A	D	Z
Z	N	G	R	C	U	U	O	T	J	Q	Y
E	R	D	N	A	I	D	T	I	Q	A	O
S	K	X	K	W	B	T	Y	H	Y	K	M
X	Z	G	K	P	U	D	E	F	X	B	Y
M	K	C	S	X	A	U	Y	P	B	F	Y

Duchamp   **Barry**   **Kosuth**
LeWitt   **Andre**   **Weiner**
Acconci

Materiales Pintura

Z	V	Q	I	H	U	Z	G	M	O	E	F	K	Z	R
I	Q	W	P	Q	N	T	B	D	Y	J	B	V	V	C
N	O	A	L	Q	S	N	L	L	T	A	S	Q	E	T
I	P	Q	Q	V	O	Z	H	C	E	A	W	I	U	K
S	B	B	Q	G	M	X	B	O	M	L	T	M	U	U
G	E	L	W	B	O	J	S	W	P	W	J	A	A	Q
K	V	V	W	Z	T	U	P	P	L	V	T	Y	W	A
T	U	N	O	Y	M	Q	A	C	E	R	T	A	A	L
C	W	A	T	I	N	T	A	C	R	I	L	I	C	O
V	A	Q	S	P	X	R	L	U	H	X	N	R	U	Z
X	I	O	V	D	Y	O	Y	N	X	E	O	D	A	R
K	M	C	I	Z	E	S	H	H	L	B	F	L	R	V
U	X	N	F	E	P	M	E	F	M	H	H	M	E	W
Y	C	L	P	M	Y	W	F	R	H	N	Y	Q	L	O
U	V	K	P	E	N	C	A	U	S	T	I	C	A	N

Óleo　　　　　　**Acuarela**　　　　　　**Acrílico**
Temple　　　　　**Gouache**　　　　　　**Tinta**
Encaústica

Pintores Rococó

Y	V	T	O	F	P	N	Q	F	Q	L	W	X	W
E	K	D	M	C	V	G	P	T	T	J	H	W	H
C	W	R	S	M	J	C	L	I	D	X	B	K	V
B	A	A	W	N	O	U	D	E	D	V	J	U	V
V	P	N	T	G	Q	B	T	P	O	E	K	J	J
Q	A	O	A	T	E	G	U	O	S	E	A	L	J
V	J	G	A	L	E	N	C	L	P	A	N	W	I
Q	P	A	N	L	E	A	B	O	D	N	G	N	L
N	F	R	R	R	I	T	U	I	I	Q	P	U	W
P	U	F	C	Y	W	Z	T	D	H	P	G	J	I
F	K	R	R	T	B	L	R	O	P	E	M	F	X
V	W	R	B	N	J	A	D	T	L	E	C	D	R
C	D	P	R	E	H	C	U	O	B	E	P	O	T
X	T	Z	P	C	L	S	B	J	A	B	L	C	Z

Boucher   **Fragonard**   **Tiepolo**
LeBrun   **Watteau**   **Chardin**
Canaletto

Técnicas Ilustración

C	L	X	S	T	S	E	R	I	G	R	A	F	I	A	M	E	A
I	Z	I	H	Q	J	S	Z	T	H	Y	Y	D	D	V	D	H	D
I	A	C	M	X	O	W	S	B	Q	U	Y	A	T	R	E	A	O
C	R	O	S	S	H	A	T	C	H	I	N	G	T	G	T	T	P
R	H	S	R	C	M	M	P	Z	J	X	M	U	M	N	H	C	W
A	J	P	S	S	E	F	N	O	D	A	B	A	R	G	Q	H	T
G	V	E	Z	G	R	A	J	Y	N	K	K	F	P	G	S	I	C
O	I	K	I	R	L	N	X	A	K	P	S	U	E	P	M	N	T
B	U	X	R	A	Q	F	E	N	O	H	S	E	X	Q	L	G	U
U	C	X	S	F	Z	E	W	M	U	F	T	R	V	Y	Q	S	D
Y	G	N	E	F	X	Q	W	F	I	R	I	T	T	Y	X	O	T
V	E	X	M	I	E	H	W	Y	X	M	P	E	C	R	N	D	X
D	N	X	M	T	X	P	H	C	N	X	P	X	C	V	A	S	M
X	N	Z	O	O	V	H	I	T	C	E	L	Z	D	K	I	M	B
E	L	R	X	O	C	C	O	D	N	M	I	X	O	J	G	Z	C
H	V	B	C	D	X	T	B	Q	N	Y	N	N	T	U	Z	M	T
X	S	Q	D	N	N	K	O	V	C	A	G	P	S	A	C	N	G
B	G	H	C	D	E	I	Z	S	L	K	L	U	L	L	F	J	Y

Hatching   Crosshatching   Stippling

Sgraffito   Grabado   Aguafuerte

Serigrafía

Artistas Futurismo

F	T	P	M	K	L	S	U	R	T	I	S	R	V
M	E	C	T	D	A	L	P	M	F	V	V	P	T
M	Y	F	G	S	K	D	Z	I	G	D	F	R	E
S	E	V	E	R	I	N	I	M	A	F	A	W	O
A	D	M	H	W	N	A	A	L	L	A	B	N	U
N	X	C	L	G	O	R	H	N	Z	X	B	J	X
T	M	A	S	K	I	R	U	M	W	S	S	A	Z
E	N	K	O	N	C	A	D	L	S	J	A	S	H
L	A	B	E	L	C	C	H	W	Q	U	W	Y	L
I	Z	T	G	R	O	V	U	D	M	I	F	D	W
A	T	K	K	S	B	S	U	Z	E	X	W	N	Z
I	W	N	A	X	F	Z	S	W	H	R	S	N	F
U	N	E	P	V	J	X	K	U	H	G	Z	F	W
A	F	Y	A	N	U	Y	M	G	R	U	C	A	G

Balla   Boccioni   Severini
SantElia   Marinetti   Carrà
Russolo

Géneros de Cine

S	M	X	M	B	B	X	E	F	C	T	Q	Q	F	T	X	F	V	X
H	A	O	A	T	U	V	P	N	C	E	S	E	E	F	D	Q	M	Q
Y	E	Q	L	M	Y	L	U	D	T	P	T	G	D	X	X	E	V	D
Q	B	H	A	N	S	Q	S	C	Z	A	H	P	U	V	A	N	G	M
A	X	O	T	Y	J	V	W	Q	N	A	R	D	O	Y	C	P	L	G
M	N	U	N	O	I	C	C	I	F	A	I	C	N	E	I	C	S	Q
Q	L	R	E	C	B	I	M	K	L	O	L	O	Z	V	O	V	P	X
O	L	X	M	G	N	A	S	X	M	D	L	K	O	O	A	I	Z	U
R	A	J	U	V	C	J	Y	O	D	Z	E	F	F	D	I	R	F	Z
I	L	S	C	I	Z	W	P	C	J	F	R	T	K	K	D	X	G	W
X	Y	R	O	S	S	U	T	I	P	Z	A	L	X	I	E	F	S	C
Q	O	N	D	J	C	H	A	H	G	E	E	N	G	J	M	N	P	V
Z	A	O	C	G	B	F	H	M	C	K	X	Z	T	I	O	P	W	V
K	J	O	N	K	I	N	C	A	A	O	S	N	T	A	C	T	V	T
M	Y	Z	I	D	S	O	N	Z	B	R	M	I	T	S	S	F	E	S
P	D	Q	E	K	X	Z	J	A	E	E	D	M	U	I	L	I	Q	X
K	J	Y	E	L	M	G	W	H	C	C	U	J	J	C	S	Q	A	D
X	D	F	F	X	M	N	U	Y	C	P	W	K	B	U	J	H	G	U
B	J	H	X	N	X	X	I	W	S	T	P	Y	H	N	C	C	G	T

Drama	Comedia	CienciaFicción
Documental	Animación	Thriller
Fantasía		

PinturaNeoclasicismo

A	I	O	U	E	O	Y	L	P	D	A	T	Y	D	C	S
O	W	G	N	G	Y	A	U	F	N	B	H	N	H	X	B
E	T	S	C	U	O	Z	G	J	D	H	T	Y	I	J	S
R	D	W	W	Y	J	W	I	N	J	H	N	U	L	H	J
P	H	D	P	I	P	P	W	Q	N	H	G	D	S	S	O
O	D	A	B	E	G	W	X	S	I	I	Z	N	U	J	U
X	R	J	P	Q	K	I	N	G	N	E	Q	F	L	K	L
N	M	L	U	F	Q	C	A	N	O	V	A	O	Y	V	O
X	V	M	P	I	W	A	M	E	X	H	U	A	W	S	B
N	J	U	X	A	T	E	F	M	K	I	V	I	G	X	R
J	K	G	O	M	J	D	F	C	S	A	M	E	T	Q	X
V	M	H	D	X	D	R	U	D	N	E	L	X	Q	T	P
N	X	F	T	I	U	U	A	D	U	V	R	B	X	G	P
Z	J	I	W	Q	F	V	K	W	Z	U	A	G	Z	G	H
T	E	D	O	R	I	G	M	P	Q	F	H	A	N	E	P
E	F	V	R	D	A	U	M	E	N	P	I	L	M	I	Z

JLouisDavid **Ingres** **Kauffman**
Mengs **Blake** **Girodet**
Canova

Técnicas Escultura

T	D	B	P	K	C	U	S	K	W	A	L	A	F	K	P	N	T
T	E	B	X	F	L	H	V	M	G	D	G	R	M	C	R	V	D
R	V	J	T	C	E	D	D	A	Q	U	F	C	B	R	E	Q	K
J	O	D	A	L	E	D	O	M	R	Y	S	I	G	R	U	B	Y
T	B	U	L	L	M	E	D	W	T	U	D	L	U	T	P	J	I
Z	X	S	L	D	B	J	W	M	U	C	D	L	I	F	S	A	G
I	Y	P	A	M	F	M	R	A	V	Z	I	A	A	O	G	Q	T
N	G	K	D	R	M	U	A	G	H	Z	I	M	D	Q	L	P	Q
T	M	N	E	I	E	S	C	S	I	T	A	A	I	L	Q	M	D
A	T	Y	M	M	L	N	F	G	N	V	L	J	S	D	O	E	M
U	K	N	A	Y	L	W	U	U	R	E	L	D	V	E	S	S	F
R	U	K	D	V	M	W	N	W	C	D	P	R	K	R	U	W	J
P	D	T	E	X	Z	D	D	N	W	T	T	Z	G	Q	Y	Q	L
R	L	M	R	V	O	K	I	V	W	O	Q	K	O	A	A	R	G
Q	D	R	A	A	N	C	C	T	N	O	Z	N	Y	Q	P	U	F
Y	O	Q	H	L	I	U	I	Z	E	F	Z	G	Y	O	P	W	D
S	E	E	T	A	G	F	O	E	W	K	T	V	V	S	M	V	A
B	J	E	W	Q	A	A	N	H	N	Q	U	J	H	M	M	X	V

Cincelado   Modelado   TallaDeMadera
Ensamblaje   Fundición   Soldadura
Arcilla

Art. Expresionismo

V	H	A	K	V	G	D	Q	D	Y	D	T	T	Q	Z	A	U	S	T	K
H	I	O	U	P	Z	V	H	C	C	O	E	N	L	Q	G	F	A	A	S
W	K	V	B	Y	M	G	Q	R	A	L	O	W	K	B	B	F	J	G	O
W	Q	W	T	D	K	I	R	N	E	L	O	R	B	C	V	U	R	J	K
T	V	G	G	Y	K	S	N	I	D	N	A	K	C	R	O	L	E	I	W
L	G	U	E	F	H	W	H	E	A	K	P	Z	U	S	O	T	N	E	R
J	W	U	L	A	X	C	R	A	M	M	S	J	P	G	D	T	H	F	Q
H	J	C	D	C	S	N	N	T	V	V	D	Y	X	C	X	O	C	G	X
F	S	C	H	S	X	I	H	U	G	S	C	A	P	Q	I	R	R	I	C
Q	U	T	Z	A	M	E	R	S	M	G	T	R	V	A	K	T	I	N	J
C	I	A	H	S	C	H	I	W	S	G	G	Q	A	K	C	D	K	M	F
V	N	V	A	D	I	E	A	J	L	T	B	E	T	M	O	I	T	W	T
I	S	I	S	O	I	Y	R	C	I	L	K	T	P	G	H	M	Z	R	X
W	F	G	Y	B	J	N	L	V	X	C	H	Y	M	I	T	H	N	B	X
P	R	V	E	J	Z	F	S	C	Q	B	F	L	M	R	P	C	Q	U	J
Q	J	M	A	H	B	V	P	M	F	T	U	V	F	F	J	S	J	Q	E
O	W	J	E	D	T	V	E	P	S	Q	M	D	D	D	Z	F	W	Y	L
Y	T	F	A	B	K	G	E	E	V	J	Y	U	L	G	X	K	G	V	W
F	Q	E	G	D	F	S	G	G	S	W	Y	N	S	L	S	Q	Z	H	D
X	E	L	M	R	G	F	I	M	B	J	N	L	J	T	R	J	H	M	G

Munch   **Schiele**   **Kirchner**
Kandinsky   **Nolde**   **Marc**
SchmidtRottluff

Colores Cálidos

E	K	A	J	N	A	R	A	N	C	C	N	R	P
M	P	B	M	P	L	L	W	X	J	A	P	L	W
A	M	Z	C	A	T	O	C	A	R	R	E	T	Z
C	K	W	R	J	R	R	A	I	F	M	B	T	V
K	W	O	K	Q	J	I	A	M	R	E	T	Y	Q
F	C	V	I	L	Q	V	L	V	A	S	P	G	U
Q	L	R	N	E	M	C	M	L	E	I	G	X	Z
Q	U	X	I	P	X	V	S	N	O	R	R	A	M
D	B	P	E	X	H	V	R	Q	A	F	O	O	R
N	I	R	C	N	C	Z	N	X	N	Z	J	A	Q
T	R	U	X	Y	S	F	F	P	O	Z	O	V	M
O	C	Z	F	M	U	J	E	G	K	G	V	I	N
G	V	H	Q	L	Z	G	F	R	W	J	D	Z	C
S	L	D	I	U	B	L	C	T	Q	E	C	N	A

Rojo   Naranja   Amarillo
Terracota   Marrón   Coral
Carmesí

Movimientos SigloXXI

P	P	A	P	N	Q	S	I	I	S	P	H	R	F	H	F	T	F	N
K	U	Q	R	X	E	G	W	P	T	U	X	U	C	V	Z	M	X	O
K	E	S	M	T	S	M	W	J	R	C	V	K	C	H	J	L	V	V
D	T	H	V	Z	E	J	L	V	A	Q	W	H	O	G	G	U	H	
A	R	T	E	D	I	G	I	T	A	L	R	K	U	U	W	F	U	T
Z	A	Q	X	X	P	F	E	J	I	F	D	F	J	B	U	N	F	G
H	O	D	R	V	P	S	A	N	D	E	Q	Z	U	E	O	D	N	R
H	E	G	U	O	U	K	Z	O	E	U	A	K	A	D	K	C	H	F
K	D	G	X	N	Y	O	R	T	M	R	N	W	X	Z	H	J	N	M
K	I	H	J	U	L	H	R	J	W	V	A	X	J	R	N	W	N	S
F	V	O	C	Y	V	A	V	O	E	B	O	T	A	X	K	Y	I	C
I	X	Q	S	X	O	U	G	A	N	A	R	P	I	Z	L	H	P	Y
W	Q	U	I	I	Q	O	I	A	O	O	I	G	N	V	Y	K	B	C
W	N	H	B	S	O	K	L	D	B	Y	S	P	P	T	O	T	H	E
V	Q	R	Z	Y	N	Z	X	I	W	X	Y	E	H	Z	C	Y	W	N
J	O	W	I	A	V	C	X	S	A	T	I	D	T	X	Z	G	J	P
C	K	I	F	U	M	G	K	Q	N	R	W	S	X	R	L	B	G	U
B	Y	Z	V	D	T	I	O	W	J	Y	X	X	T	R	A	T	E	N
V	A	D	I	V	M	B	I	W	R	Y	U	M	V	M	O	K	N	C

NewMediaArt   ArteGenerativo   Bioarte
ArteSonoro   NetArt   Videoarte
ArteDigital

Pintores Siglo XIX

J	O	N	Y	T	B	M	B	B	S	T	R	U	R
Q	L	Z	W	Q	U	E	W	S	N	E	J	N	I
N	O	A	D	A	D	H	T	E	M	V	I	E	C
P	Y	K	I	O	Z	N	X	O	F	S	E	N	Z
F	F	D	H	Q	U	Y	R	C	B	J	D	S	O
C	R	X	G	K	Y	E	H	L	C	H	B	X	P
W	J	I	O	V	G	A	B	D	R	R	M	J	S
X	R	O	E	L	B	A	T	S	N	O	C	I	V
E	O	R	W	D	Y	A	T	J	K	U	M	G	T
R	L	C	L	O	R	P	V	E	S	I	Z	B	F
Y	H	A	G	A	L	I	R	Y	L	V	N	R	O
T	F	L	C	G	I	D	C	L	T	O	F	C	C
B	O	E	Q	T	O	K	E	H	R	I	C	K	W
T	F	D	R	J	U	T	D	M	E	R	R	V	X

Constable	Friedrich	Goya
Gérome	Cole	Millet
Delacroix		

Técnicas Dibujo

Y	N	O	S	Y	P	C	O	M	K	G	W	H	W	C	E
R	N	L	T	E	F	K	O	S	S	U	L	C	T	X	B
Z	K	Z	H	A	V	X	A	I	Q	A	P	L	O	C	D
B	Z	N	O	T	I	N	U	T	P	O	Z	G	E	G	B
R	O	W	L	Y	G	H	S	I	C	S	O	I	M	F	G
S	Z	T	L	U	E	Y	Z	X	A	K	X	O	A	G	Z
G	B	M	I	L	S	U	P	J	S	F	Z	J	A	M	D
W	T	N	C	F	P	O	P	D	U	K	N	V	M	V	L
K	A	G	N	E	A	Z	P	T	Y	D	Z	O	L	S	J
Z	I	R	O	X	S	R	B	Y	Y	B	P	S	A	I	N
V	Y	V	B	M	T	K	G	K	W	I	L	S	G	I	G
X	T	L	R	L	E	S	O	C	O	H	M	O	P	Y	L
C	E	R	A	D	L	M	Y	N	H	C	H	L	D	Y	O
A	X	Q	C	H	C	M	Z	F	R	N	U	G	O	J	L
S	C	F	W	V	N	W	B	C	D	M	R	Q	X	W	Q
M	J	I	P	P	O	D	W	E	A	W	Z	G	R	Q	A

Carboncillo **Grafito** **Sanguina**
Pastel **Lápiz** **Pluma**
Cera

Art.PopArt Asia

Y	Q	E	X	E	F	Z	L	W	S	A	Q	R
P	Y	M	P	M	X	K	G	U	Q	I	A	K
X	W	Z	F	R	U	P	U	U	B	O	I	T
I	Z	J	T	S	Z	R	R	Y	Z	E	W	F
W	R	M	A	Z	H	V	A	P	B	C	E	N
E	J	M	F	W	E	A	A	K	Q	D	I	L
F	A	N	M	H	N	N	K	W	A	P	W	J
H	W	D	H	R	K	I	T	A	R	M	E	O
W	F	D	V	I	S	Y	L	N	A	R	I	J
M	Z	V	M	D	U	G	V	O	N	K	T	N
J	T	I	P	X	H	X	L	V	B	E	D	D
C	S	P	M	S	W	S	F	Q	W	O	Y	L
V	T	D	J	G	J	G	J	N	A	Y	M	K

Kusama   **Murakami**   **Nara**
Bolin   **LeeBul**   **XuZhen**
AiWeiwei

Géneros Literarios

G	Y	K	V	N	C	F	W	V	C	B	H	A	S	R	D	T	U	L
L	V	V	P	U	O	C	P	L	L	B	T	Y	S	P	N	L	D	I
E	M	S	F	I	V	I	U	W	U	T	X	I	E	G	C	T	F	S
N	R	X	Y	Z	L	I	C	Z	M	C	B	N	O	V	E	L	A	C
P	C	O	T	H	W	U	N	C	M	Z	L	V	V	Q	V	R	P	H
O	W	G	O	U	S	T	J	F	I	K	V	B	F	U	A	J	X	G
P	E	T	Q	D	J	Y	U	P	A	F	A	M	Q	Z	H	Q	U
C	A	O	T	V	N	Q	T	I	D	R	A	M	A	Q	X	U	C	W
Z	O	C	M	M	A	I	G	O	L	O	T	I	M	R	Y	U	I	G
M	V	H	K	N	I	F	U	A	I	T	N	I	C	B	E	W	A	O
Z	Q	C	D	C	S	M	H	W	X	J	E	A	R	N	D	C	U	S
V	Q	C	X	C	E	O	X	N	L	V	Z	I	T	O	E	D	M	V
B	Y	B	S	I	O	L	O	G	E	D	J	O	P	N	T	I	Y	O
L	V	D	U	H	P	D	I	Z	V	N	H	B	G	A	Z	J	C	Z
J	C	D	I	E	B	D	K	W	C	L	S	Y	K	Y	W	Q	V	T
O	H	E	W	E	T	W	M	F	Q	I	E	A	O	R	E	C	X	B
M	O	M	H	M	Z	B	S	T	F	U	E	X	Y	L	C	F	N	W
H	M	S	J	T	S	D	N	U	M	Y	R	P	T	O	I	I	O	B
N	B	B	F	S	G	O	M	N	V	Z	K	V	Q	E	W	X	F	O

Poesía   **Novela**   Ensayo
Cuento   **Drama**   Mitología
CienciaFicción

Colores Fríos

A	E	V	S	M	Y	A	D	K	S	L	Z	T	U	B
T	F	O	F	H	T	J	S	M	H	U	I	E	J	H
S	P	S	Z	R	M	U	D	E	L	N	O	M	A	K
N	D	P	W	I	C	H	I	U	U	R	Z	T	N	N
O	D	A	F	R	X	R	J	W	Z	Q	E	A	X	U
R	A	B	W	B	X	C	J	X	W	L	R	G	O	W
R	M	O	U	H	H	V	S	F	O	U	C	U	D	C
S	O	C	R	O	E	U	F	I	Q	Z	K	A	T	I
K	T	E	S	R	W	R	V	N	P	A	I	M	G	J
L	C	L	D	P	I	S	L	K	A	N	B	A	R	D
E	M	E	M	S	N	F	V	S	D	U	J	R	W	R
W	T	S	J	L	Q	B	V	I	Y	L	E	I	K	J
Q	X	T	H	E	I	H	G	I	S	Y	D	N	S	N
X	G	E	R	X	M	O	R	H	N	P	A	A	T	K
B	J	M	S	W	O	S	P	S	Z	L	A	V	T	T

Azul	**Verde**	**Violeta**
Turquesa	**Aguamarina**	**Celeste**
Índigo		

Renacimiento

G	B	W	W	S	D	S	A	O	N	G	Q	R	M	N	Y	A	H	J	P	R
P	F	S	F	X	K	S	M	I	E	K	I	M	R	P	P	O	S	A	B	G
D	C	K	W	T	H	D	E	A	M	U	K	R	V	H	P	J	W	M	T	G
A	L	P	R	Y	Y	H	R	C	P	Y	S	G	E	M	F	W	Y	P	O	N
H	Z	F	R	P	H	J	E	N	S	Y	I	Y	D	Q	Q	G	L	K	Y	H
T	Q	U	C	P	N	A	M	E	L	A	X	N	J	O	A	Q	S	O	H	T
T	S	F	M	P	J	W	O	M	O	M	S	I	R	E	I	N	A	M	Z	K
C	S	R	H	N	Y	E	B	A	S	B	B	Y	G	W	S	U	O	S	R	I
L	A	W	U	W	D	O	A	L	Y	C	C	U	I	T	A	L	I	A	Z	Z
N	Q	P	P	Z	R	Y	X	F	C	F	N	U	D	C	I	O	L	K	G	S
Q	P	V	P	Y	T	J	P	A	V	Y	W	I	F	S	W	N	J	L	I	Y
T	C	F	E	T	R	O	N	L	E	D	O	M	S	I	L	A	E	R	D	F
A	X	A	F	S	S	I	P	E	S	S	T	G	E	H	L	P	Q	U	U	T
S	H	O	E	V	O	I	U	U	J	E	Z	W	K	Z	I	S	X	Y	S	B
C	F	R	N	Y	G	C	D	C	I	J	Y	I	O	T	R	E	A	M	L	D
J	J	H	V	D	X	D	N	S	E	D	T	J	V	N	V	X	D	M	S	O
A	M	L	J	C	Y	R	J	E	V	C	C	F	Z	V	J	W	G	O	P	O
G	S	F	H	D	C	J	P	X	M	G	I	R	F	N	I	X	U	X	Y	I
B	V	X	C	A	R	E	C	G	H	A	Z	X	Y	I	J	A	S	P	H	N
K	N	P	O	P	Q	O	F	P	G	G	L	G	Y	T	J	L	O	T	F	T
X	L	S	F	N	O	E	N	B	C	S	N	F	H	P	E	O	Z	C	Q	A

Manierismo   EscuelaFlamenca   RealismoDelNorte
Flamencos   Italia   Español
Alemán

Técnicas Arte Textil

J	K	V	C	U	X	S	X	Y	T	E	G	U	A
F	Q	R	O	Y	R	O	J	R	P	G	E	F	Z
I	U	V	O	S	T	L	W	O	M	X	E	S	E
X	I	O	T	W	N	J	I	N	F	A	J	M	L
J	L	A	B	E	H	Y	Q	F	N	F	A	F	C
T	T	V	W	V	J	C	E	D	G	R	C	O	Z
I	I	Q	V	S	G	I	T	Y	C	K	N	L	E
Z	N	X	P	A	D	Q	D	A	B	A	E	D	C
V	G	R	V	Z	H	A	M	O	P	I	K	O	I
Q	B	Z	I	T	B	R	R	Y	L	Z	Q	B	S
P	E	P	E	X	B	D	Q	H	F	L	W	D	T
C	A	Z	C	D	A	P	I	Z	B	I	B	Q	Y
T	J	T	R	D	H	I	W	V	A	A	G	H	W
E	Y	J	O	I	B	Q	F	U	N	T	K	Z	F

Bordado   **Tejido**   **Patchwork**
Quilting   **Tapiz**   **Encaje**
Macramé

Artistas Dadaísmo

N	N	C	H	D	S	C	H	F	U	S	J	P	Q	N
A	E	I	D	G	L	N	Z	A	D	E	V	U	W	K
R	Y	W	P	H	S	S	I	R	U	X	V	T	Y	A
A	E	N	T	P	V	T	V	L	C	S	P	C	D	F
Z	I	A	O	Z	I	H	C	O	H	Y	M	T	Y	V
T	V	U	T	P	C	X	T	O	A	K	N	A	M	C
C	S	L	R	U	W	S	I	R	M	H	G	E	N	L
I	J	A	B	V	Z	D	K	J	P	G	F	U	X	N
H	T	Z	G	G	Z	R	U	T	V	A	K	B	Z	A
J	G	A	R	O	R	Z	S	W	T	T	Q	E	E	O
X	E	L	N	V	E	B	V	I	R	L	V	R	H	K
B	Z	L	M	R	L	G	S	B	Z	M	A	A	O	Q
T	L	P	B	T	P	J	V	D	W	Y	R	R	K	L
N	E	Y	V	Q	X	I	J	C	I	P	Z	P	O	E
X	W	S	R	E	T	T	I	W	H	C	S	W	P	R

Duchamp   **Tzara**   **Ray**
Arp   **TaeuberArp**   **Schwitters**
Hausmann

Arte Digital

W	S	U	R	K	G	B	S	E	Q	R	W	G	H	G	L	Q	U	A	K
U	D	G	Q	S	R	H	K	E	E	V	S	I	T	E	Z	Y	O	K	M
N	E	T	B	M	E	R	R	I	F	A	O	Z	Y	S	Y	S	R	R	T
S	G	P	C	Q	Q	A	I	U	A	U	C	Y	L	J	R	F	G	E	V
U	A	N	F	F	W	S	C	Y	B	T	I	P	T	E	U	T	C	C	F
T	C	R	S	T	E	S	G	I	O	N	M	I	A	L	H	Z	I	G	W
K	T	W	F	Z	L	R	H	V	F	K	T	L	S	Q	G	G	O	Y	R
M	E	O	Y	Z	O	E	T	R	X	A	I	S	Z	H	Q	G	S	O	O
F	S	L	N	O	I	N	K	R	U	D	R	H	P	R	L	F	B	D	S
V	E	P	V	R	P	D	K	A	A	O	O	G	T	Z	W	O	L	A	Z
K	F	O	I	X	F	E	X	D	D	Q	G	W	A	P	S	V	W	L	E
V	R	W	M	Y	X	R	V	W	I	V	L	W	W	T	T	O	C	E	N
E	N	F	G	P	S	I	O	O	Z	Y	A	G	X	G	E	A	R	D	H
H	C	V	T	G	R	Z	L	I	K	V	E	A	D	E	S	L	R	O	N
U	J	C	Y	T	N	A	B	X	V	B	T	W	Z	A	S	G	B	M	X
W	W	W	U	Y	N	C	N	A	A	J	R	I	H	F	Z	I	S	A	T
B	D	A	K	E	Y	I	B	V	O	V	A	C	P	V	M	I	X	I	T
I	L	J	U	P	R	O	G	R	A	M	A	C	I	O	N	B	Z	R	V
A	W	K	A	E	O	N	G	V	R	X	L	R	G	K	Z	C	Q	E	Q
G	O	N	D	Z	K	A	X	D	O	T	T	L	I	L	O	Q	N	S	T

Tabletagráfica   Software   Renderización
Modelado   RealidadVirtual   Artealgorítmico
Programación

Géneros

Y	W	K	D	M	N	M	K	D	O	Y	W	V	M	I	T	H	T	H	H	K	I	P	K
Q	V	Q	X	U	Z	D	O	H	R	H	U	D	A	D	O	P	Q	P	G	V	N	H	D
S	A	Z	V	M	C	F	I	E	K	W	P	B	E	R	W	L	B	O	K	N	N	R	D
E	N	T	A	M	X	U	C	V	L	F	J	D	R	M	U	P	Q	J	O	N	O	P	K
K	G	O	I	L	I	Y	J	Y	X	I	Y	S	H	O	R	H	L	Z	D	F	J	N	J
H	U	M	D	P	W	J	L	Q	K	P	Y	A	J	V	L	P	T	T	Q	L	C	Y	U
K	A	J	U	V	P	O	S	M	O	D	E	R	N	I	S	M	O	Z	X	W	I	E	F
N	R	C	W	E	S	C	R	I	T	U	R	A	A	U	T	O	M	A	T	I	C	A	V
M	D	Y	Z	E	N	O	G	F	Q	X	S	R	Q	P	W	M	V	O	P	R	C	X	W
Y	I	E	F	O	O	M	C	Z	L	D	H	U	O	E	X	S	Q	H	I	X	B	Y	H
W	A	R	J	F	U	S	O	I	V	R	U	G	O	W	Q	I	V	W	W	H	N	Z	Z
X	H	J	C	K	V	I	R	K	G	V	X	E	Q	H	Q	N	Q	V	T	T	A	T	C
C	B	W	P	W	E	L	O	R	G	A	F	Q	S	R	K	A	G	Z	L	Y	V	Q	I
A	Q	B	O	F	A	A	P	L	E	T	O	D	P	U	E	I	J	G	G	W	V	E	U
D	U	W	S	J	U	E	B	C	G	T	S	M	J	P	T	S	E	I	M	G	L	P	C
G	S	Y	B	J	R	R	F	T	F	F	G	R	S	T	W	A	W	H	Z	F	K	W	Q
A	F	G	D	D	O	R	T	T	R	Z	F	X	M	I	Q	N	N	C	X	W	V	R	U
F	Y	O	N	L	M	U	O	N	K	A	C	Q	Q	N	L	R	O	F	L	T	U	Q	P
V	O	F	E	F	A	S	X	E	A	T	E	R	X	Z	O	A	D	M	R	P	A	I	L
K	J	W	I	Y	N	Q	O	Y	A	V	M	F	D	P	R	P	E	K	M	X	V	U	A
Z	U	K	K	B	Q	R	X	V	V	L	R	F	A	W	O	U	R	H	L	V	X	E
N	G	G	S	Z	H	J	R	C	H	G	H	Q	F	N	Q	Y	T	H	M	T	R	E	M
P	D	X	A	E	G	S	R	N	A	F	K	S	Q	E	C	D	Q	B	Z	B	X	A	W
M	L	J	Y	C	M	Q	E	L	T	Q	C	C	Q	N	E	E	I	E	W	B	J	B	X

EscrituraAutomática   Parnasianismo   Realismoágico
Vanguardia   NouveauRoman   Posmodernismo
Surrealismo

Círculo Cromático

N	X	A	V	W	K	N	T	X	U	B	C	Z
A	V	A	I	E	Z	B	U	A	F	M	N	W
O	T	O	O	H	Z	O	R	W	G	F	T	E
I	T	V	L	K	O	C	Q	Q	V	U	K	G
H	M	J	E	L	L	S	U	G	P	N	C	Z
G	W	X	T	R	I	Y	E	U	A	M	R	O
E	M	J	A	O	D	R	S	R	L	S	L	Y
P	M	M	F	H	A	E	A	O	U	F	M	D
K	Z	E	B	J	R	N	J	M	Z	A	N	R
U	X	K	C	D	J	O	X	W	A	Z	X	P
E	E	D	Q	A	R	C	O	J	I	H	N	G
C	T	Q	J	N	F	W	E	K	Q	D	B	R
W	V	A	W	E	O	H	V	S	Q	T	D	L

Rojo **Amarillo** **Verde**
Azul **Naranja** **Violeta**
Turquesa

Pintores Clasicismo

L	Q	C	Q	T	U	Z	T	T	O	C	B	Q	N	V	X
W	W	B	H	S	T	Y	V	K	A	A	U	H	D	M	J
J	Y	X	G	U	E	J	N	R	K	A	O	C	X	R	Y
B	L	I	E	N	E	U	A	V	G	X	T	D	E	A	E
B	U	O	Z	K	R	N	K	G	X	A	Z	E	J	C	P
X	R	R	U	B	C	M	W	I	J	R	X	Y	J	J	F
H	J	E	E	I	K	L	U	Z	G	C	P	P	A	O	I
S	R	L	R	F	S	P	T	B	L	Q	V	F	R	B	D
S	E	Q	G	O	C	D	N	C	S	P	A	E	M	F	P
W	Y	L	A	F	K	H	A	Z	D	M	N	A	F	L	R
X	C	G	Y	G	A	N	M	V	I	B	R	F	O	B	E
J	L	S	T	Y	O	V	F	K	I	N	U	M	I	R	Z
G	M	M	P	V	B	K	F	N	D	D	G	W	C	J	P
B	Q	I	A	S	T	U	U	W	H	B	L	R	Z	V	Q
Q	S	M	V	M	H	L	A	W	R	E	N	C	E	N	T
T	N	J	T	D	M	F	K	E	Y	Q	U	G	D	S	F

JLouisDavid   **Ingres**   **Canova**
Kauffman   **Lawrence**   **Greuze**
LeBrun

Cine alternativo

T	M	V	D	V	J	Y	Z	D	F	G	L	I	T	P	C	E	H
S	J	G	W	G	E	V	Z	N	A	S	B	C	C	G	X	C	Y
Y	I	F	L	X	I	A	U	G	H	B	A	J	Y	N	T	H	L
R	A	N	Z	I	Z	N	N	Q	B	L	I	Q	T	O	V	J	S
C	L	G	D	A	C	E	L	T	B	A	I	Z	E	I	V	P	X
I	E	H	A	E	Z	L	G	B	I	T	U	X	B	T	K	F	X
P	Z	H	I	C	P	D	U	D	Q	N	G	R	N	O	T	A	Y
V	L	D	V	A	P	E	R	J	B	E	C	X	D	M	R	Z	T
P	T	N	T	T	F	A	N	T	T	M	L	K	V	P	B	Y	M
R	O	C	Y	O	U	U	F	D	R	I	E	B	F	O	L	H	G
F	O	O	D	G	T	T	C	A	I	R	D	T	X	T	X	U	T
T	Y	E	N	Z	G	O	B	X	W	E	T	E	I	S	Q	K	V
H	F	A	K	S	J	R	C	B	F	P	N	A	B	L	P	X	X
C	V	N	G	R	R	G	R	E	T	X	I	T	M	Q	U	O	B
H	X	L	H	N	S	B	Q	C	X	E	A	U	E	Z	O	S	I
C	G	B	W	Q	B	M	J	M	S	L	D	Q	Q	L	Z	H	M
S	R	L	A	T	N	E	M	U	C	O	D	H	S	O	N	I	O
M	O	J	B	F	R	I	M	Q	G	L	F	G	G	Q	C	X	K

Experimental   **De autor**   **Independiente**
StopMotion   **Mudo**   **Documental**
Vanguardia

Estilos Artísticos

```
C O I B Q U M R C M C Y W S T V W R
G T T M S I K F M H Y Y Y R H N C D
B E R W P U L N V P A T W R X I N Z
F Z W D I R L C O P J O E V F J R N
X B O M M I E I M Y N P Z G M X N C
Q V O B P O I S S C L Z U D B Q Y Q
C B T B O N L S I T U E D Y Z R S H
T A N S L T G G L O Y B Q N H T O A
M R E R L T C N A X N Z I J I N J J
X R I H H L V A E L J I W S X M M J
L O M S I L A E R S F P S M M D Q T
T C I V K V P Y R T J G U M A O V P
E O C V U D F W U W S X U Z O T D J
Q P A F B Y Y J S U A B A B A X O Q
D I N P H Y N W M R X T A M Z A X I
M S E C T Y X S O K W S F F H W B V
S T R T J H M L G I W J B X Y M U I
M Z L M H U C H E Z S P F M E E E G
```

Renacimiento **Barroco** **Impresionismo**
Cubismo **Surrealismo** **Abstracto**
Realismo

Instrumentos Arte

```
J R W G N F M Y H D J E D Y U A
H D M W H N T N O X P M B J D D
T Q L V R H G M R Q L M Y P O H
G X C I E Q U E H B G S Y H V T
M F I A T F Q O G Q P K U A Y R
N X D N R P B O W F P H N O K O
X P O H E B I Z X R Q E Q F L R
I J R K U H O R A F L Y V K Y O
A G F P F T G N D C R E A W Z B
T A V W A J F N C R N S C Q L E
E G V K U Z P B O I X M Z N G Q
L N F M G O Z N E I L A L N I K
A L E R A U C A G E Q L J K X P
P W A S S W K W U X E T O W X O
Q B L P O K Y Y Z T E E Y F K P
P Q P B A D X Y F E E V S Q N L
```

Pincel **Paleta** **Lienzo**
Esmalte **Carboncillo** **Aguafuerte**
Acuarela

Escultores

```
J G Y W J D M B M U E I N W K J
G P V S Z W C R A Y C H R E P C
W C Z Y U G I A C O M E T T I B
J J F B Q O P N N C I P H I F F
V Z F H U O A C S M V E B J W Z
L R O D I N J U Q I D K O Y Z T
Y M A A B S X S N G K M C H F W
U J T T I C D I K U T Q S H A E
L V O O Z A N O B E Y X Z Z W A
J Y Q O D R P R N L W D T H V S
X D H W E A K K O A F D Z K N Y
V W T B V I R W F N T J L Y G X
L G J U G P Y K U G X E D W P Q
L D Q Z N L K Y Y E O K L V O C
J G V F Y N O I Z L L I S L Q V
L T B R Y Z D E T O B E R O O M
```

MiguelÁngel **Rodin** **Bernini**
Brancusi **Moore** **Giacometti**
Donatello

Colores Artísticos

```
O O V U Y V D F Z J E K Q Q
A W N O X U P P A T W E A A
R R R K G P L T U I O S J J
X D K S Z U E Y R F P M Y V
S R R G T L L A I F E W C
X M L O X I D O G R X R S A
I P L E F N S E Y S S A O A
Z P N R H A R E C A I L L V
R P A X O U X V M J V D O Z
I M L U R R E J B R V A A O
N G T M H Z F U J O A N O K
I N U D R X G S S A O C R F
J Q G U L C S C Q Q R W V Q
G M V S O F S A G E S Z O N
```

Carmesí **Óxido** **Sepia**
Esmeralda **Añil** **Marfil**
Ocre

Técnicas

A	W	R	P	U	F	C	E	D	Z	Z	D	F	F	F
C	O	X	C	V	M	Q	A	W	Q	K	X	G	E	X
D	K	Y	V	Z	N	W	H	A	L	G	E	A	Y	O
O	L	P	S	O	M	O	B	C	U	A	Z	I	R	D
O	U	T	P	V	V	O	D	I	N	O	G	U	C	A
N	G	R	A	B	A	D	O	I	C	F	C	C	M	I
J	K	J	P	V	K	U	V	Y	C	S	G	M	B	F
Z	Q	O	V	E	S	K	I	D	O	R	L	I	H	A
W	X	T	Q	T	X	U	G	R	T	E	A	X	W	R
H	G	Y	B	Q	G	T	A	B	Q	L	S	T	D	G
D	L	P	L	C	O	L	L	A	G	E	E	A	S	S
H	I	F	L	H	C	I	O	J	R	X	A	S	Y	E
B	Q	Y	S	V	O	H	V	A	A	A	D	K	S	T
R	C	F	G	W	A	K	O	L	M	H	O	U	N	M
G	Q	O	T	P	V	D	Z	S	Q	I	A	P	V	Z

Esgrafiado Mixta Glaseado
Claroscuro Estarcido Collage
Grabado

Museos Mundiales

N	D	J	O	I	N	D	P	M	M	V	U	Y	Q	V
M	V	U	P	P	I	N	X	T	X	Y	P	I	N	W
L	N	G	R	U	U	K	L	P	S	J	C	E	R	Y
F	O	M	M	I	E	H	N	E	G	G	U	G	E	R
G	M	G	W	L	U	U	J	C	H	L	D	A	D	W
T	U	R	W	Y	X	O	W	R	O	H	V	T	O	V
W	W	N	M	G	I	I	P	U	I	P	F	I	M	G
K	I	O	N	M	P	S	V	Y	R	L	W	M	E	W
Q	M	B	E	A	P	R	F	T	H	S	Z	R	T	V
A	N	T	F	J	E	B	A	O	D	B	F	E	A	M
A	I	U	C	L	S	V	L	D	Q	C	R	H	T	O
L	N	T	S	M	A	X	C	M	O	L	Y	F	F	R
W	L	N	U	F	H	Z	U	L	Z	T	F	D	W	Y
O	R	Y	M	U	J	U	A	B	J	L	W	F	P	W
V	Q	D	H	F	U	Z	Q	N	W	R	I	H	P	P

Louvre Prado MET
TateModern Hermitage MOMA
Guggenheim

Obras Maestras

Y	N	M	B	U	T	V	L	J	S	S	V	V	I	X	H	N	U	E	M
Z	J	O	A	Y	L	L	X	K	Y	G	B	I	V	R	A	J	M	A	L
H	M	C	C	A	C	U	S	C	A	F	C	L	L	L	J	H	R	C	B
D	W	L	I	H	H	X	G	Q	Z	Z	P	K	K	Q	J	N	M	X	Y
K	E	J	N	P	E	R	B	M	V	R	S	G	V	U	N	A	S	L	Y
Y	L	P	R	P	Y	E	O	Q	I	J	V	K	Y	R	J	C	Q	Z	M
G	Q	S	E	Q	Y	U	S	K	B	R	E	L	J	J	G	B	I	H	E
L	E	N	U	C	C	B	D	T	G	B	L	W	N	S	H	M	N	Q	F
I	D	O	G	Z	N	S	A	H	R	K	K	N	B	K	Y	I	F	E	F
U	I	A	F	S	X	M	G	I	S	E	I	K	O	C	N	E	O	F	Y
Z	L	M	P	Z	S	B	I	Z	T	M	L	U	V	A	S	N	W	L	U
Q	U	T	Q	D	K	B	Q	E	O	M	O	L	S	Y	S	T	J	M	S
A	T	I	I	D	R	Q	M	S	D	A	I	T	A	O	H	O	B	Z	G
Q	D	M	A	M	K	J	E	G	S	P	O	V	O	D	U	V	R	L	D
K	R	N	I	I	A	M	E	P	H	B	O	K	B	H	A	E	O	C	O
O	K	N	O	C	A	C	X	W	S	A	R	T	F	T	V	N	E	N	D
R	S	A	I	C	I	L	E	D	N	I	D	R	A	J	L	U	N	B	K
U	K	I	P	Q	O	Z	Y	N	E	E	A	T	U	F	A	S	H	C	Z
I	V	W	S	Q	C	I	F	B	A	S	G	L	R	K	N	X	P	V	E
A	Y	Q	C	U	A	Z	G	X	J	R	D	W	V	K	Z	B	T	A	X

ÚltimaCena NocheEstrellada Guernica
Gioconda JardínDelicias Meninas
NacimientoVenus

Movimientos Art.

X	W	E	A	E	L	F	G	A	X	O	T	P	C	J
M	J	Z	H	K	F	J	A	N	D	L	P	Z	Q	M
R	D	S	O	K	N	X	R	U	H	Q	Y	V	N	H
E	H	L	N	F	F	G	T	D	V	W	Z	F	Z	B
L	A	U	T	P	E	C	N	O	C	I	H	M	C	B
M	A	S	G	J	L	N	O	B	P	C	S	M	E	O
C	W	J	C	Y	G	C	U	B	R	A	P	M	S	J
L	X	J	H	U	I	Y	V	W	O	B	R	A	O	S
K	E	J	H	T	N	V	E	P	C	C	F	T	G	W
C	K	J	E	O	K	P	A	E	O	A	B	G	H	E
Z	R	N	G	J	W	I	U	T	C	P	P	A	M	C
Q	I	U	O	U	L	B	W	D	O	N	W	S	M	P
C	J	U	W	B	N	E	O	S	I	Q	D	F	T	R
H	A	V	H	T	Q	T	J	I	O	N	P	N	X	W
X	A	I	J	K	C	D	T	R	J	Y	I	K	V	Q

Rococó Fauvismo Pop
Conceptual OpArt Cinético
ArtNouveau

Arquitectura Celebre

W	U	F	D	R	K	N	N	H	Q	D	Y	E	E	P	K	F	E	P
O	M	U	S	J	V	B	E	O	T	T	A	U	V	Y	W	J	M	W
R	E	H	L	A	A	G	C	B	J	G	K	O	L	M	O	A	C	A
C	D	V	M	R	G	Z	E	C	R	M	M	D	T	K	I	W	C	C
E	C	G	T	E	U	R	P	Q	Q	Y	V	Y	K	G	M	F	P	R
L	E	C	C	P	E	L	A	T	D	I	W	Y	Y	L	A	K	X	O
K	J	D	E	O	D	Z	F	D	A	L	I	V	A	D	Q	S	R	P
Q	A	V	K	Y	L	Q	A	O	A	J	Y	F	Q	V	N	Q	S	O
J	D	R	P	E	V	I	M	A	N	F	M	D	L	Q	X	G	V	L
C	N	L	F	N	Z	M	S	P	C	F	A	A	H	K	N	C	V	I
X	Y	F	L	D	C	P	L	E	O	Q	J	M	H	B	R	G	Z	S
E	I	V	J	Y	I	Z	L	E	O	N	N	G	I	A	E	Y	D	L
E	C	L	A	S	P	G	B	A	Y	X	J	Y	Z	L	L	D	N	Y
C	V	Y	Z	D	X	R	U	K	B	X	D	R	M	T	I	C	G	V
T	G	K	E	C	C	Z	M	G	V	B	D	K	I	D	U	A	G	L
W	B	I	X	U	F	L	P	Q	C	Z	P	C	I	L	D	V	F	S
V	H	U	O	P	S	Q	W	X	Y	J	X	L	L	Z	I	Y	O	A
G	O	Y	W	D	W	D	H	V	L	G	B	C	D	G	P	F	L	N
E	S	X	B	J	N	U	E	B	S	X	G	J	Y	P	B	A	L	X

Gaudí **TajMahal** **Coliseo**
Eiffel **Acropolis** **SagradaFamilia**
SydneyOpera

Contemporáneos

G	H	R	B	U	H	D	J	S	L	I	G	J
U	J	E	Q	J	D	O	B	B	Y	N	L	P
R	V	Z	C	V	X	K	X	N	B	V	I	Q
N	S	R	I	K	S	N	Z	C	C	K	K	B
Q	A	N	Z	E	E	H	F	N	X	J	P	Z
P	Q	I	Y	E	W	K	I	U	V	J	N	L
V	D	T	T	S	R	I	H	Y	H	A	M	T
Z	T	J	Z	A	K	J	E	Y	E	S	F	W
N	G	T	U	U	Z	N	G	W	M	M	J	Z
J	E	L	S	I	K	E	A	T	I	H	W	O
O	C	A	G	C	R	H	T	B	N	A	T	X
I	M	Y	O	H	G	G	M	I	U	O	L	S
A	L	H	F	V	C	I	K	M	D	H	C	J

Banksy **Kusama** **Hockney**
Hirst **AiWeiwei** **Emin**
JR

Géneros Artísticos

L	B	N	Z	G	X	M	X	D	S	B	T	Z	M	H	D	J	P	L	Z	I
U	N	P	V	U	Y	M	N	J	C	T	V	P	X	L	W	H	Q	M	Z	T
I	U	A	A	R	T	T	W	L	C	Y	M	J	J	T	K	W	O	G	A	X
I	K	P	T	C	S	H	X	A	S	R	O	J	S	G	Y	T	V	Q	A	G
K	L	W	X	U	F	F	W	N	R	M	K	K	W	R	C	J	W	A	C	B
M	J	A	E	Q	R	C	B	E	Y	F	J	R	I	A	Y	A	B	R	U	F
X	N	V	T	X	U	A	K	A	P	L	E	J	R	S	F	K	T	U	O	K
L	S	A	Q	I	O	B	L	U	A	N	X	T	F	T	U	T	A	T	T	A
J	G	B	Q	O	G	F	F	E	P	G	S	H	E	J	J	Y	A	O	L	R	W
U	N	N	V	I	T	I	P	A	Z	B	V	R	O	U	D	G	Z	U	L	F
J	H	P	Q	M	K	A	D	G	A	A	E	H	Y	P	R	K	A	C	C	I
H	M	S	W	X	I	F	R	E	A	Z	M	P	S	A	U	J	O	S	Y	O
V	H	A	Q	S	T	W	T	T	T	Y	L	U	F	C	B	O	F	E	O	G
H	N	B	A	N	L	R	G	P	E	R	A	I	E	K	I	H	E	K	X	G
C	A	J	T	L	A	L	G	I	M	R	A	L	K	R	Z	R	Q	X	G	U
U	E	O	H	R	X	E	W	R	W	E	B	F	Z	J	T	G	O	S	D	Z
M	M	C	Q	X	K	Q	W	L	E	G	H	A	X	S	V	A	W	K	I	G
J	F	Y	H	S	F	P	M	T	G	I	B	A	P	R	O	A	G	P	T	T
R	Y	A	K	M	R	G	Q	I	Q	R	Z	H	J	Y	Z	X	O	C	K	Z
G	C	S	P	Y	K	X	N	N	C	Z	O	V	U	H	F	U	N	U	K	U
Y	K	G	O	M	D	K	C	H	A	G	A	M	B	X	L	A	V	I	H	Q

Retrato **Paisaje** **NaturalezaMuerta**
ArteAbstracto **Escultura** **ArteDigital**
Fotografía

Teorías Artísticas

P	O	M	S	I	L	A	N	O	I	C	N	U	F	P	R	N	E
W	O	R	O	W	Z	O	F	O	D	F	X	X	B	E	A	F	M
C	X	M	B	Z	W	Q	K	F	S	M	Z	O	X	K	U	V	Y
S	C	M	S	J	O	R	X	P	L	O	S	P	J	U	T	E	L
O	V	G	I	I	D	M	P	C	X	U	R	T	Q	M	B	V	I
Q	Q	G	I	Y	L	S	O	Y	U	E	O	Z	P	F	W	V	A
U	Y	W	Y	G	B	A	S	K	S	D	O	O	E	I	U	N	V
F	K	U	X	G	X	O	M	I	V	Q	C	R	L	V	I	F	E
J	C	V	O	I	B	A	O	I	G	C	B	E	D	Q	O	S	C
C	E	A	H	T	A	N	D	W	N	F	D	J	A	R	D	J	V
Q	D	C	R	O	I	D	E	C	H	I	I	R	M	U	R	I	Q
I	N	I	Z	S	K	B	R	S	P	T	M	A	N	G	U	W	X
D	K	T	M	B	P	V	N	Z	X	M	L	O	W	O	N	P	K
C	D	O	D	D	B	E	I	N	Z	I	G	I	C	K	M	A	P
V	P	I	C	T	O	A	S	E	S	T	E	T	I	C	A	Z	C
F	S	M	M	W	C	Z	M	M	R	Y	B	V	N	T	I	Q	X
W	D	E	F	P	V	L	O	O	Q	P	U	U	J	N	A	K	U
H	K	S	V	B	U	A	F	R	Y	C	R	N	E	L	Z	J	S

Estética **Expresionismo** **Formalismo**
Minimalismo **Posmodernismo** **Funcionalismo**
Semiótica

Escuelas de Arte

W	Y	O	X	H	H	F	I	O	F	T	E	U	T
Y	J	J	B	L	Y	X	Y	W	V	T	T	F	W
E	H	O	L	A	N	D	E	S	A	U	L	N	U
K	F	N	L	V	R	X	Q	E	C	A	X	P	W
H	K	A	B	A	S	B	T	S	M	P	C	Y	H
M	H	C	C	K	N	P	I	E	D	C	K	P	L
Q	U	H	Z	M	Z	E	N	Z	U	N	N	E	W
G	K	S	Q	X	K	C	I	J	O	E	O	M	E
S	U	A	H	U	A	B	X	S	Z	N	X	G	A
A	U	S	Q	T	Q	I	E	R	K	O	Z	Q	B
O	J	J	E	V	R	H	C	X	T	S	C	F	J
P	H	N	W	A	X	B	G	P	W	Q	V	G	I
L	A	I	K	R	R	T	A	G	S	U	V	E	X
S	C	G	C	R	J	S	W	J	T	H	S	C	V

Bauhaus **Atenas** **Barbizon**
Flamenca **Holandesa** **Siena**
Ashcan

Colores

F	P	L	H	F	M	S	Z	Z	D	E	V	E
B	Y	F	U	L	A	T	N	A	V	R	C	F
Y	T	Q	Y	S	Z	J	N	O	G	R	I	S
O	D	T	Y	T	A	Z	M	L	D	L	A	B
Z	G	B	O	U	F	L	C	B	A	T	N	X
V	R	D	L	P	R	U	X	R	P	Y	Z	F
M	T	I	L	I	A	X	O	N	D	C	G	V
N	B	K	I	S	N	C	J	B	T	N	D	E
F	U	N	R	C	N	D	I	E	J	G	T	G
W	J	V	A	P	S	E	I	O	P	C	Y	L
K	T	H	M	D	T	C	X	G	K	F	B	N
S	H	R	A	S	K	O	V	E	O	S	H	Z
C	E	K	Z	I	Q	D	R	A	B	W	E	B

Amarillo **Índigo** **Cian**
Coral **Gris** **Topacio**
Azafrán

Técnicas

V	G	N	I	P	Q	S	G	N	Y	A	E	Z	U
F	D	K	N	Y	M	Q	B	Q	W	A	X	F	M
O	Y	H	O	I	W	K	H	R	S	R	Y	E	D
D	K	Q	I	D	P	M	Q	A	M	E	Z	G	C
I	K	D	S	F	A	X	Z	S	C	C	G	F	J
C	V	A	I	H	I	L	P	C	L	L	K	K	E
R	C	G	C	Q	G	U	E	A	C	E	G	E	V
A	M	Q	N	U	A	U	I	D	S	E	H	N	P
T	L	B	I	R	A	A	G	O	O	T	L	U	R
S	E	J	Y	Q	Q	R	U	N	C	M	E	R	Q
E	N	U	F	K	R	X	E	Y	F	R	X	L	H
J	U	Y	Z	Q	P	G	R	L	T	K	E	L	A
W	O	Q	H	C	B	L	V	S	A	D	Q	G	H
C	O	A	V	Q	M	U	L	U	E	D	T	T	P

Estarcido **Acuarela** **Mezcla**
Pastel **Incisión** **Modelado**
Rascado

Esculturas

J	G	H	K	X	M	Q	K	R	E	T	N	G	Y	S	Q	S
F	A	W	B	L	T	N	X	Z	H	S	I	G	K	G	R	G
L	H	C	S	K	S	W	E	M	N	A	I	A	H	M	Z	Q
D	Y	G	D	A	A	C	R	K	Q	U	Y	Z	H	H	S	V
X	J	J	L	Q	S	R	D	B	Q	J	F	J	T	L	M	T
P	G	O	V	B	O	T	A	K	W	D	Z	P	I	K	V	W
A	M	A	X	H	B	T	A	P	N	D	Q	Z	F	N	P	F
L	B	U	H	S	U	U	M	L	L	C	S	R	N	V	V	O
M	L	S	G	H	W	I	U	N	L	H	A	D	G	A	N	B
R	J	T	T	E	L	H	Q	R	O	A	B	M	G	I	K	S
S	Y	U	A	R	I	A	R	U	G	I	F	A	E	Z	O	T
F	M	Y	S	J	A	D	W	T	G	U	S	C	U	A	N	X
G	E	F	N	E	E	C	D	H	S	B	F	R	Y	P	E	W
G	D	Q	C	D	P	O	C	S	I	L	E	B	O	U	W	K
I	F	K	C	I	N	E	T	I	C	A	W	X	B	T	W	X
S	E	V	E	I	L	E	R	R	O	J	A	B	O	Z	D	T
K	P	V	W	D	F	R	W	I	P	N	P	F	W	T	M	R

Bajorrelieve **Abstracción** **Cinética**
Torsión **Talla** **Figura**
Obelisco

Materiales

E	L	O	H	R	U	N	I	T	N	Y	I	C	P
A	T	O	C	A	R	R	E	T	A	P	S	C	A
A	L	U	R	T	Z	A	L	P	L	K	X	E	X
P	H	A	G	R	J	V	D	O	B	H	N	J	F
L	V	A	B	Y	Q	E	J	L	X	Y	Z	L	N
O	T	I	F	A	R	G	K	I	U	M	M	B	Y
M	G	R	D	W	S	I	K	M	W	B	E	A	J
R	Z	D	E	Y	Q	T	K	E	G	C	K	V	K
A	S	M	E	Y	G	K	R	R	N	U	M	V	T
M	D	P	Q	E	B	A	N	O	S	Y	V	R	D
O	A	W	P	Y	U	B	R	G	V	M	J	R	D
G	P	O	D	F	V	B	L	S	V	E	B	M	K
J	Y	R	Z	O	R	C	R	M	H	T	H	R	Q
Y	E	F	S	A	H	S	W	A	G	G	X	W	H

Mármol   **Terracota**   **Grafito**
Alabastro   **Polímero**   **Bronce**
Ébano

Estilos

N	M	D	H	U	V	B	R	E	A	L	I	S	M	O	A	P
O	M	S	I	L	O	B	M	I	S	C	G	K	V	M	E	M
H	P	Q	J	Y	S	V	U	I	Y	K	T	D	U	S	K	N
B	G	S	V	D	B	D	H	E	P	Z	Q	R	S	M	V	J
E	O	X	U	U	M	V	I	Q	S	Z	A	P	Y	C	T	H
O	R	V	X	P	G	C	J	O	H	L	D	W	Z	V	D	G
X	C	K	D	W	R	J	F	M	I	U	H	E	E	U	F	X
F	X	N	B	D	Z	E	O	S	S	C	N	F	M	T	X	K
B	N	G	B	M	P	O	M	I	S	O	Y	A	U	W	H	B
W	N	E	G	G	L	O	S	A	L	A	W	T	Q	G	R	D
U	A	G	M	Q	D	D	I	D	T	P	P	F	N	Y	U	L
H	D	P	D	M	S	A	C	A	I	I	Y	U	J	D	U	S
E	Z	V	S	P	E	D	I	D	S	J	S	U	Y	O	S	N
K	Q	R	M	G	B	F	S	S	N	S	E	M	Z	O	N	R
H	H	J	W	X	T	N	A	I	F	R	R	W	O	D	F	S
U	D	Y	Y	O	L	D	L	S	L	D	F	U	R	Q	C	I
X	M	S	T	H	H	W	C	U	V	F	X	V	Y	T	S	X

Simbolismo   **Realismo**   **Naif**
Suprematismo   **Dadaísmo**   **Clasicismo**
Muralismo

Épocas

B	A	V	A	P	J	Q	Q	C	W	Y	N	C	F	A	U	Z	E
E	N	X	E	K	L	F	U	C	S	T	W	I	L	R	L	P	S
Q	P	V	M	A	Y	E	M	B	X	R	Y	T	S	P	U	Y	O
M	O	J	W	A	D	O	R	H	I	F	D	C	F	B	N	O	U
L	Q	U	K	G	D	C	O	F	H	W	O	L	O	K	V	B	K
L	K	V	G	E	Q	J	R	J	G	O	E	D	M	P	R	H	E
O	R	K	R	I	G	W	G	R	J	U	N	B	F	P	E	O	T
F	S	N	A	R	T	F	B	L	A	J	A	F	G	Y	T	M	H
T	O	X	G	R	W	N	V	G	X	C	R	B	W	N	S	J	C
A	X	N	E	O	C	L	A	S	I	C	O	C	E	L	B	T	L
D	B	F	Y	M	C	H	U	L	Z	U	P	I	N	D	J	D	J
W	G	D	G	A	J	Y	Q	F	P	X	M	S	Y	D	F	D	D
G	P	Y	H	N	F	R	Q	Y	D	I	E	K	Y	X	E	J	A
E	K	P	H	T	P	E	R	Y	C	Z	T	L	P	E	R	C	O
P	G	O	T	I	C	O	R	A	Q	C	N	P	J	H	F	P	I
T	J	F	D	C	Y	C	N	X	I	Q	O	G	W	Q	P	A	S
W	A	B	R	O	V	E	J	F	N	F	C	C	I	O	R	O	I
A	G	W	H	Z	R	B	R	U	A	T	V	S	Y	G	G	Q	S

Antiguo   **Renacimiento**   **Romántico**
Moderno   **Contemporáneo**   **Neoclásico**
Gótico

Museos

R	X	E	H	C	Y	W	L	Y	L	O	K	H	N	O
A	M	M	M	O	S	U	X	Z	A	C	F	N	O	Q
E	Z	G	U	B	R	M	B	T	V	G	M	G	K	L
N	A	W	U	E	T	A	T	D	R	N	X	V	B	W
I	A	Y	O	G	Z	X	T	N	K	I	D	H	O	P
L	R	F	H	A	G	T	Y	V	U	I	C	Z	E	W
O	O	B	J	T	U	E	O	U	W	H	T	O	W	G
L	K	U	Y	I	N	D	N	G	W	N	C	Q	I	E
B	E	R	V	M	A	D	Z	H	S	G	Z	U	O	B
Z	X	K	Y	R	E	F	I	H	E	J	C	I	A	F
X	H	L	P	E	E	Z	V	R	X	I	M	D	M	D
H	P	H	E	H	I	C	H	O	O	Z	M	T	D	F
Y	W	U	W	F	F	B	T	L	Q	O	O	T	R	A
B	D	A	F	U	U	Z	L	K	M	J	P	Q	B	I
L	C	U	I	T	Q	G	Z	A	X	Z	U	M	F	H

Louvre   **Guggenheim**   **Tate**
MOMA   **Prado**   **Uffizi**
Hermitage

Movimientos Art.

U	G	O	V	I	T	C	A	R	E	T	N	I	E	D	O
A	H	R	O	I	A	S	P	U	H	C	S	Q	B	T	T
B	B	E	W	W	A	F	T	D	I	G	I	T	A	L	T
R	P	M	I	E	G	F	Y	R	T	E	E	R	D	A	I
L	M	I	A	S	N	F	I	E	E	A	C	A	S	K	N
J	M	F	L	G	W	P	R	C	V	E	C	D	D	M	B
O	O	E	B	R	R	X	A	S	R	P	T	N	S	T	B
Q	Q	Z	B	X	U	B	M	F	O	A	Q	A	M	P	T
Z	I	G	I	Q	E	B	X	U	E	N	N	L	R	J	V
Z	P	B	D	F	T	D	Y	Q	C	I	O	P	V	T	B
F	R	F	A	W	V	W	E	V	A	A	P	R	Q	K	Y
T	P	K	H	C	D	P	X	U	O	J	U	R	O	M	Q
G	V	N	U	Z	W	Y	V	H	I	H	D	O	D	E	P
W	D	P	S	I	G	Z	A	S	C	A	F	R	R	F	L
F	V	B	I	O	A	R	T	E	D	J	T	U	N	Q	P
V	V	G	Z	T	M	P	O	N	I	Q	F	D	Z	B	M

StreetArt   **LandArt**   **Digital**
Bioarte   **Interactivo**   **Efímero**
Sonoro

ArtistasRenacimiento

R	Z	Z	A	T	H	W	M	G	M	E	K	Z	K	B
Y	L	X	A	C	C	D	W	V	L	M	T	T	B	I
G	O	S	L	V	O	L	L	E	T	A	N	O	D	J
C	S	T	N	S	V	E	T	R	J	N	T	F	G	G
Y	A	F	Z	E	V	A	A	R	A	T	J	K	I	T
U	P	V	K	B	N	F	G	O	I	E	K	W	I	D
F	Q	R	T	X	J	A	D	C	S	G	R	Z	Q	A
X	E	J	X	Q	R	E	C	G	N	I	H	N	J
B	U	Q	E	X	V	L	Z	H	H	A	B	C	D	T
M	S	F	M	I	L	N	I	I	N	B	T	A	B	E
L	V	W	K	I	J	B	O	O	Q	S	O	A	T	E
Z	F	N	I	M	E	M	E	S	U	V	O	B	N	X
C	J	N	J	R	R	M	D	G	M	M	G	M	V	A
Y	N	Q	T	J	U	G	M	B	Q	O	P	G	M	O
U	O	I	T	C	R	J	P	S	O	Z	Q	R	E	N

Rafael   **Tiziano**   **Donatello**
Botticelli   **Verrocchio**   **Ghiberti**
Mantegna

Esculturas Antiguas

Q	P	A	N	I	P	O	H	V	P	P	Z	A	W	G	C	G	G	T
W	B	X	M	A	L	W	O	U	I	G	K	V	T	H	A	Z	D	D
N	Z	D	Y	I	L	Y	O	N	E	Q	O	R	P	W	B	G	J	Z
U	W	Y	L	P	T	U	S	Z	K	L	L	O	H	Z	E	X	L	O
S	Z	O	P	H	Y	Z	T	C	X	T	I	A	T	Y	Z	R	U	C
C	U	V	E	F	W	K	R	S	K	C	M	K	G	W	A	U	F	B
P	L	M	U	G	T	P	L	Z	E	N	S	O	P	P	S	X	T	S
D	A	P	P	J	N	H	K	W	T	T	U	I	C	O	O	U	D	D
K	C	C	A	Y	F	M	I	L	V	V	N	O	I	H	L	I	Q	K
H	D	K	T	M	K	T	I	Q	B	R	E	A	C	R	M	C	D	H
Z	B	I	Y	X	W	A	M	F	M	E	V	Z	L	N	E	O	E	D
V	J	L	S	S	S	G	E	E	V	M	D	T	W	T	C	N	A	D
S	L	I	Y	C	M	H	A	O	B	Y	H	S	K	R	A	W	E	I
W	E	T	N	O	O	C	O	A	L	E	G	N	I	F	S	E	R	W
W	V	M	O	O	U	B	O	D	Y	C	K	W	W	T	U	W	N	A
T	F	Y	E	E	Q	V	O	L	Q	T	S	N	I	S	K	D	M	U
C	Y	P	H	O	J	E	L	L	R	M	E	M	W	H	S	N	R	W
C	D	R	O	N	E	B	D	H	O	P	N	H	D	A	M	J	W	E
U	V	S	P	K	H	A	T	M	I	E	Y	L	I	N	E	U	J	P

VenusMilo   **Laocoonte**   **Discóbolo**
Esfinge   **Moai**   **CabezasOlmecas**
AtlantesTula

Conceptos Artísticos

I	A	Y	T	B	P	Z	O	I	U	B	Y	J	A	E	Q	D	A
E	D	B	N	G	H	E	M	G	Z	C	X	Z	Q	L	C	V	B
E	Q	Z	S	D	B	P	E	R	S	P	E	C	T	I	V	A	M
Y	T	L	E	T	S	Q	S	E	F	Q	X	G	W	M	V	R	O
N	K	S	P	V	R	Q	Y	O	G	K	P	L	S	G	A	G	M
P	N	E	Y	U	C	A	O	D	S	B	R	Z	C	G	W	P	S
J	Z	T	E	B	Q	E	C	B	S	V	E	I	W	D	S	V	I
O	G	L	K	V	Z	V	B	C	G	A	S	B	R	C	P	N	L
U	A	F	N	X	B	U	O	T	I	M	I	S	P	K	O	X	A
A	A	B	B	Q	C	F	F	O	H	O	O	Y	D	I	Q	T	M
N	W	C	L	P	T	L	E	W	M	J	N	G	C	A	F	G	I
S	P	H	T	O	W	Q	J	P	I	I	I	V	T	B	G	N
J	J	G	Y	G	E	S	T	I	L	O	S	V	W	I	P	I	I
V	F	K	Y	X	C	L	I	B	Z	O	M	Q	K	C	C	O
C	U	C	Q	J	F	M	Z	D	P	P	O	Y	B	H	H	E	D
I	O	J	K	S	D	H	O	M	S	I	L	A	E	R	R	U	S
R	M	E	O	F	W	O	O	S	S	U	F	A	K	J	L	I	S
F	Q	H	H	G	D	C	S	M	A	G	P	H	Q	P	X	K	W

Estilo   **Composición**   **Perspectiva**
Abstracción   **Expresionismo**   **Surrealismo**
Minimalismo

Artistas Siglo XX

U	D	X	Z	H	M	P	F	X	N	U	F	I	E	Y	Y	H
X	P	T	X	R	V	G	W	I	K	K	R	J	K	H	W	V
U	X	R	Q	J	Z	P	M	A	H	C	U	D	M	O	E	P
O	T	Q	D	S	B	Y	D	Z	L	H	O	L	E	B	X	M
Z	E	M	C	F	W	K	X	B	D	X	M	L	T	A	G	O
M	K	N	I	E	T	S	N	E	T	H	C	I	L	J	G	B
D	D	F	B	R	O	M	H	A	M	A	S	I	O	O	N	W
R	G	P	I	H	Y	G	S	L	Y	S	K	M	N	T	P	J
F	I	N	V	U	E	I	S	N	S	K	Y	Z	X	C	S	P
J	S	M	M	T	C	W	C	F	R	A	B	K	O	C	O	B
D	Y	M	M	J	Z	D	O	E	X	J	M	M	L	F	I	G
W	L	I	L	N	B	E	P	Y	I	V	S	E	H	M	S	X
H	L	X	V	F	S	P	A	G	C	Z	Z	B	A	O	O	Q
K	W	A	R	H	O	L	L	Q	V	E	O	F	K	K	U	Z
T	X	R	E	H	R	G	H	E	R	K	N	L	B	O	G	S
D	U	X	S	J	E	V	Z	P	U	J	Y	Q	U	N	T	D
Q	K	W	J	W	J	W	U	J	N	B	D	K	O	M	N	C

Pollock   Warhol   Lichtenstein
Klimt   Hopper   Kahlo
Duchamp

Pintores Barrocos

J	U	H	J	Q	E	A	Q	C	S	S	C	U	K	U
T	G	E	Y	O	I	G	G	A	V	A	R	A	C	L
N	A	R	A	B	R	U	Z	E	S	R	V	J	F	V
V	T	E	W	G	J	O	L	L	V	T	K	P	J	M
B	R	E	M	B	R	A	N	D	T	E	M	U	J	W
V	Q	X	H	U	Z	M	M	H	Q	M	P	Y	K	T
D	D	L	B	Q	L	W	K	B	K	I	R	F	P	S
B	D	E	U	N	Z	R	U	N	I	S	S	U	O	P
R	N	E	E	T	I	S	B	Z	O	I	H	K	C	Y
S	Z	K	Y	D	F	C	X	X	M	A	Z	X	K	K
G	P	L	V	X	D	Z	T	L	Y	G	M	V	P	W
Q	E	L	A	B	M	D	F	W	W	Y	N	V	W	H
J	X	T	C	A	L	N	V	T	W	E	K	K	M	R
J	J	J	P	F	I	G	B	R	L	Q	Y	R	A	T
W	X	T	J	M	O	R	E	J	O	R	G	D	A	O

Caravaggio   Velázquez   Rubens
Rembrandt   Poussin   Artemisia
Zurbarán

Movimientos

Z	O	S	T	P	G	G	Q	A	Y	A	K	M	O	K	D	J	K	F
F	A	K	N	N	G	M	I	O	F	Y	U	O	V	N	B	U	C	U
C	N	J	X	O	Z	W	W	W	Y	M	Y	T	K	J	D	I	R	C	T
W	U	Y	P	M	K	Y	V	Z	J	S	Z	G	J	D	D	D	P	U
U	I	U	U	S	R	O	M	A	N	T	I	S	M	O	G	H	B	R
E	B	O	Z	I	T	J	E	G	L	H	G	L	C	A	E	O	M	I
U	R	E	A	L	I	S	M	O	S	O	C	I	A	L	K	J	O	S
D	J	N	P	O	R	M	N	I	J	V	T	P	B	E	V	X	F	M
J	R	H	J	B	D	V	P	Q	C	V	E	A	L	H	R	X	Z	O
P	F	V	Q	M	Z	L	K	R	N	N	I	B	E	A	N	T	B	X
L	X	J	J	I	A	N	W	X	E	A	D	O	R	W	Q	G	S	B
I	W	A	T	S	D	U	W	S	T	S	V	V	F	Z	P	V	F	J
N	J	H	O	M	F	O	Z	A	J	O	I	X	Z	W	D	Q	Z	K
C	U	B	O	F	U	T	U	R	I	S	M	O	D	K	V	H	A	D
W	N	Y	Y	H	K	P	K	C	D	C	Z	F	N	G	J	N	O	L
T	B	C	W	K	T	D	M	I	P	Q	T	D	X	I	B	R	R	M
T	T	W	X	Y	W	J	V	Y	D	L	Z	H	V	F	S	F	R	Z
W	N	C	H	N	V	G	B	M	I	X	H	N	O	L	W	M	O	L
R	D	Z	P	T	E	U	I	Q	T	W	M	J	N	O	O	E	O	K

Romantismo   Realismo   Simbolismo
Impresionismo   Futurismo   Cubofuturismo
RealismoSocial

TécnicasFotográficas

S	X	V	B	V	X	Y	S	S	V	K	H	W	K	E	W	K	W	S	K
K	F	V	I	N	S	T	A	N	T	A	N	E	A	E	O	R	I	E	D
I	X	H	S	O	C	E	P	L	X	A	P	G	K	A	N	L	I	L	G
Z	Q	H	K	I	I	R	Y	V	Y	R	V	Z	M	B	U	R	K	X	A
B	C	X	U	C	R	L	I	I	J	N	L	B	L	D	G	X	W	E	Z
Y	Z	X	K	I	B	G	Z	J	W	O	S	A	N	P	S	I	V	T	M
E	S	F	D	S	E	R	N	U	V	I	N	D	C	V	K	Z	T	U	C
G	D	A	O	O	F	V	B	R	I	C	S	P	Z	J	G	U	C	G	C
D	L	S	H	P	B	C	E	I	O	I	I	T	M	Z	U	O	O	F	M
S	R	B	B	X	W	N	N	Y	Q	S	F	V	T	M	M	U	A	M	J
O	O	J	E	E	I	Q	N	E	B	O	O	O	G	O	V	H	Q	P	O
X	O	P	E	A	T	E	V	H	T	P	V	U	B	H	T	C	Q	U	W
D	L	F	R	G	G	K	X	O	H	X	B	G	G	Q	V	X	A	L	A
P	S	U	Y	R	O	A	M	K	G	E	R	X	S	H	U	D	Y	A	W
X	Y	V	O	A	O	O	U	B	V	E	F	C	J	T	N	C	K	U	B
Z	E	Q	L	L	N	P	E	B	K	L	E	V	X	A	O	R	D	H	M
E	M	L	T	T	A	N	V	M	R	B	W	K	A	K	Q	Z	D	X	K
A	I	F	A	R	G	O	T	O	F	O	R	C	A	M	N	Z	H	F	B
F	O	J	G	Y	N	Z	I	T	T	D	P	M	Y	X	L	Y	W	P	L
J	E	R	F	N	M	K	S	A	N	L	F	O	T	E	L	P	O	S	T

Macrofotografía   DobleExposición   BlancoYNegro
HDR   Instantánea   Fotomontaje
LargaExposición

Abstracto

T	O	O	G	U	X	B	Z	I	C	O	I	I	Z	U	F	G	D	G
M	A	X	Y	M	X	J	Y	I	X	O	T	V	I	X	N	K	Q	L
E	N	N	M	K	X	C	N	M	K	R	M	T	S	W	B	B	L	G
B	M	E	X	P	R	E	S	I	O	N	I	S	M	O	L	U	I	I
B	Z	M	D	S	M	X	G	C	C	E	J	T	I	Y	B	A	Q	W
O	Z	L	Q	W	F	I	N	A	U	O	U	N	E	H	O	E	L	N
F	U	I	Y	A	V	O	I	V	Z	D	O	E	F	M	C	E	Y	I
V	R	C	I	H	T	K	T	I	E	I	I	H	S	F	G	A	A	A
C	Z	V	T	F	U	X	N	P	C	E	W	I	U	G	X	Y	T	Y
O	B	H	S	O	J	D	I	C	U	D	L	R	G	L	P	A	W	D
L	E	R	Z	I	Y	E	A	F	T	A	S	P	I	R	U	G	K	U
O	O	U	V	D	T	R	P	O	M	S	I	L	A	U	T	S	E	G
R	P	E	Y	P	T	U	N	R	H	S	U	O	K	I	M	R	F	L
F	Y	V	N	S	I	U	O	S	B	U	L	E	Q	N	T	M	P	Y
I	Q	O	B	T	M	F	I	R	U	H	Z	X	I	L	O	V	M	J
E	C	A	E	J	N	X	T	Z	K	D	P	Z	H	D	K	S	W	I
L	T	K	S	I	P	D	C	P	L	Y	A	Y	F	H	E	P	K	F
D	Z	H	M	O	O	Z	A	C	F	Y	L	D	J	E	M	Q	P	D
S	R	P	A	U	E	X	Z	P	B	U	A	D	L	M	J	I	J	W

ActionPainting ColorField Gestualismo
Expresionismo Abstracción Tachismo
Informalismo

Artistas Pop Art

P	T	F	Q	Q	B	P	S	Q	E	X	X	L	U	F	I	M
J	L	Y	W	R	K	P	Y	K	U	Y	O	Q	S	U	Q	P
O	E	D	T	K	F	V	V	T	D	H	U	W	L	D	L	D
Y	R	U	S	D	U	A	T	Z	C	E	N	I	C	M	D	I
O	R	A	I	R	U	L	U	S	S	U	C	T	F	J	C	E
C	G	R	U	B	N	E	D	L	O	H	W	N	O	G	K	U
G	I	Q	Q	S	S	H	V	R	T	E	D	O	H	M	R	H
V	E	P	N	N	C	F	O	E	S	W	G	Z	A	R	X	B
D	T	G	E	N	U	H	N	S	C	V	G	R	I	F	D	T
L	G	A	S	P	B	S	E	T	C	P	B	Z	A	F	Y	C
S	K	M	O	D	T	L	H	N	N	K	S	K	F	L	L	H
I	Z	D	R	E	M	A	X	U	B	O	U	S	O	E	Y	K
X	J	C	I	A	V	Y	D	L	W	E	E	H	E	U	W	F
A	U	N	N	R	W	Y	F	A	L	G	R	Q	I	Q	O	H
E	V	N	C	Y	C	X	P	H	V	A	I	G	F	Z	B	M
M	G	K	G	J	O	H	N	S	W	H	E	J	W	W	G	N
S	A	S	T	M	M	R	M	I	K	K	M	Q	I	J	Q	L

Lichtenstein Warhol Johns
Oldenburg Rauschenberg Rosenquist
Wesselmann

Estilos de Grabado

P	B	B	N	Y	R	M	W	C	Y	W	Q	J	W	C	E
V	H	U	Y	A	R	A	G	W	O	X	G	P	Q	P	R
E	C	I	F	S	L	I	T	J	M	C	V	V	O	B	T
S	U	K	H	Q	A	F	D	N	Q	A	I	M	Z	M	V
K	I	D	K	W	E	A	O	F	F	G	P	X	F	A	Q
I	G	L	A	T	M	R	G	H	J	U	C	L	K	G	N
D	N	L	I	N	O	G	R	A	B	A	D	O	A	U	J
A	I	F	A	R	G	O	L	I	X	T	R	H	F	A	Y
T	B	Q	K	B	C	C	D	W	A	I	T	T	N	F	C
V	A	A	V	E	V	L	G	F	X	N	M	H	T	U	S
F	Y	H	F	N	Q	A	H	J	F	T	W	S	G	E	W
O	Y	Z	Q	A	L	C	V	L	M	A	H	V	O	R	P
H	U	E	D	Q	S	K	X	G	P	D	H	I	C	T	R
W	D	K	M	O	N	O	T	I	P	O	C	R	E	E	A
Z	J	W	A	C	E	S	A	T	N	U	P	M	E	F	G
J	H	R	Y	U	T	N	Y	C	P	S	A	Q	I	B	G

Xilografía Aguafuerte Linograbado
Calcografía Puntaseca Aguatinta
Monotipo

Materiales

H	Z	O	J	T	H	T	P	O	C	F	G	Z	Z
S	U	X	X	Y	W	M	H	I	I	C	G	U	C
X	Q	H	B	A	M	N	O	S	K	B	O	T	I
S	L	W	H	V	Z	V	S	F	D	Y	J	R	U
L	W	T	E	M	K	W	O	A	L	A	C	D	O
S	F	U	N	T	C	Y	K	V	F	R	K	M	W
A	A	Y	Q	D	T	V	R	Y	N	A	A	O	W
F	N	L	E	D	Y	G	J	F	D	D	N	U	R
A	N	I	O	B	R	O	N	C	E	M	Z	B	L
A	W	Q	S	M	Y	O	Q	R	D	E	B	Q	X
O	Q	Z	T	E	R	R	A	C	O	T	A	P	B
J	A	O	S	W	R	A	L	J	R	A	Y	N	V
S	J	O	M	Q	J	F	M	G	W	L	I	I	G
D	K	T	M	H	H	D	W	W	E	B	P	P	J

Terracota Mármol Madera
Metal Bronce Yeso
Resina

Impresionistas

Y	D	N	G	U	W	W	V	E	W	Y	H	D
B	G	E	Z	V	V	I	B	S	C	Z	S	Q
A	H	S	P	H	N	R	M	T	Z	U	M	Q
S	R	G	P	R	E	O	M	R	J	W	K	S
P	I	S	S	A	R	R	O	Z	S	R	N	A
F	P	H	P	I	T	E	N	A	M	T	R	U
S	V	N	S	Y	R	D	E	G	A	S	A	X
P	D	O	E	W	H	E	T	T	E	V	T	H
T	T	A	S	S	A	C	N	X	Z	V	M	Z
A	X	P	U	N	K	R	F	O	Q	Q	B	L
Q	V	N	H	H	S	U	N	N	I	K	W	F
Z	L	M	T	A	C	E	S	X	T	R	W	S
S	R	V	M	E	E	M	J	N	S	K	T	V

Monet   Degas   Renoir
Pissarro   Morisot   Manet
Cassatt

Museos Arte Moderno

P	Y	E	I	L	K	E	S	C	F	J	Y	C	Z	C
O	T	Z	Z	B	E	E	G	B	R	T	C	D	V	J
A	G	J	H	O	G	Z	K	S	A	Z	R	G	B	U
O	Z	L	K	P	N	X	J	T	M	L	E	V	U	J
K	A	Z	K	X	C	L	E	H	O	K	I	J	L	X
M	U	J	W	I	B	M	X	F	M	D	N	L	J	W
K	F	N	V	P	O	I	P	T	J	E	A	A	P	Z
N	X	X	S	D	Q	J	J	O	D	I	S	Y	L	B
J	V	O	E	T	Y	R	I	C	M	Z	O	Q	X	W
H	N	R	Q	X	H	H	T	Q	E	P	F	E	L	A
R	N	C	H	I	C	A	G	O	I	P	I	K	S	I
T	R	D	C	Q	X	Q	U	Q	Q	I	A	D	U	J
G	W	N	R	S	O	X	H	S	G	C	X	L	O	K
S	E	V	I	W	J	R	A	B	Q	N	O	D	Q	U
V	E	B	O	Y	K	N	G	M	F	P	B	N	G	Z

TateModern   MoMA   Pompidou
ReinaSofía   Chicago   MAXXI
Kunsthaus

Técnicas Escultura

D	B	T	B	S	E	N	S	A	M	B	L	A	J	E	H	K
H	B	U	S	I	C	E	B	O	J	K	B	F	O	G	K	I
L	N	M	Z	G	U	P	O	M	P	N	C	L	A	H	X	H
A	Z	M	R	J	S	W	M	Z	G	P	A	J	E	R	K	J
T	T	S	W	Y	L	Z	A	J	M	G	B	I	Z	E	I	K
N	J	C	C	K	G	B	A	I	D	M	V	Z	A	L	F	V
E	E	R	E	C	R	I	F	L	R	A	J	Z	A	I	X	J
M	T	E	L	R	H	Y	Z	X	Z	A	S	U	F	E	G	K
U	M	H	R	Q	I	M	O	C	Z	B	O	E	R	V	U	C
N	B	A	T	F	G	D	W	D	E	D	I	T	W	E	I	K
O	Y	T	T	N	S	E	A	R	A	L	E	C	N	I	C	M
M	Q	L	C	G	W	T	J	L	W	I	F	W	G	M	K	V
D	J	W	D	I	T	O	E	C	L	L	C	K	P	X	J	G
B	U	W	W	C	C	D	L	B	B	A	Y	A	Y	O	U	N
O	O	Q	Q	X	O	D	V	Z	P	I	T	V	X	K	A	
N	F	B	A	M	W	V	N	V	T	Z	G	X	R	I	F	K
J	M	B	M	H	P	P	J	E	M	C	U	U	J	A	Z	G

Modelado   Cincelar   Vaciado
Talladirecta   Ensamblaje   Relieve
Monumental

Artistas del Barroco

L	V	S	I	R	Y	T	D	N	A	R	B	M	E	R	T
K	A	Y	A	N	Y	F	M	U	Q	C	S	J	W	J	T
Q	K	A	V	E	I	S	S	W	Q	L	V	X	Y	A	T
C	O	H	K	C	B	N	F	R	N	Y	I	Y	I	B	N
T	W	I	X	N	G	J	R	T	Y	G	O	Z	W	S	O
J	C	A	G	K	F	R	A	E	S	E	U	P	F	D	K
E	B	D	D	G	F	Y	N	B	B	N	M	M	Y	N	A
Z	W	F	C	E	A	R	S	U	S	T	H	V	V	T	E
W	U	F	W	O	H	V	H	X	A	I	E	J	P	G	W
T	Y	G	C	I	S	C	A	N	I	L	I	G	R	Q	V
D	X	Z	E	T	V	V	L	R	A	E	J	F	B	D	Z
L	D	A	C	S	H	Z	S	Z	A	S	F	N	S	R	J
B	C	W	K	E	A	H	Q	V	L	C	T	I	Z	S	B
M	N	O	X	X	H	U	H	A	C	H	Y	M	F	S	D
X	L	R	U	B	E	N	S	R	A	I	X	S	E	O	U
S	D	Q	Q	Z	M	L	V	H	F	Q	I	G	G	U	H

Caravaggio   Bernini   Velázquez
Rubens   Gentileschi   Rembrandt
FransHals

Artistas Surrealismo

N	C	X	Q	Y	Q	L	E	T	X	D	A	G	W	W
Q	W	V	A	U	W	R	F	B	C	E	U	L	G	S
J	F	Z	G	G	L	B	F	K	K	B	I	R	V	M
Y	L	U	D	N	W	L	C	P	Z	T	W	B	I	K
Y	W	U	H	A	U	U	M	S	Q	L	M	F	Q	Q
Q	A	M	T	T	C	N	Q	F	X	L	L	D	Q	R
B	L	U	H	N	V	R	I	B	E	Z	B	Z	M	L
I	N	U	F	T	G	Y	E	L	T	Z	T	A	V	I
N	U	O	U	X	F	F	D	G	T	X	X	U	G	Q
X	O	S	T	F	Z	U	A	E	I	E	W	Z	B	J
S	R	E	L	E	Q	J	O	N	R	L	C	T	J	U
G	G	S	C	A	R	R	I	N	G	T	O	N	D	B
Z	A	M	R	S	I	B	S	M	A	S	Q	A	O	I
E	D	X	K	M	E	T	B	C	M	T	L	B	Y	K
R	S	R	R	P	C	K	T	K	Z	I	N	Y	S	I

Dalí Magritte MaxErnst
Miró Breton Tanguy
Carrington

Colores. Naturaleza

G	F	E	C	O	R	A	L	V	S	G	C	W	C	
C	B	O	E	O	N	A	R	L	T	I	R	Y	D	
Y	B	A	L	I	W	O	B	C	S	I	L	M	F	
Q	G	A	D	L	A	R	E	M	S	E	C	L	G	
H	P	J	M	C	L	I	F	R	A	M	L	W	K	
O	I	A	G	Q	I	F	F	W	P	F	P	I	P	
F	P	L	R	S	E	A	D	Z	Q	E	C	Y	V	
D	T	T	L	A	H	Z	T	O	B	A	Q	T	M	
H	E	N	I	X	R	Z	Q	A	A	D	S	Z	Z	
T	F	I	B	P	G	T	P	N	G	H	U	E	V	
Y	N	T	Q	V	M	M	K	B	A	A	I	B	X	
E	M	E	Y	T	P	A	N	J	Z	I	H	P	O	
Q	U	C	T	Q	T	T	R	C	E	Z	J	B	J	
X	S	W	T	K	Y	H	E	R	R	T	E	X	T	

Esmeralda Zafiro Ámbar
Ópalo Coral Ágata
Marfil

GénerosFotográficos

C	A	C	U	K	V	A	I	D	M	S	B	W	F	J	S	L	C	W
S	R	N	Y	F	O	T	O	P	E	R	I	O	D	I	S	M	O	G
W	E	V	M	C	P	D	D	I	U	P	E	C	Q	T	H	O	H	H
T	X	H	P	Q	P	E	F	V	P	D	R	H	O	O	U	D	U	V
G	Y	S	S	A	J	C	S	E	A	K	L	O	T	Z	I	A	C	W
K	J	O	E	X	C	U	M	R	U	B	M	X	D	X	W	S	G	H
E	K	E	P	J	U	Q	G	K	V	S	R	F	Z	U	Z	X	M	K
L	D	Z	Y	C	A	R	S	D	I	U	A	W	C	T	C	R	E	D
N	P	E	M	B	S	I	J	B	G	K	J	Z	P	A	B	T	S	Q
A	X	J	S	G	J	Q	V	Z	E	D	N	W	V	T	H	I	O	V
M	V	P	T	J	A	O	Z	G	N	S	E	T	N	K	F	R	T	B
U	R	F	O	U	S	U	K	P	P	E	R	D	J	P	C	I	A	W
A	X	P	T	N	K	W	M	B	Z	J	V	Z	L	A	J	M	R	Q
N	B	W	Y	H	G	R	Q	M	D	A	C	A	M	E	X	P	T	E
W	C	C	P	N	I	Q	X	F	X	S	L	D	V	P	X	A	E	G
U	A	E	H	K	X	D	C	B	A	I	E	I	F	H	H	V	R	N
O	R	V	G	O	B	S	Z	X	O	A	B	A	V	L	K	L	F	G
W	Q	D	C	A	Z	T	D	Z	P	P	F	N	Z	B	L	N	S	F
G	G	V	I	C	X	M	L	X	K	C	Y	N	O	N	K	Y	C	Z

Retrato Paisaje Fotoperiodismo
Macro Viajes Moda
DeProducto

Arte Cinético

M	E	Z	E	M	E	Z	X	S	B	H	X	E	M	R	R	S	V	J
J	F	Q	X	S	J	O	Z	R	A	A	S	G	W	G	K	Q	D	I
V	M	M	D	Y	C	T	X	V	Y	O	P	A	R	T	V	L	X	T
R	V	O	Z	E	W	U	N	L	S	B	C	X	U	P	O	I	U	B
M	U	H	V	S	C	R	L	J	U	X	S	L	E	H	N	L	C	X
C	N	B	A	I	A	Y	Y	T	P	N	G	E	D	T	C	O	R	P
T	L	J	N	J	M	H	H	C	U	C	I	N	E	T	I	S	M	O
O	P	J	J	M	G	I	N	Z	X	R	A	R	J	A	M	E	M	M
Z	W	O	E	I	P	F	E	O	T	P	A	F	Q	X	W	Q	T	X
T	T	V	L	C	U	X	J	N	R	C	C	M	R	U	D	R	X	O
F	U	N	O	Q	H	G	G	L	T	L	I	V	O	M	Y	P	M	S
L	V	X	A	B	T	V	O	I	K	O	A	K	Q	V	E	S	D	O
Q	T	V	X	M	G	O	V	G	O	I	E	W	X	U	I	L	E	O
T	Z	W	Q	H	P	O	S	H	B	M	R	T	F	M	E	L	X	J
Q	K	B	Z	E	W	D	I	N	F	W	X	O	A	X	S	F	F	I
U	L	R	N	H	A	W	T	A	M	E	T	N	C	Z	P	Q	P	Q
I	C	L	J	P	A	T	F	N	Y	I	I	L	F	E	O	I	L	R
U	C	V	D	K	R	E	U	Z	E	D	A	K	I	L	Y	L	U	E
N	K	P	O	X	Z	E	R	D	I	J	P	A	Z	Y	C	U	T	C

Móvil OpArt Cinetismo
EsculturaMóvil Interactivo Movimiento
Dinamismo

Géneros Musicales

A	P	E	J	L	Z	Z	A	J	Q	A	A
G	A	C	P	U	D	O	N	C	B	I	J
M	J	S	J	G	H	B	M	T	K	M	Q
Q	N	W	F	Y	X	A	R	P	N	B	X
G	R	G	S	F	B	L	R	R	R	H	A
B	C	K	H	I	P	H	O	P	L	H	C
P	L	R	N	I	L	Q	C	L	Y	E	I
Z	H	U	E	F	I	F	K	X	W	O	S
F	F	T	E	Z	H	S	J	L	P	I	A
S	V	W	D	S	D	D	A	L	O	I	L
U	K	N	A	A	O	D	X	G	P	F	C
H	R	B	M	J	T	U	N	M	P	Z	W

Jazz   **Blues**   **Clásica**
Rock   **Pop**   **HipHop**
Folk

ArteUrbano

G	A	A	Q	B	F	T	G	A	F	S	S	P	E	M	Y
O	A	E	J	V	D	O	F	O	D	W	D	V	R	W	Z
V	D	I	K	Z	K	U	Q	Q	W	Q	L	R	W	X	R
E	N	N	D	J	C	T	Q	I	G	I	S	F	L	J	R
Y	M	S	C	Q	N	R	Y	G	C	T	Y	P	S	E	H
N	I	T	P	R	F	X	J	N	W	I	A	A	X	E	H
J	B	A	P	L	B	C	E	W	L	F	T	C	B	Q	Y
Q	M	L	G	X	G	T	B	T	N	F	D	S	M	B	R
N	C	A	C	I	S	T	W	Q	I	A	T	L	N	M	F
V	T	C	C	I	M	D	M	M	I	R	F	J	G	Y	V
M	H	I	I	L	T	U	P	F	E	G	I	D	H	C	C
I	J	O	Y	Y	Z	O	R	E	M	I	F	E	O	E	K
I	W	N	O	I	W	S	T	A	F	T	N	Z	J	Q	D
J	F	X	V	G	K	A	D	G	L	X	V	L	B	M	F
C	T	C	H	E	R	Y	J	N	A	B	A	D	V	I	X
A	K	I	G	T	Y	B	A	X	U	Y	C	T	G	A	R

Graffiti   **Mural**   **Tag**
Stencil   **StreetArt**   **Instalación**
Efímero

Pintores Realismo

U	Q	L	C	Z	F	G	Q	H	E	V	C
E	O	P	O	O	F	B	A	I	M	F	H
N	B	Z	B	E	U	P	J	H	I	R	X
J	J	O	L	X	H	R	U	W	L	R	R
L	E	Z	N	M	R	P	B	H	L	D	F
B	Z	G	O	H	C	E	T	E	E	A	N
R	V	B	S	R	E	M	O	H	T	U	V
Z	F	M	F	E	E	U	A	C	M	M	F
N	H	V	Y	W	E	O	R	D	T	I	E
E	A	K	I	N	S	Q	F	J	D	E	U
K	O	R	V	U	W	G	Z	S	G	R	C
D	X	I	L	N	I	P	E	R	D	E	R

Courbet   **Millet**   **Daumier**
Repin   **Eakins**   **Homer**
Bonheur

Diseño Gráfico

F	I	E	T	B	M	R	X	G	H	T	M	O	W	K
A	I	U	Q	R	A	R	E	J	A	R	I	I	A	E
P	S	B	G	U	X	K	U	Y	N	H	A	J	H	D
R	E	P	E	T	I	C	I	O	N	N	R	X	C	J
O	W	J	N	L	W	L	L	T	X	A	L	O	H	O
X	L	W	P	K	J	I	D	T	T	N	R	F	C	
I	S	O	E	R	I	T	M	B	H	T	V	Q	G	Z
M	V	Q	Z	I	N	O	I	C	R	O	P	O	R	P
I	I	L	U	D	A	R	X	A	Y	I	C	H	J	P
D	P	W	V	E	T	I	S	Q	U	G	O	R	C	M
A	L	K	M	M	C	T	R	Z	C	M	O	X	A	Y
D	Z	A	H	Z	E	M	E	N	S	L	R	W	D	S
V	Z	L	C	M	E	O	O	P	O	M	O	D	H	A
G	L	R	T	K	J	D	H	X	P	U	I	G	L	S
E	A	M	H	P	J	R	R	F	U	X	V	C	F	M

Contraste   **Repetición**   **Proximidad**
Jerarquía   **Equilibrio**   **Ritmo**
Proporción

Arte Conceptual

I	K	V	A	C	O	F	L	N	V	R	E
N	E	E	S	H	R	W	C	T	Q	E	W
P	L	E	W	I	T	T	P	F	R	N	H
I	M	M	D	C	P	U	L	P	L	I	A
S	Z	A	K	N	S	I	R	J	M	E	Y
U	Y	K	H	O	F	S	Y	H	C	W	P
V	Q	R	C	C	S	Y	V	I	A	D	Z
Z	N	G	R	C	U	U	O	T	J	Q	Y
E	R	D	N	A	I	D	T	I	Q	A	O
S	K	X	K	W	B	T	Y	H	Y	K	M
X	Z	G	K	P	U	D	E	F	X	B	Y
M	K	C	S	X	A	U	Y	P	B	F	Y

Duchamp   **Barry**   **Kosuth**
LeWitt   **Andre**   **Weiner**
Acconci

Materiales Pintura

Z	V	Q	I	H	U	Z	G	M	O	E	F	K	Z	R
I	Q	W	P	Q	N	T	B	D	Y	J	B	V	V	C
N	O	A	L	Q	S	N	L	L	T	A	S	Q	E	T
I	P	Q	Q	V	O	Z	H	C	E	A	W	I	U	K
S	B	B	Q	G	M	X	B	O	M	L	T	M	U	U
G	E	L	W	B	O	J	S	W	P	W	J	A	A	Q
K	V	V	W	Z	T	U	P	P	L	V	T	Y	W	A
T	U	N	O	Y	M	Q	A	C	E	R	T	A	A	L
C	W	A	T	I	N	T	A	C	R	I	L	I	C	O
V	A	Q	S	P	X	R	L	U	H	X	N	R	U	Z
X	I	O	V	D	Y	O	Y	N	X	E	O	D	A	R
K	M	C	I	Z	E	S	H	H	L	B	F	L	R	V
U	X	N	F	E	P	M	E	F	M	H	H	M	E	W
Y	C	L	P	M	Y	W	F	R	H	N	Y	Q	L	O
U	V	K	P	E	N	C	A	U	S	T	I	C	A	N

Óleo   **Acuarela**   **Acrílico**
Temple   **Gouache**   **Tinta**
Encaústica

Pintores Rococó

Y	V	T	O	F	P	N	Q	F	Q	L	W	X	W
E	K	D	M	C	V	G	P	T	T	J	H	W	H
C	W	R	S	M	J	C	L	I	D	X	B	K	V
B	A	A	W	N	O	U	D	E	D	V	J	U	V
V	P	N	T	G	Q	B	T	P	O	E	K	J	J
Q	A	O	A	T	E	G	U	O	S	E	A	L	J
V	J	G	A	L	E	N	C	L	P	A	N	W	I
Q	P	A	N	L	E	A	B	O	D	N	G	N	L
N	F	R	R	I	T	U	I	I	Q	P	U	W	
P	U	F	C	Y	W	Z	T	D	H	P	G	J	I
F	K	R	R	T	B	L	R	O	P	E	M	F	X
V	W	R	B	N	J	A	D	T	L	E	C	D	R
C	D	P	R	E	H	C	U	O	B	E	P	O	T
X	T	Z	P	C	L	S	B	J	A	B	L	C	Z

Boucher   **Fragonard**   **Tiepolo**
LeBrun   **Watteau**   **Chardin**
Canaletto

Técnicas Ilustración

C	L	X	S	T	S	E	R	I	G	R	A	F	I	A	M	E	A
I	Z	I	H	Q	J	S	Z	T	H	Y	Y	D	D	V	D	H	D
I	A	C	M	X	O	W	S	B	Q	U	Y	A	T	R	E	A	O
C	R	O	S	S	H	A	T	C	H	I	N	G	T	G	T	T	P
R	H	S	R	C	M	M	P	Z	J	X	M	U	M	N	H	C	W
A	J	P	S	S	E	F	N	O	D	A	B	A	R	G	Q	H	T
G	V	E	Z	G	R	A	J	Y	N	K	K	F	P	G	S	I	C
O	I	K	I	R	L	N	X	A	K	P	S	U	E	P	M	N	T
B	U	X	R	A	Q	F	E	N	O	H	S	E	X	Q	L	G	U
U	C	X	S	F	Z	E	W	M	U	F	T	R	V	Y	Q	S	D
Y	G	N	E	F	X	Q	W	F	I	R	I	T	T	Y	X	O	T
V	E	X	M	I	E	H	W	Y	X	M	P	E	C	R	N	D	X
D	N	X	M	T	X	P	H	C	N	X	P	X	C	V	A	S	M
X	N	Z	O	O	V	H	I	T	C	E	L	Z	D	K	I	M	B
E	L	R	X	O	C	C	O	D	N	M	I	X	O	J	G	Z	C
H	V	B	C	D	X	T	B	Q	N	Y	N	N	T	U	Z	M	T
X	S	Q	D	N	N	K	O	V	C	A	G	P	S	A	C	N	G
B	G	H	C	D	E	I	Z	S	L	K	L	U	L	L	F	J	Y

Hatching   **Crosshatching**   **Stippling**
Sgraffito   **Grabado**   **Aguafuerte**
Serigrafía

Artistas Futurismo

F	T	P	M	K	L	S	U	R	T	I	S	R	V
M	E	C	T	D	A	L	P	M	F	V	V	P	T
M	Y	F	G	S	K	D	Z	I	G	D	F	R	E
S	E	V	E	R	I	N	I	M	A	F	A	W	O
A	D	M	H	W	N	A	A	L	L	A	B	N	U
N	X	C	L	G	O	R	H	N	Z	X	B	J	X
T	M	A	S	K	I	R	U	M	W	S	S	A	Z
E	N	K	O	N	C	A	D	L	S	J	A	S	H
L	A	B	E	L	C	C	H	W	Q	U	W	Y	L
I	Z	T	G	R	O	V	U	D	M	I	F	D	W
A	T	K	K	S	B	S	U	Z	E	X	W	N	Z
I	W	N	A	X	F	Z	S	W	H	R	S	N	F
U	N	E	P	V	J	X	K	U	H	G	Z	F	W
A	F	Y	A	N	U	Y	M	G	R	U	C	A	G

Balla   **Boccioni**   **Severini**
SantElia   **Marinetti**   **Carrà**
Russolo

Géneros de Cine

S	M	X	M	B	B	X	E	F	C	T	Q	Q	F	T	X	F	V	X
H	A	O	A	T	U	V	P	N	C	E	S	E	E	F	D	Q	M	Q
Y	E	Q	L	M	Y	L	U	D	T	P	T	G	D	X	X	E	V	D
Q	B	H	A	N	S	Q	S	C	Z	A	H	P	U	V	A	N	G	M
A	X	O	T	Y	J	V	W	Q	N	A	R	D	O	Y	C	P	L	G
M	N	U	N	O	I	C	C	I	F	A	I	C	N	E	I	C	S	Q
Q	L	R	E	C	B	I	M	K	L	O	L	O	Z	V	O	V	P	X
O	L	X	M	G	N	A	S	X	M	D	L	K	O	O	A	I	Z	U
R	A	J	U	V	C	J	Y	O	D	Z	E	F	F	D	I	R	F	Z
I	L	S	C	I	Z	W	P	C	J	F	R	T	K	K	D	X	G	W
X	Y	R	O	S	S	U	T	I	P	Z	A	L	X	I	E	F	S	C
Q	O	N	D	J	C	H	A	H	G	E	E	N	G	J	M	N	P	V
Z	A	O	C	G	B	F	H	M	C	K	X	Z	T	I	O	P	W	V
K	J	O	N	K	I	N	C	A	A	O	S	N	T	A	C	T	V	T
M	Y	Z	I	D	S	O	N	Z	B	R	M	I	T	S	S	F	E	S
P	D	Q	E	K	X	Z	J	A	E	E	D	M	U	I	L	I	Q	X
K	J	Y	E	L	M	G	W	H	C	C	U	J	J	C	S	Q	A	D
X	D	F	F	X	M	N	U	Y	C	P	W	K	B	U	J	H	G	U
B	J	H	X	N	X	X	I	W	S	T	P	Y	H	N	C	C	G	T

Drama   **Comedia**   **CienciaFicción**
Documental   **Animación**   **Thriller**
Fantasía

PinturaNeoclasicismo

A	I	O	U	E	O	Y	L	P	D	A	T	Y	D	C	S
O	W	G	N	G	Y	A	U	F	N	B	H	N	H	X	B
E	T	S	C	U	O	Z	G	J	D	H	T	Y	I	J	S
R	D	W	W	Y	J	W	I	N	J	H	N	U	L	H	J
P	H	D	P	I	P	P	W	Q	N	H	G	D	S	S	O
O	D	A	B	E	G	W	X	S	I	I	Z	N	U	J	U
X	R	J	P	Q	K	I	N	G	N	E	Q	F	L	K	L
N	M	L	U	F	Q	C	A	N	O	V	A	O	Y	V	O
X	V	M	P	I	W	A	M	E	X	H	U	A	W	S	B
N	J	U	X	A	T	E	F	M	K	I	V	I	G	X	R
J	K	G	O	M	J	D	F	C	S	A	M	E	T	Q	X
V	M	H	D	X	D	R	U	D	N	E	L	X	Q	T	P
N	X	F	T	I	U	U	A	D	U	V	R	B	X	G	P
Z	J	I	W	Q	F	V	K	W	Z	U	A	G	Z	G	H
T	E	D	O	R	I	G	M	P	Q	F	H	A	N	E	P
E	F	V	R	D	A	U	M	E	N	P	I	L	M	I	Z

JLouisDavid   **Ingres**   **Kauffman**
Mengs   **Blake**   **Girodet**
Canova

Técnicas Escultura

T	D	B	P	K	C	U	S	K	W	A	L	A	F	K	P	N	T
T	E	B	X	F	L	H	V	M	G	D	G	R	M	C	R	V	D
R	V	J	T	C	E	D	D	A	Q	U	F	C	B	R	E	Q	K
J	O	D	A	L	E	D	O	M	R	Y	S	I	G	R	U	B	Y
T	B	U	L	L	M	E	D	W	T	U	D	L	U	T	P	J	I
Z	X	S	L	D	B	J	W	M	U	C	D	L	I	F	S	A	G
I	Y	P	A	M	F	M	R	A	V	Z	I	A	A	O	G	Q	T
N	G	K	D	R	M	U	A	G	H	Z	I	M	D	Q	L	P	Q
T	M	N	E	I	E	S	C	S	I	T	A	A	I	L	Q	M	D
A	T	Y	M	M	L	N	F	G	N	V	L	J	S	D	O	E	M
U	K	N	A	Y	L	W	U	U	R	E	L	D	V	E	S	S	F
R	U	K	D	V	M	W	N	W	C	D	P	R	K	R	U	W	J
P	D	T	E	X	Z	D	D	N	W	T	T	Z	G	Q	Y	A	D
R	L	M	R	V	O	K	I	V	W	O	Q	K	O	A	A	R	G
Q	D	R	A	A	N	C	C	T	N	O	Z	N	Y	Q	P	U	F
Y	O	Q	H	L	I	U	I	Z	E	F	Z	G	Y	O	P	W	D
S	E	E	T	A	G	F	O	E	W	K	T	V	V	S	M	V	A
B	J	E	W	Q	A	A	N	H	N	Q	U	J	H	M	M	X	V

Cincelado   **Modelado**   **TallaDeMadera**
Ensamblaje   **Fundición**   **Soldadura**
Arcilla

Art. Expresionismo

V	H	A	K	V	G	D	Q	D	Y	D	T	T	Q	Z	A	U	S	T	K
H	I	O	U	P	Z	V	H	C	C	O	E	N	L	Q	G	F	A	A	S
W	K	V	B	Y	M	G	Q	R	A	L	O	W	K	B	B	B	F	J	G	O
W	Q	W	T	D	K	I	R	N	E	L	O	R	B	C	V	U	R	J	K
T	V	G	G	Y	K	S	N	I	D	N	A	K	C	R	O	L	E	I	W
L	G	U	E	F	H	W	H	E	A	K	P	Z	U	S	O	T	N	E	R
J	W	U	L	A	X	C	R	A	M	M	S	J	P	G	D	T	H	F	Q
H	J	C	D	C	S	N	N	T	V	V	D	Y	X	C	X	O	C	G	X
F	S	C	H	S	X	I	H	U	G	S	C	A	P	Q	I	R	R	I	C
Q	U	T	Z	A	M	E	R	S	M	G	T	R	V	A	K	T	I	N	J
C	I	A	H	S	C	H	I	W	S	G	G	Q	A	K	C	D	K	M	F
V	N	V	A	D	I	E	A	J	L	T	B	E	T	M	O	I	T	W	T
I	S	I	S	O	I	Y	R	C	I	L	K	T	P	G	H	M	Z	R	X
W	F	G	Y	B	J	N	L	V	X	C	H	Y	M	I	T	H	N	B	X
P	R	V	E	J	Z	F	S	C	Q	B	F	L	M	R	P	C	Q	U	J
Q	J	M	A	H	B	V	P	M	F	T	U	V	F	F	J	S	J	Q	E
O	W	J	E	D	T	V	E	P	S	Q	M	D	D	D	Z	F	W	Y	L
Y	T	F	A	B	K	G	E	E	V	J	Y	U	L	G	X	K	G	V	W
F	Q	E	G	D	F	S	G	G	S	W	Y	N	S	L	S	Q	Z	H	D
X	E	L	M	R	G	F	I	M	B	J	N	L	J	T	R	J	H	M	G

Munch **Schiele** **Kirchner**
Kandinsky **Nolde** **Marc**
SchmidtRottluff

Colores Cálidos

E	K	A	J	N	A	R	A	N	C	C	N	R	P
M	P	B	M	P	L	L	W	X	J	A	P	L	W
A	M	Z	C	A	T	O	C	A	R	R	E	T	Z
C	K	W	R	J	R	R	A	I	F	M	B	T	V
K	W	O	K	Q	J	I	A	M	R	E	T	Y	Q
F	C	V	I	L	Q	V	L	V	A	S	P	G	U
Q	L	R	N	E	M	C	M	L	E	I	G	X	Z
Q	U	X	I	P	V	S	N	O	R	R	A	M	
D	B	P	E	X	H	V	R	Q	A	F	O	O	R
N	I	R	C	N	C	Z	N	X	N	Z	J	A	Q
T	R	U	X	Y	S	F	F	P	O	Z	O	V	M
O	C	Z	F	M	U	J	E	G	K	G	V	I	N
G	V	H	Q	L	Z	G	F	R	W	J	D	Z	C
S	L	D	I	U	B	L	C	T	Q	E	C	N	A

Rojo **Naranja** **Amarillo**
Terracota **Marrón** **Coral**
Carmesí

Movimientos SigloXXI

P	P	A	P	N	Q	S	I	I	S	P	H	R	F	H	F	T	F	N
K	U	Q	R	X	E	G	W	P	T	U	X	U	C	V	Z	M	X	O
K	E	S	M	T	S	M	W	J	R	C	V	K	C	H	J	L	V	V
D	T	H	V	Z	E	J	L	V	A	Q	W	H	O	U	G	G	U	H
A	R	T	E	D	I	G	I	T	A	L	R	K	U	U	W	F	U	T
Z	A	Q	X	X	P	F	E	J	I	F	D	F	J	B	U	N	F	G
H	O	D	R	V	P	S	A	N	D	E	Q	Z	U	E	O	D	N	R
H	E	G	U	O	U	K	Z	O	E	U	A	K	A	D	K	C	H	F
K	D	G	X	N	Y	O	R	T	M	R	N	W	X	Z	H	J	N	M
K	I	H	J	U	L	H	R	J	W	V	A	X	J	R	N	W	N	S
F	V	O	C	Y	V	A	V	O	E	B	O	T	A	X	K	Y	I	C
I	X	Q	S	X	O	U	G	A	N	A	R	P	I	Z	L	H	P	Y
W	Q	U	I	Q	O	I	A	O	O	I	G	N	V	Y	K	B	C	
W	N	H	B	S	O	K	L	D	B	Y	S	P	P	T	O	T	H	E
V	Q	R	Z	Y	N	Z	X	I	W	X	Y	E	H	Z	C	Y	W	N
J	O	W	I	A	V	C	X	S	A	T	I	D	T	X	Z	G	J	P
C	K	I	F	U	M	G	K	Q	N	R	W	S	X	R	L	B	G	U
B	Y	Z	V	D	T	I	O	W	J	J	Y	X	X	T	R	A	T	E	N
V	A	D	I	V	M	B	I	W	R	Y	U	M	V	M	O	K	N	C

NewMediaArt **ArteGenerativo** **Bioarte**
ArteSonoro **NetArt** **Videoarte**
ArteDigital

Pintores Siglo XIX

J	O	N	Y	T	B	M	B	B	S	T	R	U	R
Q	L	Z	W	Q	U	E	W	S	N	E	J	N	I
N	O	A	D	A	D	H	T	E	M	V	I	E	C
P	Y	K	I	O	Z	N	X	O	F	S	E	N	Z
F	F	D	H	Q	U	Y	R	C	B	J	D	S	O
C	R	X	G	K	Y	E	H	L	C	H	B	X	P
W	J	I	O	V	G	A	B	D	R	R	M	J	S
X	R	O	E	L	B	A	T	S	N	O	C	I	V
E	O	R	W	D	Y	A	T	J	K	U	M	G	T
R	L	C	L	O	R	P	V	E	S	I	Z	B	F
Y	H	A	G	A	L	I	R	Y	L	V	N	R	O
T	F	L	C	G	I	D	C	L	T	O	F	C	C
B	O	E	Q	T	O	K	E	H	R	I	C	K	W
T	F	D	R	J	U	T	D	M	E	R	R	V	X

Constable **Friedrich** **Goya**
Gérome **Cole** **Millet**
Delacroix

Técnicas Dibujo

Y	N	O	S	Y	P	C	O	M	K	G	W	H	W	C	E
R	N	L	T	E	F	K	O	S	S	U	L	C	T	X	B
Z	K	Z	H	A	V	X	A	I	Q	A	P	L	O	C	D
B	Z	N	O	T	I	N	U	T	P	O	Z	G	E	G	B
R	O	W	L	Y	G	H	S	I	C	S	O	I	M	F	G
S	Z	T	L	U	E	Y	Z	X	A	K	X	O	A	G	Z
G	B	M	I	L	S	U	P	J	S	F	Z	J	A	M	D
W	T	N	C	F	P	O	P	D	U	K	N	V	M	V	L
K	A	G	N	E	A	Z	P	T	Y	D	Z	O	L	S	J
Z	I	R	O	X	S	R	B	Y	Y	B	P	S	A	I	N
V	Y	V	B	M	T	K	G	K	W	I	L	S	G	I	G
X	T	L	R	L	E	S	O	C	O	H	M	O	P	Y	L
C	E	R	A	D	L	M	Y	N	H	C	H	L	D	Y	O
A	X	Q	C	H	C	M	Z	F	R	N	U	G	O	J	L
S	C	F	W	V	N	W	B	C	D	M	R	Q	X	W	Q
M	J	I	P	P	O	D	W	E	A	W	Z	G	R	Q	A

Carboncillo **Grafito** **Sanguina**
Pastel **Lápiz** **Pluma**
Cera

Art.PopArt Asia

Y	Q	E	X	E	F	Z	L	W	S	A	Q	R
P	Y	M	P	M	X	K	G	U	Q	I	A	K
X	W	Z	F	R	U	P	U	U	B	O	I	T
I	Z	J	T	S	Z	R	R	Y	Z	E	W	F
W	R	M	A	Z	H	V	A	P	B	C	E	N
E	J	M	F	W	E	A	A	K	Q	D	I	L
F	A	N	M	H	N	N	K	W	A	P	W	J
H	W	D	H	R	K	I	T	A	R	M	E	O
W	F	D	V	I	S	Y	L	N	A	R	I	J
M	Z	V	M	D	U	G	V	O	N	K	T	N
J	T	I	P	X	H	X	L	V	B	E	D	D
C	S	P	M	S	W	S	F	Q	W	O	Y	L
V	T	D	J	G	J	G	J	N	A	Y	M	K

Kusama **Murakami** **Nara**
Bolin **LeeBul** **XuZhen**
AiWeiwei

Géneros Literarios

G	Y	K	V	N	C	F	W	V	C	B	H	A	S	R	D	T	U	L
L	V	V	P	U	O	C	P	L	L	B	T	Y	S	P	N	L	D	I
E	M	S	F	I	V	Í	U	W	U	T	X	I	E	G	C	T	F	S
N	R	X	Y	Z	L	I	C	Z	M	C	B	N	O	V	E	L	A	C
P	C	O	T	H	W	U	N	C	M	Z	L	V	V	Q	V	R	P	H
O	W	G	O	U	S	T	J	F	I	K	V	B	F	U	A	J	X	G
P	E	T	Q	D	J	Y	U	P	A	F	A	F	M	Q	Z	H	Q	U
C	A	O	T	V	N	Q	T	I	D	R	A	M	A	Q	X	U	C	W
Z	O	C	M	M	A	I	G	O	L	O	T	I	M	R	Y	U	I	G
M	V	H	K	N	I	F	U	A	I	T	N	I	C	B	E	W	A	O
Z	Q	C	D	C	S	M	H	W	X	J	E	A	R	N	D	C	U	S
V	Q	C	X	C	E	O	X	N	L	V	Z	I	T	O	E	D	M	V
B	Y	B	S	I	O	L	O	G	E	D	J	O	P	N	T	I	Y	O
L	V	D	U	H	P	D	I	Z	V	N	H	B	G	A	Z	J	C	Z
J	C	D	I	E	B	D	K	W	C	L	S	Y	K	Y	W	Q	V	T
O	H	E	W	E	T	W	M	F	Q	I	E	A	O	R	E	C	X	B
M	O	M	H	M	Z	B	S	T	F	U	E	X	Y	L	C	F	N	W
H	M	S	J	T	S	D	N	U	M	Y	R	P	T	O	I	I	O	B
N	B	B	F	S	G	O	M	N	V	Z	K	V	Q	E	W	X	F	O

Poesía **Novela** **Ensayo**
Cuento **Drama** **Mitología**
CienciaFicción

Colores Fríos

A	E	V	S	M	Y	A	D	K	S	L	Z	T	U	B
T	F	O	F	H	T	J	S	M	H	U	I	E	J	H
S	P	S	Z	R	M	U	D	E	L	N	O	M	A	K
N	D	P	W	I	C	H	I	U	R	Z	T	N	N	
O	D	A	F	R	X	R	J	W	Z	Q	E	A	X	U
R	A	B	W	B	X	C	J	X	W	L	R	G	O	W
R	M	O	U	H	H	V	S	F	O	U	C	U	D	C
S	O	C	R	O	E	U	F	I	Q	Z	K	A	T	I
K	T	E	S	R	W	R	V	N	P	A	I	M	G	J
L	C	L	D	P	I	S	L	K	A	N	B	A	R	D
E	M	E	M	S	N	F	V	S	D	U	J	R	W	R
W	T	S	J	L	Q	B	V	I	Y	L	E	I	K	J
Q	X	T	H	E	I	H	G	I	S	Y	D	N	S	N
X	G	E	R	X	M	O	R	H	N	P	A	A	T	K
B	J	M	S	W	O	S	P	S	Z	L	A	V	T	T

Azul **Verde** **Violeta**
Turquesa **Aguamarina** **Celeste**
Índigo

Renacimiento

```
G B W W S D S A O N G Q R M N Y A H J P R
P F S F X K S M I E K I M R P P O S A B G
D C K W T H D E A M U K R V H P J W M T G
A L P R Y Y H R C P Y S G E M F W Y P O N
H Z F R P H J E N S Y I Y D Q Q G L K Y H
T Q U C P N A M E L A X N J O A Q S O H T
T S F M P J W O M O M S I R E I N A M Z K
C S R H N Y E B A S B B Y G W S U O S R I
L A W U W D O A L Y C C U I T A L I A Z Z
N Q P P Z R Y X F C F N U D C I O L K G S
Q P V P Y T J P A V Y W I F S W N J L I Y
T C F E T R O N L E D O M S I L A E R D F
A X A F S S I P E S S T G E H L P Q U U T
S H O E V O I U U J E Z W K Z I S X Y S B
C F R N Y G C D C I J Y I O T R E A M L D
J J H V D X D N S E D T J V N V X D M S O
A M L J C Y R J E V C C F Z V J W G O P O
G S F H D C J P X M G I R F N I X U X Y I
B V X C A R E C G H A Z X Y I J A S P H N
K N P O P Q O F P G G L G Y T J L O T F T
X L S F N O E N B C S N F H P E O Z C Q A
```

Manierismo   **EscuelaFlamenca**   **RealismoDelNorte**
Flamencos   **Italia**   **Español**
Alemán

Técnicas Arte Textil

```
J K V C U X S X Y T E G U A
F Q R O Y R O J R P G E F Z
I U V O S T L W O M X E S E
X I O T W N J I N F A J M L
J L A B E H Y Q F N F A F C
T T V W J C E D G R C O Z
I I Q V S G I T Y C K N L E
Z N X P A D Q D A B A E D C
V G R V Z H A M O P I K O I
Q B Z I T B R R Y L Z Q B S
P E P E X B D Q H F L W D T
C A Z C D A P I Z B I B Q Y
T J T R D H I W V A A G H W
E Y J O I B Q F U N T K Z F
```

Bordado   **Tejido**   **Patchwork**
Quilting   **Tapiz**   **Encaje**
Macramé

Artistas Dadaísmo

```
N N C H D S C H F U S J P Q N
A E I D G L N Z A D E V U W K
R Y W P H S S I R U X V T Y A
A E N T P V T V L C S P C D F
Z I A O Z I H C O H Y M T Y V
T V U T P C X T O A K N A M C
C S L R U W S I R M H G E N L
I J A B V Z D K J P G F U X N
H T Z G G Z R U T V A K B Z A
J G A R O R Z S W T T Q E E O
X E L N V E B V I R L V R H K
B Z L M R L G S B Z M A A O Q
T L P B T P J V D W Y R R K L
N E Y V Q X I J C I P Z P O E
X W S R E T T I W H C S W P R
```

Duchamp   **Tzara**   **Ray**
Arp   **TaeuberArp**   **Schwitters**
Hausmann

Arte Digital

```
W S U R K G B S E Q R W G H G L Q U A K
U D G Q S R H K E E V S I T E Z Y O K M
N E T B M E R R I F A O Z Y S Y S R R T
S G P C Q Q A I U A U C Y L J R F G E V
U A N F F W S C Y B T I P T E U T C C F
T C R S T E S G I O N M I A L H Z I G W
K T W F Z L R H V F K T L S Q G G O Y R
M E O Y Z O E T R X A I S Z H Q G S O O
F S L N O I N K R U D R H P R L F B D S
V E P V R P D K A A O O G T Z W O L A Z
K F O I X F E X D D Q G W A P S V W L E
V R W M Y X R V W I V L W W T T O C E N
E N F G P S I O O Z Y A G X G E A R D H
H C V T G R Z L I K V E A D E S L R O N
U J C Y T N A B X V B T W Z A S G B M X
W W W U Y N C N A A J R I H F Z I S A T
B D A K E Y I B V O V A C P V M I X I T
I L J U P R O G R A M A C I O N B Z R V
A W K A E O N G V R X L R G K Z C Q E Q
G O N D Z K A X D O T T L I L O Q N S T
```

Tabletagráfica   **Software**   **Renderización**
Modelado   **RealidadVirtual**   **Artealgorítmico**
Programación

Géneros

```
Y W K D M N M K D O Y W V M I T H T H H K I P K
Q V Q X U Z D O H R H U D A D O P Q P G V N H D
S A Z V M C F I E K W P B E R W L B O K N N R D
E N T A M X U C V L F J D R M U P Q J O N O P K
K G O I L I Y J Y X I Y S H O R H L Z D F J N J
H U M D P W J L Q K P Y A J V L P T T Q L C Y U
K A J U V P O S M O D E R N I S M O Z X W I E F
N R C W E S C R I T U R A A U T O M A T I C A V
M D Y Z E N O G F Q X S R Q P W M V O P R C X W
Y I E F O O M C Z L D H U O E X S Q H I X B Y H
W A R J F U S O I V R U G O W Q I V W W H N Z Z
X H J C K V I R K G V X E Q H Q N Q V T T A T C
C B W P W E L O R G A F Q S R K A G Z L Y V Q I
A Q B O F A A P L E T O D P U E I J G G W V E U
D U W S J U E B C G T S M J P T S E I M G L P C
G S Y B J R R F T F F G R S T W A W H Z F K W Q
A F G D D O R T T R Z F X M I Q N N C X W V R U
F Y O N L M U O N K A C Q Q N L R O F L T U Q P
V O F E F A S X E A T E R X Z O A D M R P A I L
K J W I Y N Q O Y A V M F D P R P E K M X V U A
Z U K K B Q R X V V V L R F A W O U R H L V X E
N G G S Z H J R C H G H Q F N Q Y T H M T R E M
P D X A E G S R N A F K S Q E C D Q B Z B X A W
M L J Y C M Q E L T Q C C Q N E E I E W B J B X
```

EscrituraAutomática **Parnasianismo** **Realismoágico**
Vanguardia **NouveauRoman** **Posmodernismo**
Surrealismo

Círculo Cromático

```
N X A V W K N T X U B C Z
A V A I E Z B U A F M N W
O T O O H Z O R W G F T E
I T V L K O C Q Q V U K G
H M J E L L S U G P N C Z
G W X T R I Y E U A M R O
E M J A O D R S R L S L Y
P M M F H A E A O U F M D
K Z E B J R N J M Z A N R
U X K C D J O X W A Z X P
E E D Q A R C O J I H N G
C T Q J N F W E K Q D B R
W V A W E O H V S Q T D L
```

Rojo **Amarillo** **Verde**
Azul **Naranja** **Violeta**
Turquesa

Pintores Clasicismo

```
L Q C Q T U Z T T O C B Q N V X
W W B H S T Y V K A A U H D M J
J Y X G U E J N R K A O C X R Y
B L I E N E U A V G X T D E A E
B U O Z K R N K G X A Z E J C P
X R R U B C M W I J R X Y J J F
H J E E I K L U Z G C P P A O I
S R L R F S P T B L Q V F R B D
S E Q G O C D N C S P A E M F P
W Y L A F K H A Z D M N A F L R
X C G Y G A N M V I B R F O B E
J L S T Y O V F K I N U M I R Z
G M M P V B K F N D D G W C J P
B Q I A S T U U W H B L R Z V Q
Q S M V M H L A W R E N C E N T
T N J T D M F K E Y Q U G D S F
```

JLouisDavid **Ingres** **Canova**
Kauffman **Lawrence** **Greuze**
LeBrun

Cine alternativo

```
T M V D V J Y Z D F G L I T P C E H
S J G W G E V Z N A S B C C G X C Y
Y I F L X I A U G H B A J Y N T H L
R A N Z I Z N N Q B L I Q T O V J S
C L G D A C E L T B A I Z E I V P X
I E H A E Z L G B I T U X B T K F X
P Z H I C P D U D Q N G R N O T A Y
V L D V A P E R J B E C X D M R Z T
P T N T T F A N T T M L K V P B Y M
R O C Y O U U F D R I E B F O L H G
F O O D G T T C A I R D T X T X U T
T Y E N Z G O B X W E T E I S Q K V
H F A K S J R C B F P N A B L P X X
C V N G R R G R E T X I T M Q U O B
H X L H N S B Q C X E A U E Z O S I
C G B W Q B M J M S L D Q Q L Z H M
S R L A T N E M U C O D H S O N I O
M O J B F R I M Q G L F G G Q C X K
```

Experimental **De autor** **Independiente**
StopMotion **Mudo** **Documental**
Vanguardia

ENCICLOPEDIA:

Abstracción (Conceptos Artísticos) (Esculturas) (Arte Abstracto): La abstracción es un enfoque artístico que prescinde de la representación figurativa o realista en favor de la exploración de formas, colores, líneas y composiciones abstractas. Este movimiento, que alcanzó su apogeo en el siglo XX, busca liberar al arte de las limitaciones de la imitación de la naturaleza y fomentar la expresión individual y la experimentación formal. Los artistas abstractos suelen crear obras que invitan a la interpretación personal del espectador, explorando conceptos de equilibrio, armonía y expresión pura. En lugar de representar objetos o sujetos reconocibles, los artistas abstractos se centran en la expresión de ideas, emociones o conceptos a través de formas no figurativas. La abstracción puede variar desde formas geométricas y abstractas hasta expresiones más gestuales y emocionales. Los artistas abstractos exploran la relación entre los elementos visuales, como el color, la textura y la composición, para crear obras que inviten a la interpretación del espectador y estimulen la imaginación. La abstracción en la escultura se refiere a la representación de formas que no imitan directamente la apariencia del mundo natural, sino que se simplifican, se estilizan o se transforman para expresar conceptos, emociones o ideas abstractas. Los escultores abstractos pueden trabajar con una variedad de materiales y técnicas, desde la talla en piedra o madera hasta la fundición en metal o la construcción de estructuras tridimensionales. La abstracción en la escultura permite una mayor libertad creativa y una interpretación subjetiva por parte del espectador.

Abstracto (Estilos Artísticos): El arte abstracto es un estilo que se caracteriza por la simplificación y la abstracción de las formas naturales. Surge a finales del siglo XIX y se desarrolla plenamente en el siglo XX, especialmente con movimientos como el expresionismo abstracto y el neoplasticismo. Los artistas abstractos buscan representar ideas, emociones y conceptos abstractos mediante formas y colores no figurativos, desvinculándose de la representación realista del mundo visible. Este estilo da lugar a una amplia variedad de expresiones artísticas, desde composiciones geométricas y abstractas hasta obras gestuales y expresivas cargadas de emoción.

Acconci (Arte Conceptual): Vito Acconci fue un artista y arquitecto estadounidense conocido por su trabajo pionero en el arte de la performance y el arte conceptual. Acconci exploró temas de poder, control, intimidad y el cuerpo humano a través de sus performances y acciones artísticas, que a menudo implicaban interacciones físicas con el entorno y el público. Sus obras desafían las normas sociales y cuestionan las convenciones del arte tradicional, explorando nuevos territorios de expresión artística. Acconci es una figura importante en la historia del arte contemporáneo y su legado continúa influyendo en las generaciones posteriores de artistas.

Acrílico (Materiales Pintura): El acrílico es un tipo de pintura que utiliza resinas acrílicas como aglutinante para los pigmentos. Es una técnica versátil y de secado rápido que se ha popularizado en el arte contemporáneo. Los acrílicos se caracterizan por su opacidad, flexibilidad y resistencia al agua una vez secos. Los artistas pueden trabajar con capas transparentes para crear efectos de luminosidad o con capas densas para lograr colores vibrantes y texturas expresivas. Los acrílicos se pueden aplicar sobre una variedad de superficies, como lienzo, madera, papel, tela e incluso metal o plástico, lo que los convierte en

una opción popular tanto para pinturas tradicionales como para obras de arte más experimentales y multidisciplinarias.

Acrópolis (Arquitectura Célebre): La Acrópolis de Atenas, situada en la colina rocosa de la Acrópolis, es un conjunto de antiguos templos y estructuras ceremoniales que datan de la Grecia Clásica. Entre sus monumentos más famosos se encuentra el Partenón, un templo dedicado a la diosa Atenea, construido en mármol blanco entre los años 447 y 432 a.C. bajo el gobierno de Pericles. La Acrópolis es un testimonio perdurable de la grandeza y la sofisticación del arte y la arquitectura griegos, y un símbolo duradero de la democracia y la civilización occidental.

Action Painting (Arte Abstracto): El Action Painting, o pintura gestual, es una técnica asociada al arte abstracto en la que el artista aplica pintura de manera espontánea y gestual sobre el lienzo. Esta técnica enfatiza la acción física del artista y la expresión emocional, privilegiando el proceso de creación sobre el resultado final. Los artistas de Action Painting suelen utilizar movimientos amplios y energéticos, creando obras que reflejan un sentido de movimiento y vitalidad.

Acuarela (Instrumentos Arte) (Materiales Pintura) (Técnicas): La acuarela es una técnica de pintura en la que se utilizan pigmentos diluidos en agua para crear imágenes sobre papel u otros soportes absorbentes. Los artistas aplican capas de color transparente sobre el papel, permitiendo que los tonos se mezclen y se superpongan para crear efectos de luz y sombra. La acuarela es conocida por su luminosidad y transparencia, así como por su capacidad para capturar la atmósfera y la fluidez de la naturaleza. Los artistas utilizan pinceles de agua para aplicar la pintura, así como técnicas de lavado, salpicaduras y raspado para crear una variedad de efectos visuales y texturas. Es una técnica popular entre los artistas tanto aficionados como profesionales, y se utiliza en una amplia variedad de estilos y géneros artísticos. Destaca por su versatilidad y la variedad de efectos que se pueden lograr, desde lavados suaves y translúcidos hasta detalles nítidos y precisos.

Ágata (Colores. Naturaleza): El ágata es una piedra semipreciosa conocida por sus variadas bandas y patrones de color que van desde los tonos tierra hasta los vibrantes colores del arco iris. Este color se inspira en la belleza natural de las vetas de ágata, que se forman en capas de roca sedimentaria a lo largo de millones de años. En la naturaleza, el ágata se encuentra en depósitos minerales y formaciones geológicas, y se asocia con la protección, la estabilidad y la armonía. Su aspecto único y colorido lo convierte en un material popular en la joyería, la decoración y el arte.

Aguafuerte (Instrumentos Arte) (Técnicas de Ilustración) (Estilos de Grabado): El aguafuerte es una técnica de grabado en la que se utiliza ácido para corroer una matriz metálica, generalmente de cobre, y crear surcos que luego se llenan de tinta para producir impresiones. Para crear un aguafuerte, se cubre una placa de metal con una sustancia resistente al ácido, como barniz o betún de Judea, y se dibuja la imagen deseada sobre esta capa con un punzón o una herramienta similar. La placa se sumerge luego en un baño de ácido que corroe las áreas expuestas, creando surcos que retienen la tinta. Después de limpiar la placa, se aplica tinta en los surcos y se limpia la superficie para eliminar el exceso de tinta. Finalmente, la placa se presiona contra papel húmedo para transferir la imagen. El aguafuerte ayuda al artista a crear

impresiones tonales con una amplia gama de efectos y permite una gran precisión y detalle en la creación de imágenes, lo que lo convierte en una técnica popular entre grabadores y artistas.

Aguamarina (Colores Fríos): El aguamarina es un tono de azul verdoso que recuerda el color del agua marina. Se asocia con la frescura y la claridad del océano, transmitiendo una sensación de serenidad y tranquilidad. En el mundo del arte y el diseño, el aguamarina se utiliza para evocar la belleza natural de los entornos acuáticos y para crear ambientes refrescantes y relajantes. Este color puede variar en tonalidad, desde tonos más claros y suaves hasta tonos más intensos y vibrantes.

Aguatinta (Estilos de Grabado): La aguatinta es una técnica de grabado en la que se utiliza ácido para crear áreas tonales en una plancha de metal (generalmente cobre). En este proceso, una sustancia resistente al ácido se aplica selectivamente a la plancha, dejando expuestas solo las áreas que se desean grabar. La plancha se sumerge en un baño de ácido, que muerde las áreas expuestas, creando texturas tonales que retendrán la tinta para la impresión. La aguatinta es conocida por su capacidad para producir grabados con una amplia gama de tonos y valores, y ha sido utilizada por muchos artistas para crear obras de arte gráfico con un efecto pictórico y atmosférico.

Ai Weiwei (Artistas Pop Art Asia) (Contemporáneos): Ai Weiwei es un renombrado artista y activista chino conocido por su trabajo provocativo que aborda cuestiones sociales y políticas en China y en todo el mundo. Es reconocido por una variedad de formas artísticas, incluida la escultura, la instalación, la fotografía y el cine. Su arte a menudo desafía las normas establecidas y critica el autoritarismo y la represión del gobierno chino, lo que ha llevado a enfrentamientos con las autoridades y a períodos de detención y vigilancia. Weiwei también es conocido por su activismo en temas como los derechos humanos, la libertad de expresión y la crisis de refugiados.

Alabastro (Materiales): El alabastro es una variedad de yeso compacto y translúcido que se utiliza en la escultura y la decoración desde la antigüedad. Se caracteriza por su textura suave y porosa, así como por su capacidad para transmitir la luz de manera difusa, lo que lo convierte en un material popular para crear efectos luminosos en esculturas y lámparas. El alabastro se extrae principalmente de canteras y se talla con herramientas especializadas para crear piezas ornamentales, esculturas religiosas y lámparas de alabastro, entre otros objetos decorativos. Su belleza natural y su versatilidad lo convierten en un material apreciado en el arte y la artesanía.

Alemán (Renacimiento): En el Renacimiento alemán, destacaron figuras como Albrecht Dürer en el ámbito del arte y Martin Lutero en el ámbito religioso y cultural. El idioma alemán comenzó a ser más utilizado en la literatura y la ciencia, y la imprenta de Johannes Gutenberg permitió una mayor difusión de la lengua alemana mediante la impresión de obras importantes, como la traducción de la Biblia al alemán.

Amarillo (Círculo Cromático) (Colores) (Colores Cálidos): El amarillo es otro de los colores primarios en el círculo cromático, ubicado entre el verde y el naranja. Se considera un color cálido y luminoso, asociado con la alegría, la creatividad y la claridad mental. Evoca una sensación de optimismo y positividad. En el círculo cromático, el amarillo se combina con otros colores para crear una variedad de tonalidades y efectos visuales, desde tonos suaves hasta tonos brillantes y saturados. En el arte, el amarillo se ha utilizado en diversas culturas para

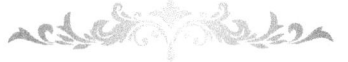

transmitir emociones positivas y para destacar elementos en una composición. En la teoría del color, el amarillo se considera un color primario junto con el rojo y el azul. Evoca una sensación de optimismo y positividad. Simboliza la creatividad, la inteligencia y la atención. En la naturaleza, el amarillo está presente en elementos como las flores, las frutas maduras y los campos de trigo dorado.

Ámbar (Colores. Naturaleza): El color ámbar es una tonalidad cálida y dorada que se inspira en la resina fosilizada del árbol del mismo nombre. Este color evoca la calidez, la luminosidad y la energía del sol, transmitiendo una sensación de confort y bienestar. En la naturaleza, el color ámbar se encuentra en los tonos dorados del atardecer, la suave luz de las velas y las hermosas hojas otoñales que cubren el suelo. Se asocia con la alegría, la creatividad y la vitalidad, y se utiliza en el arte y el diseño para crear ambientes acogedores y llenos de vida.

Andre (Arte Conceptual): Carl Andre es un escultor y artista conceptual estadounidense conocido por su trabajo minimalista y su enfoque en materiales industriales simples. Andre es famoso por sus obras de arte de suelo, que consisten en disposiciones geométricas de bloques de acero, madera o piedra dispuestos directamente en el suelo. Su trabajo desafía las convenciones tradicionales de la escultura y cuestiona la relación entre el objeto artístico, el espacio circundante y el espectador. Andre es una figura destacada en el desarrollo del arte minimalista y conceptual.

Angelica Kauffman (Pintores del Clasicismo): Angelica Kauffman fue una destacada pintora suiza del siglo XVIII, conocida por su habilidad para capturar la elegancia y la sensibilidad en sus retratos y obras históricas. Formó parte de la Academia Real de las Artes de Londres y fue una de las pocas mujeres artistas de su época en alcanzar reconocimiento internacional. Su estilo se caracteriza por su refinamiento técnico y su capacidad para transmitir emociones sutiles en sus obras.

Animación (Géneros de Cine): La animación es un género cinematográfico que utiliza técnicas de dibujo, modelado en 3D, stop motion o animación por computadora para crear personajes, escenarios y situaciones que cobran vida en la pantalla. Las películas de animación pueden dirigirse a un público de todas las edades y pueden abordar una amplia variedad de temas, desde la comedia y el drama hasta la aventura y la fantasía. Este género permite a los cineastas explorar mundos imaginarios y narrativas creativas que pueden ser difíciles de lograr con actores reales.

Antiguo (Épocas): La época antigua abarca un extenso período de la historia humana que se extiende desde el surgimiento de las primeras civilizaciones hasta la caída del Imperio Romano en el siglo V d.C. Durante esta época, se produjeron importantes avances en áreas como la agricultura, la arquitectura, la escritura y la organización política. Las civilizaciones antiguas más conocidas incluyen el antiguo Egipto, Mesopotamia, Grecia y Roma, cada una con sus propias contribuciones distintivas a la cultura, la tecnología y la sociedad. La antigua Grecia, por ejemplo, es conocida por su desarrollo de la democracia y la filosofía, mientras que Roma es famosa por su ingeniería, derecho y expansión territorial. La época antigua es fundamental para comprender los cimientos de la civilización occidental y el desarrollo de las instituciones y prácticas que han influido en el mundo moderno.

Añil (Colores Artísticos): El añil es un color azul profundo y vibrante que se obtiene del tinte natural de la planta del mismo nombre. En el arte, el añil se ha utilizado históricamente como

un pigmento valioso en la creación de obras de arte, especialmente en la pintura y la tintura de textiles. Es un color asociado con la estabilidad y la profundidad, a menudo utilizado para representar el cielo y el mar en paisajes, así como para agregar contraste y riqueza cromática a una composición artística.

Arcilla (Técnicas Escultura): La arcilla es un material ampliamente utilizado en la escultura para crear obras de arte tridimensionales mediante la modelación, tallado o moldeado. Los artistas que trabajan con arcilla utilizan técnicas como el modelado a mano, el torno de alfarero y el vaciado en moldes para dar forma a la arcilla y crear una variedad de formas y texturas. Una vez que la arcilla se ha moldeado y esculpido según las especificaciones del artista, se seca al aire o se cuece en un horno para endurecerla y fijarla en su forma final. La arcilla es un material versátil y maleable que ha sido utilizado por los escultores durante siglos para crear obras de arte que van desde esculturas pequeñas y decorativas hasta grandes instalaciones públicas.

Arp (Artistas Dadaísmo): Jean Arp, también conocido como Hans Arp, fue un escultor, pintor y poeta franco-alemán asociado con el movimiento dadaísta y el surrealismo. Nacido en Estrasburgo, Arp se trasladó a Zurich, donde se unió al grupo dadaísta y participó en la organización de eventos y exposiciones dadaístas. Es conocido por sus esculturas biomórficas y abstractas, así como por sus collages y obras en papel que exploran la interacción entre formas orgánicas y geométricas. Su enfoque en la espontaneidad y la automatización influyó en el desarrollo del arte abstracto y el arte moderno.

Art Nouveau (Movimientos Artísticos): Art Nouveau o "arte nuevo", fue un movimiento artístico y de diseño que surgió a finales del siglo XIX y principios del XX, especialmente en Europa occidental. Se caracterizaba por su estilo ornamental y orgánico, inspirado en formas naturales como flores, plantas y curvas sinuosas. El Art Nouveau se aplicó a una amplia gama de disciplinas artísticas y de diseño, incluyendo arquitectura, mobiliario, joyería, cerámica y artes gráficas. Este movimiento buscaba fusionar el arte y la artesanía, y abogaba por un enfoque total del diseño, integrando la estética en todos los aspectos de la vida cotidiana.

Arte Abstracto (Géneros Artísticos): El arte abstracto es un estilo artístico que se caracteriza por la representación de formas, colores y líneas que no se corresponden directamente con objetos o formas reconocibles del mundo real. En lugar de representar objetos o escenas concretas, los artistas abstractos se centran en la expresión de emociones, ideas y conceptos abstractos a través de la forma, el color y la composición. El arte abstracto ha sido una fuerza importante en la historia del arte moderno y contemporáneo, y ha dado lugar a una amplia gama de estilos y enfoques creativos.

Arte Algorítmico (Arte Digital): El arte algorítmico es una forma de arte digital que utiliza algoritmos informáticos para generar obras de arte. Los artistas programan algoritmos y scripts que dictan el comportamiento y la apariencia visual de las obras de arte, permitiendo la creación de imágenes y composiciones complejas y sorprendentes. El arte algorítmico abarca una amplia gama de formas y estilos, desde imágenes fractales generadas por ordenador hasta instalaciones interactivas basadas en datos y algoritmos. Este enfoque creativo permite a los artistas explorar conceptos y procesos computacionales en la creación artística.

Arte Digital (Géneros Artísticos) (Movimientos Artísticos) (Movimientos Siglo XXI): El arte digital es una forma de expresión artística que utiliza tecnología digital para crear obras de arte. Se basa en el uso de herramientas y técnicas digitales, como software de diseño gráfico,

tabletas gráficas, programas de modelado 3D y dispositivos de realidad virtual, entre otros. Se caracteriza por la manipulación de imágenes, sonidos, videos y otros elementos digitales para producir composiciones visuales innovadoras y experiencias interactivas. El arte digital abarca una amplia gama de estilos y medios, que van desde la ilustración digital y el arte generativo hasta la animación por computadora y el arte interactivo. La versatilidad y la accesibilidad de las herramientas digitales han democratizado la creación artística, permitiendo a los artistas explorar nuevas formas de expresión y llegar a audiencias globales a través de internet y las redes sociales. Este movimiento artístico se ha visto impulsado por los avances tecnológicos y la proliferación de dispositivos digitales, y ha abierto nuevas posibilidades creativas para los artistas en el siglo XXI. El arte digital desafía las convenciones del arte tradicional y cuestiona los límites entre lo físico y lo virtual, lo real y lo simulado, lo tangible y lo intangible.

Arte Efímero (Movimientos Artísticos): El arte efímero se caracteriza por su temporalidad y su naturaleza transitoria. Estas obras de arte están destinadas a durar solo por un corto período de tiempo y pueden tomar diversas formas, como instalaciones temporales, performance, intervenciones urbanas, arte ambiental y obras de land art. El arte efímero a menudo utiliza materiales perecederos o naturales, como arena, hielo, hojas, flores o luz, y puede ser experimentado en un contexto específico durante un momento determinado antes de desaparecer o transformarse. Este enfoque desafía la noción tradicional de la permanencia del arte y destaca la importancia del momento y la experiencia en la apreciación artística.

Arte Generativo (Movimientos Siglo XXI): El arte generativo es un movimiento artístico contemporáneo que se centra en la creación de obras de arte a través de algoritmos y procesos computacionales. Este enfoque permite a los artistas generar imágenes, sonidos o formas que evolucionan y cambian de forma autónoma, dando lugar a obras de arte dinámicas y en constante transformación. El arte generativo se basa en la idea de que las reglas y los sistemas pueden utilizarse como herramientas creativas, y busca explorar la intersección entre el arte y la tecnología, así como las complejas relaciones entre el orden y el caos, la creación y la evolución.

Arte Interactivo (Movimientos Artísticos): El arte interactivo es una forma de expresión artística que involucra la participación activa del espectador en la creación o experiencia de la obra de arte. A través de la tecnología digital, la interactividad permite al espectador influir en la obra de arte, explorar diferentes caminos narrativos o generar cambios en la composición visual o sonora. Ejemplos de arte interactivo incluyen instalaciones multimedia, esculturas cinéticas, juegos de arte, realidad virtual y experiencias inmersivas. Esta forma de arte desafía la pasividad del espectador y fomenta la participación activa y la co-creación en el proceso artístico.

Arte Sonoro (Movimientos Artísticos) (Movimientos Siglo XXI): El arte sonoro es una forma de expresión artística que se centra en el sonido como medio principal. Este movimiento busca explorar las cualidades estéticas y expresivas del sonido, así como su relación con el espacio, el tiempo y el cuerpo humano. Incluye una amplia gama de prácticas artísticas que van desde la composición musical experimental hasta la instalación sonora, la poesía sonora, el arte radiofónico, la música concreta, la música electrónica y la improvisación. El arte sonoro explora el sonido en todas sus dimensiones, incluidas las cualidades físicas, emocionales, espaciales y conceptuales, y puede involucrar la utilización de grabaciones de campo, objetos sonoros, instrumentos musicales convencionales o tecnología digital. Este enfoque amplía los límites de

la música tradicional y desafía las percepciones convencionales del sonido y la escucha. El arte sonoro invita al espectador a experimentar el sonido de manera activa y participativa, y puede abordar una amplia gama de temas, desde lo abstracto y lo conceptual hasta lo político y lo social.

Artemisia Gentileschi (Pintores Barrocos): Artemisia Gentileschi nació el 8 de julio de 1593 en Roma, Italia, y falleció alrededor de 1656. Fue una destacada pintora italiana del Barroco, conocida por sus potentes composiciones y su estilo realista. Se especializó en la representación de figuras femeninas fuertes y emotivas, a menudo en contextos bíblicos y mitológicos. Sus obras más famosas incluyen "Judith decapitando a Holofernes" y "Susana y los viejos".

Ashcan (Escuelas de Arte): La Escuela Ashcan fue un movimiento artístico estadounidense que surgió a principios del siglo XX en Nueva York. Los artistas de la Escuela Ashcan, liderados por Robert Henri, retrataban la vida urbana y la realidad cotidiana de la clase trabajadora en la ciudad de Nueva York. Su estilo se caracterizaba por un enfoque en escenas callejeras, la representación de la vida urbana cruda y una técnica pictórica audaz y directa. Este movimiento influyó en el desarrollo del realismo americano y el regionalismo.

Atenas (Escuelas de Arte): Atenas ha sido históricamente un centro importante de arte y cultura en la antigua Grecia. Fue el hogar de algunas de las escuelas filosóficas más importantes, como la Academia de Platón y el Liceo de Aristóteles, que influyeron en el desarrollo del pensamiento occidental. En el arte, Atenas fue conocida por su arquitectura monumental, escultura y cerámica, y es famosa por sus templos, como el Partenón en la Acrópolis.

Atlantes de Tula (Esculturas Antiguas): Los Atlantes de Tula son una serie de esculturas monumentales de piedra que representan guerreros toltecas con características atléticas y armados con lanzas y escudos. Se encuentran en el sitio arqueológico de Tula, en el estado de Hidalgo, México, y datan del periodo posclásico mesoamericano, alrededor del siglo X d.C. Estas esculturas, talladas en piedra arenisca, tienen una altura de alrededor de cuatro metros y medio y están dispuestas en dos filas a lo largo de la plataforma superior del Templo de Tlahuizcalpantecuhtli. Se cree que representan a los guerreros o dioses toltecas y son un ejemplo destacado del arte escultórico de la cultura tolteca. Los Atlantes de Tula son considerados uno de los monumentos más importantes de la arquitectura y escultura precolombinas en México.

Audrey Flack (Arte Hiperrealismo): Audrey Flack es una destacada pintora y escultora estadounidense asociada con el movimiento del hiperrealismo. Sus obras se caracterizan por su precisión en la representación de objetos cotidianos y naturalezas muertas, así como por su uso de la luz y la sombra para crear efectos tridimensionales convincentes. Flack es conocida por su habilidad para infundir objetos comunes con un sentido de significado simbólico y emocional, lo que eleva lo mundano a lo sublime en sus obras.

Azafrán (Colores): El azafrán es un tono amarillo anaranjado intenso que se asemeja al color de los estambres de la flor del azafrán. Es un color cálido y vibrante que evoca sensaciones de vitalidad y pasión. El azafrán se utiliza en la cocina como especia y también se ha utilizado históricamente como tinte para tejidos. En términos de simbolismo, el azafrán puede representar la alegría, la creatividad y la energía. En la teoría del color, el azafrán se encuentra

en la parte cálida del espectro y puede mezclarse con otros tonos cálidos para crear una paleta de colores rica y expresiva.

Azul (Colores Fríos) (Círculo Cromático): El azul es uno de los colores primarios en el círculo cromático, situado entre el verde y el violeta y un color primario en el modelo de colores aditivos. Es uno de los colores más comúnmente asociados con la gama de colores fríos. Representa cualidades como la tranquilidad, la serenidad y la frescura, evocando sensaciones de calma y estabilidad. La amplia variedad de tonos de azul, que van desde el azul claro hasta el azul profundo, permite una gran versatilidad en su uso en el arte, el diseño y la vida cotidiana. Desde el cielo y el mar hasta la ropa y la decoración del hogar, el azul se encuentra omnipresente en el mundo natural y humano.

Bajorrelieve (Esculturas): El bajorrelieve es una técnica escultórica en la que las formas se esculpen o se modelan en un plano, de modo que sobresalen ligeramente de la superficie de fondo. A diferencia del relieve completo, donde las figuras se esculpen en su totalidad y se proyectan completamente desde el fondo, el bajorrelieve conserva gran parte de la superficie plana de la que emerge. Esta técnica se ha utilizado ampliamente en la escultura monumental, arquitectónica y decorativa, así como en el arte rupestre y la ornamentación de edificios históricos.

Balla (Artistas Futurismo): Giacomo Balla fue un destacado pintor italiano asociado con el movimiento futurista. Nacido en 1871 en Turín, Italia, Balla fue uno de los primeros exponentes del futurismo, un movimiento artístico que celebraba la modernidad, la velocidad y la tecnología. Es conocido por sus obras que representan la dinámica y el movimiento de la vida urbana, así como por sus experimentos con la representación abstracta del tiempo y el movimiento. Balla también incursionó en la escultura y el diseño de moda, colaborando con otros futuristas en proyectos innovadores que exploraban la relación entre el arte y la vida cotidiana.

Bansky (Contemporáneos): Banksy es un artista callejero y grafitero británico cuya identidad real sigue siendo desconocida. Sus obras, que a menudo abordan temas políticos y sociales, han ganado reconocimiento mundial y han sido objeto de numerosas exposiciones y documentales. Banksy es conocido por su estilo distintivo de arte callejero, que a menudo incorpora humor, ironía y crítica social.

Barbizon (Escuelas de Arte): Barbizon fue una comunidad de artistas ubicada en el bosque de Fontainebleau, cerca de París, en el siglo XIX. La Escuela de Barbizon se destacó por su enfoque en la pintura al aire libre y la representación realista de la naturaleza. Los artistas de Barbizon, como Jean-Baptiste-Camille Corot, Théodore Rousseau y Jean-François Millet, buscaban capturar la atmósfera y la luz natural en sus obras, influyendo en el desarrollo del impresionismo y otras corrientes artísticas posteriores.

Barroco (Estilos Artísticos): El Barroco fue un estilo artístico que floreció en Europa durante los siglos XVII y XVIII, caracterizado por la dramatización, el movimiento exuberante, la exuberancia y el uso de contrastes intensos. En la pintura, se destacó por la utilización de la luz y la sombra para crear efectos dramáticos, así como por la representación de escenas religiosas y mitológicas. Entre los artistas barrocos más reconocidos se encuentran Caravaggio, Bernini y Rubens.

Barry (Arte Conceptual): Robert Barry es un artista conceptual estadounidense conocido por su uso de la palabra y el lenguaje como medios artísticos. Su trabajo a menudo involucra la exploración de la comunicación y la percepción a través de la escritura, la tipografía y la instalación. Barry ha creado obras que desafían las convenciones del arte tradicional y provocan reflexiones sobre el significado y la experiencia del arte.

Bauhaus (Escuelas de Arte): La Bauhaus fue una influyente escuela de diseño, arte y arquitectura fundada en Alemania en 1919 por el arquitecto Walter Gropius. Su enfoque se centraba en la unificación de todas las artes bajo los principios del funcionalismo y la producción en masa. La Bauhaus promovió una enseñanza interdisciplinaria que combinaba arte, artesanía y tecnología, y buscaba integrar el arte en la vida cotidiana. Su legado perdura en la influencia que tuvo en el diseño moderno y la arquitectura del siglo XX.

Bebop (Géneros Jazz): Bebop es un estilo de jazz que surgió en la década de 1940 en Estados Unidos. Se caracteriza por tempos rápidos, improvisación compleja y virtuosismo instrumental. Los músicos de bebop, como Charlie Parker, Dizzy Gillespie y Thelonious Monk, experimentaron con armonías avanzadas y estructuras rítmicas más complejas, rompiendo con las convenciones del jazz tradicional. El bebop fue una respuesta creativa a las limitaciones estilísticas del swing y sentó las bases para el desarrollo del jazz moderno.

Bernini (Artistas del Barroco) (Escultores): Gian Lorenzo Bernini fue un destacado escultor, arquitecto y pintor italiano del periodo barroco, nacido en Nápoles en 1598 y fallecido en Roma en 1680. Bernini es conocido por sus obras maestras escultóricas, que exhiben un extraordinario dominio de la forma, el movimiento y la emoción. Su estilo dramático y dinámico se manifiesta en esculturas como "El Éxtasis de Santa Teresa" y "Apolo y Dafne", donde logra capturar momentos de intenso movimiento y emoción. Además de su trabajo escultórico, Bernini dejó una marca indeleble en la arquitectura y el paisaje artístico de Roma y toda Europa, contribuyendo a la construcción de importantes edificios, fuentes y plazas, como la Plaza de San Pedro en el Vaticano.

Bioarte (Movimientos Artísticos) (Movimientos Siglo XXI): El bioarte es un movimiento artístico contemporáneo que surge de la intersección entre el arte y la biotecnología. Se caracteriza por la creación de obras de arte que utilizan organismos vivos, células, tejidos, ADN y otras formas de vida como medio o materia prima. Los artistas bioartísticos colaboran a menudo con científicos y expertos en biotecnología para explorar temas relacionados con la vida, la genética, la manipulación genética, la ética y la relación entre el ser humano y la naturaleza. El bioarte desafía los límites tradicionales del arte y cuestiona nuestra comprensión de la vida y la tecnología en la era contemporánea.

Blake (Pintura del Neoclasicismo): William Blake fue un destacado poeta, pintor y grabador británico, nacido en 1757 en Londres y fallecido en 1827. Aunque no se identificó directamente con el neoclasicismo, su obra está influenciada por los ideales y las formas del arte clásico. Blake es conocido por su estilo visionario y simbólico, que se aleja de las convenciones estilísticas del neoclasicismo para explorar temas espirituales y místicos. Sus ilustraciones para sus propias obras poéticas, como "Songs of Innocence and Experience", son especialmente destacadas por su originalidad y su capacidad para evocar un mundo imaginativo y trascendental.

Blanco y Negro (Fotografía): La fotografía en blanco y negro es una técnica clásica que utiliza solo tonos de gris para representar una imagen. Aunque puede parecer limitada en comparación con la fotografía en color, el blanco y negro ofrece una estética única y atemporal. Se utiliza para resaltar la forma, la textura y el contraste en una imagen, y a menudo se elige para retratar emociones o transmitir un sentido de nostalgia. Además, muchas obras maestras de la fotografía han sido capturadas en blanco y negro, lo que demuestra su poder para evocar una variedad de emociones y significados.

Blues (Géneros Musicales): El blues es un género musical de origen afroamericano que se desarrolló en el sur de los Estados Unidos a finales del siglo XIX. Se caracteriza por sus estructuras de canciones simples, sus progresiones de acordes de doce compases y su énfasis en la expresión emocional y la narrativa lírica. El blues suele abordar temas de tristeza, pérdida, amor no correspondido y lucha personal, reflejando las experiencias de la comunidad afroamericana. A lo largo del tiempo, el blues ha influido en una amplia gama de géneros musicales, incluido el jazz, el rock and roll, el rhythm and blues y el soul, y ha desempeñado un papel fundamental en la historia de la música estadounidense.

Boccioni (Artistas Futurismo): Umberto Boccioni fue un influyente pintor y escultor italiano que desempeñó un papel destacado en el desarrollo del futurismo. Nacido en 1882 en Reggio Calabria, Italia, Boccioni fue uno de los teóricos más importantes del movimiento, articulando su filosofía en el "Manifiesto Técnico de la Escultura Futurista". Su obra visual se caracteriza por representaciones dinámicas y futuristas de la figura humana y la vida moderna, utilizando formas geométricas y líneas de movimiento para expresar la energía y la velocidad del mundo moderno. Boccioni también experimentó con la escultura, creando obras que exploraban la interacción entre el espacio y el tiempo a través de formas fragmentadas y en movimiento.

Bolin (Artistas Pop Art Asia): Liu Bolin es un artista chino conocido por sus obras de arte de camuflaje, en las que se pinta a sí mismo para fusionarse con el entorno, creando imágenes que exploran temas como la identidad, la individualidad y la relación entre el individuo y la sociedad. Su serie más conocida, "El hombre invisible", lo ha llevado a la fama internacional y ha generado reflexiones sobre la invisibilidad social y política en la China contemporánea.

Bonheur (Pintores Realismo): Rosa Bonheur fue una destacada pintora francesa del siglo XIX, conocida por sus vívidas representaciones de animales y escenas rurales. Nacida en 1822 en Burdeos, Francia, Bonheur fue una de las pocas mujeres artistas de su tiempo en ganar reconocimiento internacional por su obra. Es conocida por sus pinturas realistas de animales, especialmente caballos, así como por su habilidad para capturar el movimiento y la energía de la vida en el campo. Su obra más famosa, "El mercado de ganado en París", refleja su dominio técnico y su compromiso con la representación precisa de la naturaleza y la vida rural. Bonheur fue una figura influyente en el desarrollo del realismo en la pintura francesa y su obra sigue siendo admirada por su belleza, su vitalidad y su sinceridad.

Bordado (Técnicas Arte Textil): El bordado es una técnica textil que implica la creación de diseños decorativos o figuras utilizando aguja e hilo sobre una base de tela. Esta técnica se ha utilizado durante siglos en diferentes culturas de todo el mundo para embellecer prendas de vestir, accesorios y textiles para el hogar. Existen diferentes estilos de bordado, como el punto de cruz, el bordado a mano alzada, el bordado con cintas y el bordado a máquina, cada uno con sus propias técnicas y efectos visuales únicos.

Botticelli (Artistas del Renacimiento): Sandro Botticelli, cuyo nombre real era Alessandro di Mariano di Vanni Filipepi, fue uno de los pintores más importantes del Renacimiento temprano en Italia. Nacido en Florencia en 1445, Botticelli se destacó por su estilo distintivo, caracterizado por figuras elegantes, líneas fluidas y una paleta de colores suaves y delicados. Es conocido por obras maestras como "El nacimiento de Venus" y "La Primavera", que capturan la belleza idealizada y la gracia del mundo clásico. Botticelli también trabajó en numerosas obras religiosas y retratos durante su carrera. A pesar de su éxito durante su vida, Botticelli cayó en desgracia en sus últimos años y murió en relativa oscuridad en 1510. Sin embargo, su obra ha sido redescubierta y admirada en épocas posteriores, y su legado perdura como uno de los grandes maestros del Renacimiento.

Boucher (Pintores Rococó): François Boucher fue un destacado pintor francés del período rococó, conocido por sus elegantes y exuberantes escenas pastorales, mitológicas y galantes. Nacido en 1703 en París, Boucher fue un maestro del estilo rococó, caracterizado por su delicadeza, sensualidad y exuberancia decorativa. Sus obras suelen representar escenas idílicas y sofisticadas, pobladas por figuras gráciles y angelicales, rodeadas de paisajes exuberantes y ornamentación elaborada. Boucher fue uno de los artistas más influyentes de su época, y su estilo influyó en la decoración de interiores, la moda y las artes decorativas en toda Europa.

Brancusi (Escultores): Constantin Brancusi fue un influyente escultor rumano-francés que desempeñó un papel crucial en la evolución del arte moderno. Conocido por su estilo abstracto y su enfoque en formas simplificadas y esenciales, Brancusi creó obras emblemáticas como "El Beso" y "El Pájaro en el Espacio". Su trabajo revolucionario influyó en movimientos artísticos como el cubismo y el surrealismo, y sigue siendo una fuente de inspiración para artistas contemporáneos en todo el mundo.

Breton (Artistas Surrealismo): André Breton fue un escritor y poeta francés, considerado el fundador y líder del movimiento surrealista. Breton jugó un papel fundamental en la definición y promoción de los principios del surrealismo, incluyendo la importancia del automatismo, la liberación del subconsciente y la exploración de lo irracional. Su manifiesto surrealista de 1924 estableció las bases teóricas del movimiento y ejerció una gran influencia en artistas de todo el mundo. Además de su labor como teórico, Breton también fue un destacado escritor de prosa y poesía, cuyas obras reflejan su fascinación por el mundo de los sueños y el pensamiento inconsciente.

Bronce (Materiales): El bronce es una aleación de cobre y estaño que ha sido utilizada durante siglos en la creación de esculturas y objetos artísticos. Conocido por su durabilidad, maleabilidad y resistencia a la corrosión, el bronce se ha utilizado para crear algunas de las obras más icónicas de la historia del arte. Su capacidad para retener detalles finos y su color dorado natural lo hacen especialmente adecuado para la fundición de esculturas y relieves, así como para la creación de objetos decorativos y funcionales. El bronce puede ser moldeado, fundido, pulido, patinado y acabado de diversas maneras para lograr una amplia variedad de efectos estéticos y texturas. Se ha utilizado en la creación de esculturas monumentales, estatuas, relieves, campanas y otros objetos decorativos y utilitarios. Su capacidad para adquirir pátinas naturales con el tiempo le confiere una belleza única y atemporal, y su versatilidad permite a los artistas explorar una variedad de técnicas de acabado y estilos artísticos. Un ejemplo de esto, es El David, una escultura de bronce de 158 cm de altura, obra del escultor italiano Donatello. La obra fue realizada en torno a 1440 por encargo de Cosme de

Médici, que quería colocarla en los jardines de su palacio de Florencia. Actualmente se encuentra en el Mueso de Bargello, en Florencia.

Cabezas Olmecas (Esculturas Antiguas): Las Cabezas Olmecas son una serie de esculturas monumentales de piedra que representan cabezas humanas colosales. Fueron creadas por la civilización olmeca, una de las culturas precolombinas más antiguas de Mesoamérica, que floreció en el actual México desde alrededor del 1500 a.C. hasta el 400 a.C. Estas cabezas, talladas en piedra volcánica, tienen un tamaño impresionante, con algunas alcanzando más de tres metros de altura y pesando varias toneladas. Se cree que representan a líderes o gobernantes olmecas, y se distinguen por sus rasgos faciales distintivos, como labios gruesos, narices anchas y cascos ornamentados. Las Cabezas Olmecas son un testimonio del arte y la habilidad técnica de la civilización olmeca y son consideradas una de las obras maestras de la escultura precolombina en América.

Calcografía (Estilos de Grabado): La calcografía es una técnica de grabado en metal que implica el uso de una plancha de metal (generalmente cobre) como matriz para imprimir imágenes. En este proceso, el artista graba o dibuja el diseño en la superficie del metal utilizando herramientas especiales, creando líneas y texturas que retendrán la tinta para luego transferirla al papel. La calcografía es conocida por su capacidad para producir grabados detallados y de alta calidad, y ha sido utilizada por muchos artistas a lo largo de la historia del arte.

Canaletto (Pintores Rococó): Giovanni Antonio Canal, conocido como Canaletto, fue un célebre pintor veneciano del siglo XVIII, conocido por sus impresionantes vistas urbanas y paisajes de Venecia. Nacido en 1697 en Venecia, Canaletto fue uno de los maestros más destacados del género de la veduta, o vista urbana, y sus obras capturan la belleza y el esplendor de la ciudad de los canales. Su estilo detallado y realista, combinado con una habilidad magistral para capturar la luz y la atmósfera, hizo de Canaletto uno de los artistas más solicitados de su tiempo y sus obras continúan siendo admiradas hoy en día por su impresionante calidad técnica y su encanto visual.

Canova (Pintura del Neoclasicismo): Antonio Canova fue un destacado escultor italiano asociado con el neoclasicismo, nacido en 1757 en Possagno, Italia, y fallecido en 1822 en Venecia. Aunque principalmente conocido por sus esculturas, Canova también se dedicó ocasionalmente a la pintura y trabajó en estrecha colaboración con los principales artistas neoclásicos de su época. Su estilo se caracterizaba por su idealización de la forma humana, su atención al detalle y su habilidad para capturar la belleza. Se inspiró en la antigua escultura griega y romana, creando obras que reflejaban un ideal de perfección clásica. Su obra influyó en el arte europeo de su tiempo y sigue siendo admirada por su elegancia y refinamiento. Sus obras más famosas incluyen "El rapto de las Sabinas" y "Psique reanimada por el beso de Cupido".

Caravaggio (Artistas del Barroco) (Pintores Barrocos): Michelangelo Merisi da Caravaggio, conocido simplemente como Caravaggio, nació en 1571 en Caravaggio, Italia, y falleció en 1610 en Porto Ercole, Italia. Caravaggio fue un influyente pintor italiano del Barroco temprano. Su estilo revolucionario se caracteriza por su uso innovador del claroscuro y su estilo naturalista y dramático. Sus obras están marcadas por un intenso realismo y una fuerte iluminación, lo que a menudo resalta los aspectos dramáticos de sus temas religiosos y profanos tal como se refleja en obras como "El sacrificio de Isaac", "La vocación de San Mateo" y "Judit decapitando

a Holofernes". Han dejado una profunda huella en la historia del arte y continúan siendo estudiadas y admiradas en la actualidad. Aunque su vida estuvo marcada por problemas personales y enfrentamientos legales, su legado artístico perdura hasta hoy.

Carboncillo (Instrumentos Arte) (Técnicas Dibujo): El carboncillo es un medio de dibujo versátil y expresivo que se utiliza comúnmente en el arte. Consiste en varillas de madera quemada, generalmente de sauce o vid, hasta obtener un material carbonizado y quebradizo. Los artistas utilizan el carboncillo para crear trazos oscuros y expresivos en papel u otras superficies, permitiendo una amplia gama de tonos y valores. El carboncillo es especialmente adecuado para el dibujo rápido y gestual, así como para la creación de sombreados. Se utiliza comúnmente en dibujos que requieren un alto contraste y una amplia gama de valores tonales, y es apreciado por su capacidad para capturar la textura y la atmósfera de una escena. Su naturaleza fácilmente borrable lo hace ideal para bocetos y estudios preliminares, así como para obras de arte acabadas y detalladas.

Carmesí (Colores Artísticos) (Colores Cálidos): El carmesí es un color rojo intenso con matices rosados, derivado del pigmento obtenido de ciertos insectos como la cochinilla. Es un color cálido y vibrante que se ha utilizado ampliamente en el arte, tanto en pintura como en tintes textiles. En la historia del arte, el carmesí, es un color cálido que se encuentra en la familia de los rojos, con matices más oscuros y profundos. Se asocia con la pasión, la intensidad y el lujo. Este color evoca una sensación de drama y elegancia, y se utiliza a menudo en el diseño para crear impacto visual y sofisticación. El carmesí se utiliza tanto como color principal como en detalles y acentos para añadir profundidad y emoción a una composición. A menudo asociado con la realeza y el lujo debido a la dificultad de producirlo y su asociación con la nobleza

Carrà (Artistas Futurismo): Carlo Carrà fue un destacado pintor italiano asociado con el movimiento futurista. Nacido en 1881 en Quargnento, Italia, Carrà fue uno de los primeros seguidores del futurismo y contribuyó significativamente al desarrollo del movimiento. Sus obras iniciales reflejan la estética futurista, con representaciones dinámicas y abstractas de la vida urbana y el paisaje moderno. Sin embargo, con el tiempo, Carrà abandonó el futurismo y se acercó a estilos más tradicionales, como el neoclasicismo y el realismo mágico, aunque siguió experimentando con la representación del movimiento y la energía en su trabajo.

Carrington (Artistas Surrealismo): Leonora Carrington fue una destacada pintora, escritora y escultora surrealista, conocida por sus obras surrealistas que exploran temas de mitología, alquimia y lo sobrenatural. Carrington fue una figura central en el círculo surrealista de París durante la década de 1930, donde entabló amistad con artistas como André Breton y Max Ernst. Su obra se caracteriza por su imaginación desbordante, su habilidad para combinar elementos de la realidad y la fantasía, y su estilo distintivo que evoca un sentido de lo mágico y lo irracional. Además de su trabajo como artista, Carrington también fue una escritora prolífica, y su obra literaria refleja sus intereses en el ocultismo, la mitología y la exploración del inconsciente.

Cassatt (Impresionistas): Mary Cassatt fue una destacada pintora estadounidense y una de las pocas mujeres que formaron parte del movimiento impresionista en Francia. Nacida el 22 de mayo de 1844 en Allegheny City, Pensilvania, Cassatt es conocida por sus íntimos retratos de la vida doméstica y las relaciones familiares, así como por su habilidad para capturar la espontaneidad y la ternura en sus obras. Su estilo distintivo y su enfoque en la representación

de la vida cotidiana la convirtieron en una figura importante del impresionismo y en una de las artistas estadounidenses más destacadas del siglo XIX.

Celeste (Colores Fríos): El celeste es un tono de azul pálido que evoca la suavidad y la delicadeza del cielo despejado. También se conoce como azul celeste o azul claro. Este color transmite una sensación de calma y tranquilidad, a menudo asociada con la pureza y la inocencia. En el arte y el diseño, el celeste se utiliza para crear ambientes serenos y pacíficos, así como para representar la sensación de amplitud y libertad que se experimenta al mirar hacia el cielo abierto.

Cera (Técnicas Dibujo): La cera es un medio de dibujo que utiliza crayones de cera como instrumento de marcado. Estos crayones están hechos de una mezcla de pigmentos de colores y cera de abejas o parafina, que se derriten cuando se aplican sobre el papel para crear trazos suaves y coloreados. La cera es popular entre los niños y los artistas principiantes debido a su facilidad de uso y su capacidad para crear colores vibrantes y audaces. Se utiliza comúnmente en técnicas de dibujo como el coloreado y la creación de fondos texturizados.

Chardin (Pintores Rococó): Jean-Baptiste-Siméon Chardin fue un renombrado pintor francés del siglo XVIII, conocido por sus naturalezas muertas y sus escenas de género realistas y emotivas. Nacido en 1699 en París, Chardin mostró un talento precoz para el arte y se convirtió en uno de los maestros más destacados del género de la naturaleza muerta. Sus obras, como "La Canasta de Fresas" y "La Lechera", son ejemplos magistrales de su habilidad para capturar la textura, la luz y la vida en objetos cotidianos. Chardin también fue admirado por sus retratos íntimos y su capacidad para expresar la humanidad y la emoción en sus obras.

Chicago (Museo de Arte Moderno de Chicago): El Museo de Arte Moderno de Chicago, conocido como MCA Chicago, es un museo de arte contemporáneo ubicado en la ciudad de Chicago, Illinois, Estados Unidos. Fundado en 1967, el museo alberga una amplia colección de arte moderno y contemporáneo, incluyendo pinturas, esculturas, fotografías, instalaciones y obras de medios de comunicación. La colección del MCA Chicago incluye obras de artistas como Andy Warhol, Roy Lichtenstein, Jasper Johns, Kara Walker y muchos otros. Además de sus exposiciones permanentes y temporales, el museo organiza programas educativos, eventos especiales y actividades comunitarias.

Chuck Close (Arte Hiperrealismo): Chuck Close es un destacado artista estadounidense conocido por sus pinturas hiperrealistas de gran escala que retratan rostros humanos con una precisión casi fotográfica. Close utiliza un enfoque meticuloso en su trabajo, dividiendo las imágenes en cuadrículas y recreando cada cuadrado con una fidelidad asombrosa. Aunque sufrió una parálisis que limitó su movilidad, continuó creando obras utilizando una técnica de pintura con los dedos, lo que le permitió mantener su estilo distintivo. Close es aclamado por su habilidad técnica y su capacidad para explorar la identidad y la percepción a través de sus retratos detallados.

Cian (Colores): El cian es un color primario en el modelo de color RGB (rojo, verde, azul) y se encuentra entre el verde y el azul en el espectro visible. Es un tono claro y vibrante que se asemeja al color del cielo en un día despejado. El cian se utiliza comúnmente en la impresión y la pantalla digital, así como en el arte y el diseño gráfico. Representa la frescura, la tranquilidad y la serenidad, y se asocia a menudo con el agua y el aire. En la teoría del color, el cian es esencial para crear una amplia gama de colores mediante la mezcla con otros tonos primarios.

Ciencia Ficción (Géneros de Cine): La ciencia ficción es un género cinematográfico que se centra en la especulación sobre avances científicos, tecnológicos y futuros posibles, así como en la exploración de temas como el espacio, el tiempo, la inteligencia artificial y la vida extraterrestre. Las películas de ciencia ficción suelen situarse en entornos futuristas o distópicos y pueden presentar elementos de acción, aventura, fantasía y suspenso. Este género permite a los cineastas explorar ideas y conceptos imaginativos, así como reflexionar sobre la naturaleza humana y el impacto de la tecnología en la sociedad.

Ciencia Ficción (Géneros Literarios): La ciencia ficción es un género literario que se caracteriza por su especulación sobre el futuro y la tecnología, así como por su exploración de conceptos científicos y filosóficos. Se centra en escenarios imaginarios que presentan avances tecnológicos, mundos alternativos y formas de vida extraterrestres, y a menudo utiliza elementos de la ciencia y la tecnología para construir mundos coherentes y verosímiles. A través de su capacidad para imaginar y reflexionar sobre posibles futuros, la ciencia ficción ofrece al lector una ventana a nuevas posibilidades y desafíos, así como una plataforma para explorar cuestiones éticas, sociales y políticas.

Cincelado (Técnicas Escultura): El cincelado es una técnica escultórica que implica el uso de herramientas de cincel y martillo para esculpir o tallar materiales como piedra, madera, metal u otros materiales similares. Con esta técnica, el escultor trabaja retirando material de la superficie de la obra, creando formas tridimensionales mediante la eliminación controlada de partes del material. El cincelado permite al artista crear detalles finos y texturas variadas, así como lograr efectos de luz y sombra mediante el relieve y la profundidad de los cortes.

Cincelar (Técnicas Escultura): El cincelado es una técnica escultórica que implica el uso de herramientas de cincel y martillo para tallar formas tridimensionales en materiales duros como la piedra, el mármol o la madera. Los escultores utilizan cinceles de diferentes tamaños y formas para esculpir detalles finos, texturas y volúmenes en el material. El cincelado requiere habilidad, precisión y paciencia por parte del escultor, ya que cada golpe de martillo puede influir en la forma final de la obra.

Cine de Autor (Cine Alternativo): El cine de autor se refiere a películas creadas con una visión artística personal y distintiva por parte de un director reconocido como el principal autor creativo. Estas películas suelen reflejar las preocupaciones, estilos y obsesiones del director, y se caracterizan por su singularidad y originalidad. El cine de autor a menudo se aparta de las convenciones narrativas y estilísticas del cine comercial, y se centra en la exploración de temas profundos y complejos, así como en la experimentación formal y visual.

Cine de Vanguardia (Cine Alternativo): El cine de vanguardia se refiere a películas experimentales que desafían las convenciones del cine tradicional y exploran nuevas formas de expresión cinematográfica. Estas películas suelen ser innovadoras en términos de su estructura narrativa, técnica visual, edición o uso del sonido, y a menudo buscan generar respuestas intelectuales, emocionales o sensoriales en el espectador. El cine de vanguardia es conocido por su creatividad y su voluntad de cuestionar los límites del arte cinematográfico.

Cine Experimental (Cine Alternativo): El cine experimental se caracteriza por desafiar las convenciones narrativas y estilísticas del cine tradicional, buscando explorar nuevas formas de expresión cinematográfica. Los cineastas experimentales suelen trabajar con técnicas no convencionales, como el montaje abstracto, la manipulación de la imagen y el sonido, y la

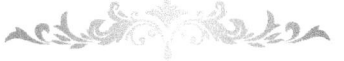

incorporación de elementos visuales y sonoros inusuales. Este género se centra en la creatividad y la innovación, y a menudo busca generar experiencias sensoriales y emocionales únicas en el espectador.

Cine Independiente (Cine Alternativo): El cine independiente se produce fuera de los estudios cinematográficos tradicionales y se caracteriza por su enfoque en la creatividad, la innovación y la libertad artística. Las películas independientes suelen tener presupuestos más bajos y abordan temas y estilos que pueden no ser comerciales o convencionales. Los cineastas independientes a menudo tienen un mayor control creativo sobre sus proyectos y pueden explorar temas más arriesgados y controversiales. El cine independiente ha desempeñado un papel importante en la diversificación y democratización del cine, al permitir que una amplia gama de voces creativas tenga la oportunidad de contar sus historias.

Cine Mudo (Cine Alternativo): El cine mudo se refiere a películas que se produjeron en la era temprana del cine, antes de que se introdujera el sonido sincronizado. Estas películas se caracterizan por su ausencia de diálogo hablado y por su dependencia en gran medida de imágenes visuales y subtítulos intertítulos para contar la historia. Aunque el cine mudo ya no es común en la era del cine moderno, sigue siendo apreciado por su estética visual única y su capacidad para contar historias de manera puramente visual.

Cinética (Esculturas): La escultura cinética es una forma de arte en la que las formas y las estructuras se diseñan para tener movimiento, ya sea de forma mecánica, manual o impulsada por fuerzas naturales como el viento. Estas esculturas a menudo incorporan elementos móviles, como partes giratorias, móviles o articuladas, que interactúan con su entorno y cambian su apariencia a lo largo del tiempo. La escultura cinética puede crear efectos visuales fascinantes y provocar una experiencia sensorial única para el espectador, desafiando las percepciones convencionales del arte estático.

Cinético (Movimientos Artísticos): El arte cinético es un movimiento artístico que surgió en la década de 1950 y se caracterizaba por la creación de obras de arte que tenían movimiento físico o aparente. Los artistas cinéticos utilizaban elementos como motores, luces y sistemas mecánicos para crear obras que se movían, cambiaban de forma o producían efectos visuales cambiantes. Este movimiento buscaba involucrar al espectador de una manera activa, desafiando la idea tradicional de una obra de arte estática y creando experiencias sensoriales dinámicas.

Cinetismo (Arte Cinético): El cinetismo es un movimiento artístico que se centra en la creación de obras de arte que contienen elementos móviles o cambiantes, generando la ilusión de movimiento real o aparente. Estas obras suelen utilizar mecanismos mecánicos, motores eléctricos o tecnología digital para activar el movimiento, aunque también pueden depender del movimiento del espectador o de fuerzas naturales como el viento o la gravedad. El cinetismo busca involucrar al espectador de manera activa, creando experiencias visuales dinámicas y participativas que desafían las convenciones de la contemplación estática del arte. Este movimiento se desarrolló en la década de 1950, influenciado por los avances tecnológicos y el interés en la interactividad y el movimiento en el arte contemporáneo.

Círculo Cromático: El círculo cromático es una representación visual de los colores dispuestos en forma circular, donde los colores primarios (rojo, amarillo y azul) se sitúan equidistantes entre sí. Los colores secundarios (verde, naranja y violeta) se forman mediante la mezcla de dos

colores primarios adyacentes. Además, el círculo cromático muestra las relaciones de armonía entre los colores, como los colores complementarios (que se encuentran en lados opuestos del círculo) y los colores análogos (que están cerca uno del otro). Esta herramienta es fundamental en el arte y el diseño para comprender cómo interactúan los colores y cómo pueden combinarse para crear efectos visuales armoniosos y atractivos.

Claroscuro (Técnicas): El claroscuro es una técnica utilizada en la pintura y el dibujo para representar el contraste entre luces y sombras. Consiste en crear una gradación tonal que va desde áreas oscuras hasta áreas iluminadas, lo que permite modelar volúmenes y dar profundidad a la composición. Los artistas emplean diferentes medios, como el lápiz, el carboncillo, la tinta, la pintura al óleo o el pastel, para crear efectos de claridad y oscuridad que producen un impacto visual dramático y realista.

Clásica (Géneros Musicales): La música clásica, también conocida como música culta o música académica, se refiere al corpus de obras musicales compuestas en Europa occidental durante un período que abarca aproximadamente desde el siglo IX hasta el presente. Se caracteriza por su enfoque en la estructura formal, la instrumentación orquestal y la notación musical escrita. La música clásica incluye una amplia variedad de formas y estilos, desde la música de cámara y la música sinfónica hasta la ópera, el lied y el ballet. Ha producido algunos de los compositores más influyentes de la historia, como Wolfgang Amadeus Mozart, Ludwig van Beethoven, Johann Sebastian Bach y Franz Schubert, y sigue siendo una parte importante del repertorio musical contemporáneo.

Clasicismo (Estilos): El clasicismo es un estilo artístico que se inspira en la estética y los principios del arte de la Antigua Grecia y Roma. Surgió en el Renacimiento italiano en el siglo XV y se extendió por toda Europa durante los siglos siguientes. Los artistas clasicistas buscaban imitar la belleza idealizada y la armonía de las obras de la antigüedad clásica, enfatizando la proporción, el equilibrio y la claridad en sus composiciones. Este estilo se caracteriza por su énfasis en la representación realista de la figura humana, la simetría y la simplicidad en el diseño, y la narración de temas mitológicos, históricos y religiosos. El clasicismo ha tenido una influencia duradera en el arte occidental y se ha revivido en varias épocas posteriores, incluido el Neoclasicismo del siglo XVIII y el academicismo del siglo XIX.

Clive Head (Arte Hiperrealismo): Clive Head es un destacado pintor británico conocido por sus intrincadas pinturas hiperrealistas de paisajes urbanos y escenas arquitectónicas. Utilizando la técnica del óleo sobre lienzo, Head crea imágenes detalladas que desafían la percepción del espectador y lo invitan a explorar cada rincón de la composición. Sus obras a menudo presentan una interacción compleja entre la luz, el espacio y la arquitectura, creando una sensación de profundidad y movimiento que trasciende la realidad física. Head es aclamado por su habilidad para capturar la complejidad y la belleza de la vida moderna en sus pinturas hiperrealistas.

Cole (Pintores Siglo XIX): Thomas Cole fue un influyente pintor estadounidense asociado con el movimiento del paisajismo romántico. Nacido el 1 de febrero de 1801 en Bolton-le-Moors, Reino Unido, Cole emigró a Estados Unidos con su familia cuando era niño. Es conocido por sus pinturas de paisajes naturales majestuosos y dramáticos, que a menudo presentan escenas bucólicas y vírgenes de la naturaleza americana. Cole fue fundamental en el desarrollo del

paisajismo como género artístico distintivo en Estados Unidos y su trabajo influyó en muchos artistas posteriores, incluyendo a los miembros del movimiento Hudson River School.

Coliseo (Arquitectura Célebre): El Coliseo, también conocido como el Anfiteatro Flavio, es un monumento icónico de la antigua Roma y uno de los mayores anfiteatros jamás construidos. Situado en el corazón de la ciudad eterna, el Coliseo fue inaugurado en el año 80 d.C. y fue escenario de una variedad de eventos, desde combates de gladiadores hasta recreaciones históricas y espectáculos públicos. Su diseño innovador, que permitía una rápida entrada y salida de los espectadores, y su capacidad para albergar hasta 80,000 personas lo convierten en un testimonio impresionante del ingenio arquitectónico romano y en un símbolo perdurable de la grandeza del Imperio Romano.

Collage (Técnicas): El collage es una técnica artística que consiste en crear composiciones visuales mediante la combinación de diferentes materiales y elementos, como recortes de papel, tela, fotografías, objetos encontrados, pintura y cualquier otro material que el artista considere relevante. Estos materiales se ensamblan y pegan sobre una superficie para formar una imagen o diseño único y original. El collage es una forma de expresión creativa que permite al artista experimentar con la textura, el color, la forma y el espacio, y puede utilizarse en una amplia variedad de medios, incluyendo la pintura, la escultura, la fotografía y la instalación.

Color Field (Arte Abstracto): El Color Field, o campo de color, es un estilo dentro del arte abstracto que se centra en la utilización del color como elemento principal de la composición. Los artistas de Color Field crean obras con grandes áreas de color plano y uniforme, sin formas o figuras reconocibles. Esta técnica busca provocar una experiencia sensorial directa a través del color, explorando sus cualidades emocionales y perceptuales.

Comedia (Géneros de Cine): La comedia es un género cinematográfico que busca provocar la risa y el entretenimiento a través de situaciones humorísticas y diálogos ingeniosos. Las películas de comedia pueden abordar una variedad de temas, desde el humor absurdo hasta la sátira social, y pueden incluir subgéneros como la comedia romántica, la comedia de enredos y la comedia de situación. Este género se basa en la habilidad de los guionistas y los actores para crear momentos divertidos y absurdos, así como en la capacidad de la película para conectar con la audiencia a un nivel emocional y humano.

Composición (Conceptos Artísticos): La composición en el arte se refiere a la disposición y organización de elementos visuales en una obra para lograr un efecto estético armonioso y equilibrado. Incluye decisiones sobre cómo distribuir formas, líneas, colores, texturas y espacios dentro del marco de la obra. Una composición bien elaborada puede guiar la mirada del espectador, crear un sentido de equilibrio y proporcionar cohesión visual. Los principios de composición, como la regla de los tercios, el equilibrio, la jerarquía y el ritmo, son fundamentales para el diseño eficaz de una obra de arte.

Conceptual (Movimientos Artísticos): El arte conceptual es un movimiento artístico que surgió en la década de 1960 y se centraba en las ideas o conceptos detrás de la obra de arte en lugar de la estética visual. Los artistas conceptuales a menudo empleaban una amplia gama de medios, como texto, fotografía, video e instalaciones, para explorar temas filosóficos, políticos o sociales. En lugar de crear objetos estéticamente agradables, el arte conceptual desafiaba las

convenciones tradicionales del arte al cuestionar la naturaleza misma de lo que constituye una obra de arte.

Constable (Pintores Siglo XIX): John Constable fue un destacado pintor inglés conocido por sus paisajes románticos y su habilidad para capturar la luz y la atmósfera de la naturaleza. Nacido el 11 de junio de 1776 en Suffolk, Inglaterra, Constable desarrolló un estilo distintivo que enfatizaba la observación directa del paisaje y el uso de pinceladas sueltas y vigorosas. Sus obras, como "El carro de heno" y "La catedral de Salisbury desde los prados", reflejan su profundo amor por la campiña inglesa y su interés en representar la belleza y la grandeza de la naturaleza. Constable es considerado uno de los grandes maestros del paisajismo y su influencia se extiende hasta la actualidad.

Contemporáneo (Épocas): La época contemporánea es el período actual de la historia, que se extiende desde finales del siglo XVIII o principios del XIX hasta el presente. Es un período caracterizado por cambios rápidos y continuos en todos los aspectos de la vida humana, incluyendo la política, la tecnología, la cultura y la sociedad. La Revolución Industrial y la Revolución Francesa marcaron el comienzo de la época contemporánea, trayendo consigo cambios significativos en la economía, la política y las relaciones sociales. Durante los siglos XIX y XX, el mundo experimentó una serie de conflictos globales, incluyendo las dos guerras mundiales y la Guerra Fría, que reconfiguraron el orden mundial y tuvieron un impacto duradero en la política internacional. La globalización, la revolución tecnológica y los movimientos sociales han transformado aún más el mundo contemporáneo, dando forma a nuevas formas de comunicación, interacción y organización social. La época contemporánea se caracteriza por la interconexión global, la diversidad cultural y los desafíos complejos que enfrenta la humanidad en el siglo XXI.

Contraste (Diseño Gráfico): El contraste en el diseño gráfico se refiere a la diferencia notable entre elementos visuales dentro de una composición. Puede manifestarse en términos de color, forma, tamaño, textura o cualquier otro atributo visual. El contraste es una herramienta poderosa para llamar la atención del espectador, crear jerarquía visual y agregar interés visual a una obra. Por ejemplo, el contraste entre colores brillantes y oscuros puede resaltar elementos importantes en un diseño, mientras que el contraste entre formas simples y complejas puede agregar dinamismo y profundidad a una composición.

Cool Jazz (Géneros Jazz): El Cool Jazz, también conocido como West Coast Jazz, es un estilo de jazz que se desarrolló en la costa oeste de Estados Unidos en la década de 1950. Se caracteriza por su tono relajado, arreglos refinados y énfasis en la melodía sobre la improvisación virtuosa. El Cool Jazz surgió como una reacción al frenesí y la energía del bebop, buscando un enfoque más introspectivo y sofisticado. Los músicos asociados con el Cool Jazz incluyen a Miles Davis, Chet Baker, Gerry Mulligan y Dave Brubeck, quienes contribuyeron a popularizar el género con sus grabaciones innovadoras y elegantes.

Coral (Colores Cálidos) (Colores): El coral es un color cálido que se encuentra en el espectro entre el rosa y el naranja, inspirado en los tonos de los corales marinos. Se asocia con la vitalidad, la creatividad y la emoción pero también evoca sentimientos de calma, serenidad, alegría y optimismo. Se utiliza a menudo en el diseño para añadir un toque de frescura y energía. En el arte, el coral puede ser utilizado tanto como color principal como en detalles y acentos para añadir interés visual y dinamismo a una composición. El coral se asocia

comúnmente con la naturaleza, especialmente con los exuberantes jardines de coral que albergan una rica diversidad de vida marina, desde peces tropicales hasta coloridas anémonas. Se utiliza en la moda, la decoración del hogar y el diseño gráfico para añadir un toque de frescura y vitalidad a cualquier espacio.

Courbet (Pintores Realismo): Gustave Courbet fue un destacado pintor francés del siglo XIX y uno de los principales exponentes del movimiento artístico conocido como realismo. Nacido en 1819 en Ornans, Francia, Courbet es conocido por sus representaciones honestas y directas de la vida rural y la clase trabajadora, así como por su rechazo a las convenciones idealizadas del arte académico de su época. Sus pinturas, como "Los picapedreros" y "El taller del pintor", reflejan su compromiso con la representación veraz de la realidad y su creencia en el papel del artista como observador y crítico de la sociedad. Courbet desafió las normas estéticas y sociales de su tiempo, influyendo en generaciones posteriores de artistas con su enfoque sincero y provocativo.

Crosshatching (Técnicas de Ilustración): El "crosshatching" es una variante del hatching en la que se superponen líneas cruzadas para crear sombras y tonos en una ilustración. Al igual que con el hatching, las líneas se dibujan en la misma dirección para sugerir la dirección de la luz, pero se cruzan en ángulos para crear una mayor variedad de tonos y texturas. Cuanto más densamente se crucen las líneas, más oscuro será el tono resultante. El crosshatching es una técnica versátil que se utiliza para agregar profundidad, volumen y detalle a las ilustraciones, y es especialmente útil para representar superficies texturizadas o formas tridimensionales.

Cubismo (Estilos Artísticos): El Cubismo fue un movimiento artístico desarrollado principalmente por Pablo Picasso y Georges Braque a principios del siglo XX. Se caracterizó por la representación de objetos y figuras desde múltiples puntos de vista simultáneos, descomponiendo las formas en fragmentos geométricos y reorganizándolos en composiciones abstractas. El Cubismo desafió las convenciones tradicionales de la representación pictórica, abriendo nuevas vías para la experimentación artística y sentando las bases para el arte abstracto.

Cubofuturismo (Movimientos): El Cubofuturismo fue una corriente artística que surgió en Rusia a principios del siglo XX, influenciada por el Futurismo italiano y el Cubismo francés. Los cubofuturistas buscaban combinar los principios del Cubismo con la celebración de la modernidad y la tecnología propia del Futurismo. Utilizaban formas geométricas, fragmentación de la realidad y una paleta de colores vibrantes para representar la dinámica de la vida urbana y la velocidad de la era moderna. Marc Chagall y Kazimir Malévich fueron dos artistas asociados con el Cubofuturismo.

Cuento (Géneros Literarios): El cuento es una forma de narrativa breve que se caracteriza por su concisión y su capacidad para contar una historia completa en un espacio reducido. A menudo se centra en un evento o conflicto específico y presenta personajes y escenarios con un alto grado de precisión y detalle. Los cuentos pueden abordar una amplia variedad de temas y géneros, desde lo realista hasta lo fantástico, y pueden transmitir una amplia gama de emociones y experiencias. A través de su estructura compacta y su capacidad para evocar imágenes vívidas, el cuento ofrece al lector una experiencia inmersiva y satisfactoria en un corto espacio de tiempo.

Dadaísmo (Estilos): El dadaísmo fue un movimiento artístico y cultural que surgió durante la Primera Guerra Mundial en respuesta al caos y la irracionalidad de la época. Los artistas dadaístas, liderados por figuras como Marcel Duchamp, Tristán Tzara y Hugo Ball, rechazaron las convenciones establecidas del arte y la sociedad, y buscaron subvertir las normas establecidas a través de la ironía, el absurdo y la provocación. Utilizaron una variedad de medios y técnicas, incluidas las obras de arte, la poesía, la performance y la escritura, para cuestionar las estructuras de poder, la moralidad y la lógica dominantes. El dadaísmo fue una influencia importante en movimientos posteriores como el surrealismo, el pop art y el arte conceptual, y se considera una precursora del arte contemporáneo.

Dalí (Artistas Surrealismo): (Figueras 11 de mayo de 1904 - Figueras, 23 de enero de 1989). Salvador Dalí fue un destacado pintor surrealista español conocido por su estilo genuinamente distintivo y su imaginación desbordante. Su obra está marcada por imágenes oníricas, paisajes surrealistas y elementos simbólicos que desafían la lógica y la realidad convencional. Dalí es famoso por sus meticulosas representaciones detalladas, su uso de colores vibrantes y su habilidad para crear composiciones surrealistas que invitan al espectador a explorar los rincones más profundos de la psique humana. Entre sus obras más icónicas se encuentran "La persistencia de la memoria" y "La tentación de San Antonio". También fue escultor, grabador, escenógrafo y escritor.

Daumier (Pintores Realismo): Honoré Daumier fue un destacado pintor, ilustrador y caricaturista francés del siglo XIX, conocido por sus agudas sátiras políticas y sociales. Nacido en 1808 en Marsella, Francia, Daumier es reconocido por su estilo distintivo y su habilidad para capturar la vida urbana y los personajes de su tiempo con humor y crítica. Sus ilustraciones y grabados, como las series "Los borrachos" y "Los ladrones", reflejan su aguda observación de la sociedad francesa y su compromiso con la representación fiel de la vida cotidiana. Daumier fue un influyente precursor del realismo en el arte, y su trabajo ha tenido un impacto duradero en la historia del arte y la crítica social.

De Producto (Géneros Fotográficos): La fotografía de producto se centra en capturar imágenes de productos y artículos comerciales con el fin de promocionarlos y comercializarlos de manera efectiva. Los fotógrafos de productos trabajan en estrecha colaboración con empresas y marcas para crear imágenes que muestren los productos de manera atractiva y convincente, utilizando técnicas de iluminación, composición y retoque digital para resaltar sus características y cualidades únicas. Este género puede abarcar una amplia variedad de productos, desde alimentos y bebidas hasta dispositivos electrónicos y ropa, y requiere un enfoque meticuloso y cuidadoso para producir imágenes que atraigan la atención del público y generen interés en el producto.

Degas (Impresionistas): Edgar Degas fue un destacado artista francés asociado con el movimiento impresionista, aunque él mismo prefería el término "realista independiente". Nacido el 19 de julio de 1834 en París, Degas es conocido por sus pinturas, esculturas y dibujos que capturan la vida cotidiana en la sociedad parisina, especialmente escenas de ballet, cabaret y carreras de caballos. Su enfoque en el movimiento y la luz, así como su estilo de composición dinámica y audaz, lo convierten en uno de los artistas más importantes del siglo XIX. Degas exploró una variedad de técnicas y medios, incluyendo el pastel y la escultura en cera, y su trabajo influyó en el desarrollo del arte moderno.

Delacroix (Pintores Siglo XIX): Eugène Delacroix fue un destacado pintor francés asociado con el romanticismo y uno de los principales exponentes del movimiento artístico del impresionismo. Nacido el 26 de abril de 1798 en Charenton-Saint-Maurice, Francia, Delacroix es conocido por su uso audaz del color y su estilo expresivo y emocional. Sus obras más famosas incluyen "La libertad guiando al pueblo" y "La masacre de Quíos", que reflejan su compromiso con temas políticos y sociales y su habilidad para capturar la emoción y el drama en la pintura. Delacroix fue una figura influyente en la escena artística francesa del siglo XIX y su legado perdura en la historia del arte occidental.

Dinamismo (Arte Cinético): El dinamismo en el arte cinético se refiere a la sensación de movimiento y energía que se transmite a través de una obra de arte. Esta cualidad se logra mediante el uso de formas, líneas y colores que sugieren movimiento o cambio, así como mediante la incorporación de elementos cinéticos que se mueven o cambian de posición. El dinamismo puede crear una sensación de tensión o fluidez en una obra de arte, estimulando la imaginación del espectador y generando una experiencia visual emocionante y estimulante. En el contexto del arte cinético, el dinamismo es una característica distintiva que distingue estas obras de las formas de arte más estáticas y tradicionales.

Discóbolo (Esculturas Antiguas): El Discóbolo, también conocido como el Lanzador de Disco, es una famosa escultura de bronce que representa a un atleta en el momento de lanzar un disco. Fue creada por el escultor griego Mirón en el siglo V a.C. La obra captura un instante de movimiento dinámico y energía física, mostrando la tensión muscular y la concentración del atleta. Aunque la escultura original no ha sobrevivido, varias copias romanas en mármol y bronce han sido descubiertas y preservadas, siendo una de las más famosas la versión encontrada en el siglo XVIII en Italia. La escultura es un icono del arte clásico griego y ha sido una inspiración para artistas y deportistas a lo largo de la historia.

Dixieland (Géneros Jazz): Dixieland, también conocido como jazz tradicional o jazz de Nueva Orleans, es un estilo de jazz que se originó en la ciudad de Nueva Orleans a principios del siglo XX. Se caracteriza por su enérgico ritmo de marcha, improvisación colectiva y énfasis en los instrumentos de viento, como el trombón, la trompeta y el clarinete. Las bandas de dixieland a menudo interpretan estándares de jazz y blues con un toque distintivo y alegre, evocando la atmósfera festiva de las bandas callejeras de Nueva Orleans.

Doble Exposición: La doble exposición es una técnica fotográfica en la que se superponen dos imágenes en una misma fotografía. Esto se puede lograr de diferentes maneras, como exponiendo dos veces el mismo fotograma, utilizando una cámara que permita múltiples exposiciones o combinando digitalmente dos imágenes en postproducción. La doble exposición se utiliza para crear efectos artísticos y surrealistas, fusionando dos realidades en una sola imagen y explorando conceptos como la dualidad, la conexión o el contraste.

Documental (Cine Alternativo) (Géneros de Cine): El documental es un género cinematográfico que se centra en la presentación objetiva de la realidad. Estas películas buscan capturar la vida real, los eventos históricos o los aspectos de la sociedad de una manera auténtica y sin ficción. Los documentales pueden abordar una amplia gama de temas, desde política y historia hasta cultura y medio ambiente, y pueden utilizar una variedad de técnicas cinematográficas, como entrevistas, imágenes de archivo y narración en off, para transmitir información de manera efectiva.

Donatello (Artistas del Renacimiento) (Escultores): Donatello, cuyo nombre real era Donato di Niccolò di Betto Bardi, fue un influyente escultor del Renacimiento italiano, conocido por su maestría técnica y su habilidad para capturar la emotividad y la naturaleza humana en el mármol y el bronce. Nacido en Florencia alrededor de 1386, Donatello contribuyó significativamente al desarrollo del arte escultórico, introduciendo nuevas técnicas y estilos que influyeron en generaciones posteriores de artistas. Destaca por su capacidad para capturar la expresión y el movimiento en sus obras, así como por su dominio de la anatomía humana. Fue pionero en técnicas escultóricas, como el bajo relieve y la perspectiva lineal. Su obra abarca desde esculturas religiosas hasta monumentos ecuestres. Entre sus obras más famosas se encuentran el "David" de bronce, la "Virgen de la escalera" y el "San Jorge y el Dragón". Donatello falleció en 1466, dejando un legado duradero en generaciones posteriores de artistas renacentistas y barrocos.

Drama (Géneros de Cine): El drama es un género cinematográfico que se centra en la representación de conflictos emocionales y personales, a menudo basados en la vida real o en situaciones humanas complejas. Las películas de drama tienden a explorar temas universales como el amor, la pérdida, la redención y el sacrificio, y suelen enfocarse en personajes bien desarrollados y sus relaciones interpersonales. Este género puede abarcar una amplia gama de tonos y estilos, desde el melodrama hasta el realismo social, y a menudo se caracteriza por actuaciones emocionalmente potentes y guiones profundos.

Drama (Géneros Literarios): El drama es una forma de literatura destinada a ser representada en un escenario, ya sea en forma de obra de teatro, ópera, ballet u otra forma de interpretación. Se caracteriza por su diálogo entre personajes y su enfoque en el conflicto y la acción. A lo largo de la historia, el drama ha abordado una amplia gama de temas y géneros, desde la comedia y el melodrama hasta la tragedia y el realismo social. A través de la actuación y la puesta en escena, el drama ofrece al público una experiencia teatral única y emocionante, que puede provocar una amplia gama de respuestas emocionales y reflexiones.

Duane Hanson (Arte Hiperrealismo): Duane Hanson fue un escultor estadounidense asociado con el movimiento del hiperrealismo. Es conocido por sus esculturas de figuras humanas que parecen extraordinariamente realistas, capturando la apariencia y la expresión de personas comunes en situaciones cotidianas. Hanson utilizaba materiales como la fibra de vidrio y el poliéster para crear sus obras, y luego las pintaba a mano para lograr un nivel de detalle asombroso. Sus esculturas a menudo desafiaban las nociones de autenticidad y artificialidad, explorando temas como la identidad, la clase social y la cultura de consumo.

Duchamp (Artistas Dadaísmo) (Arte Conceptual) (Artistas del Siglo XX):: Marcel Duchamp fue un influyente artista francés asociado con el movimiento del dadaísmo y el arte conceptual. Es conocido por sus obras que desafían las convenciones del arte tradicional y cuestionan la naturaleza misma de la creación artística. Duchamp pensaba que la pintura no tenía que ser solo "retiniana" o visual, sino que debía involucrarse con la materia gris de nuestro entendimiento en lugar de ser puramente sensorial. Duchamp es famoso por su obra "Fuente" (1917), un urinario de porcelana que presentó como arte, desafiando las nociones de originalidad, autoría y valor estético. Sus obras y propuestas estéticas fundamentales fueron los denominados Ready Mades y el Gran Vidrio. Ha tenido un profundo impacto en la evolución del arte moderno y contemporáneo.

Eakins (Pintores Realismo): Thomas Eakins fue un influyente pintor y fotógrafo estadounidense del siglo XIX, conocido por sus realistas retratos, escenas de género y obras de temática deportiva y médica. Nacido en 1844 en Filadelfia, Estados Unidos, Eakins es reconocido por su habilidad para capturar la anatomía humana con precisión y su enfoque detallado en la representación fiel de la realidad. Sus obras más conocidas, como "El retrato de los cirujanos" y "El campeón de natación", reflejan su interés por la ciencia, la medicina y el deporte, así como su compromiso con la observación directa y el estudio de la naturaleza. Eakins fue una figura controvertida en su tiempo debido a su enfoque franco y sin adornos, pero su trabajo ha sido reevaluado y reconocido como una contribución significativa al desarrollo del realismo en el arte estadounidense.

Ébano (Materiales): El ébano es una madera dura y densa que se obtiene de varias especies de árboles del género Diospyros, nativas principalmente de África, Asia y América del Sur. Es conocido por su color oscuro, su grano fino y su alta resistencia, lo que lo convierte en un material apreciado en la fabricación de muebles, instrumentos musicales, objetos decorativos y esculturas. El ébano se ha utilizado tradicionalmente en la talla y la escultura debido a su dureza y capacidad para mantener detalles finos. Las esculturas de ébano son apreciadas por su belleza natural y su acabado suave y brillante, y a menudo se valoran como obras de arte de alta calidad.

Efímero (Arte Urbano): El arte efímero se refiere a obras de arte que son temporales o de corta duración, y que a menudo están destinadas a desaparecer con el tiempo debido a factores como el clima, la degradación natural o la intervención humana. En el contexto del arte urbano, el arte efímero puede incluir obras como intervenciones temporales, performances callejeras, instalaciones temporales y proyecciones de luz, que tienen una presencia fugaz pero pueden dejar una impresión duradera en el entorno urbano y en la memoria de quienes las experimentan.

Élisabeth Vigée Le Brun (Pintores del Clasicismo): Élisabeth Vigée Le Brun fue una destacada pintora francesa del siglo XVIII, conocida por sus retratos elegantes y su habilidad para capturar la belleza y la gracia femenina. Fue la retratista oficial de la reina María Antonieta y disfrutó de gran éxito en la corte francesa. Su estilo se caracteriza por su refinamiento técnico, su uso hábil del color y su capacidad para transmitir la personalidad y el carácter de sus sujetos.

Emin (Contemporáneos): Tracey Emin es una artista británica conocida por su trabajo en arte conceptual y autobiográfico. Sus obras a menudo exploran temas personales como la sexualidad, el trauma emocional y las experiencias de la vida. Emin ganó reconocimiento internacional con su obra "Mi cama" (My Bed), una instalación que presenta su propia cama desordenada rodeada de objetos personales, lo que provocó controversia y generó debates sobre el arte contemporáneo y su relación con la vida cotidiana.

Encaje (Técnicas Arte Textil): El encaje es una técnica de tejido que implica la creación de patrones decorativos y delicados mediante la manipulación de hilos textiles. Se puede hacer a mano o a máquina, y utiliza una variedad de técnicas, como el tejido de bolillos, el encaje de aguja y el encaje de hilo, para crear diseños intrincados y detallados.

Encáustica (Materiales Pintura): La encáustica es una técnica de pintura que utiliza cera de abejas derretida mezclada con pigmentos de color. Es una técnica antigua que se remonta a la antigua Grecia y se ha utilizado ampliamente en la historia del arte, especialmente en la

pintura mural y la decoración de objetos. La encáustica se caracteriza por su acabado translúcido y su textura cerosa, que puede ser suave y sedosa o gruesa y esculpida, dependiendo de la cantidad de cera utilizada y la técnica de aplicación. Los artistas pueden aplicar la encáustica sobre una variedad de superficies, como madera, lienzo, papel, tela e incluso metal o piedra, lo que permite una amplia gama de posibilidades creativas. La encáustica es conocida por su durabilidad y resistencia al paso del tiempo, lo que la convierte en una opción popular tanto para obras de arte tradicionales como para proyectos contemporáneos.

Ensamblaje (Técnicas Escultura): El ensamblaje es una técnica escultórica que implica la creación de obras de arte tridimensionales mediante la unión de objetos y materiales diversos. Los artistas que utilizan esta técnica seleccionan y ensamblan elementos como piezas metálicas, madera, plástico, vidrio u objetos encontrados, combinándolos de manera creativa para formar una nueva composición. El ensamblaje puede explorar temas de reutilización, reciclaje, yuxtaposición y la relación entre los objetos y su entorno, permitiendo al artista crear obras con una amplia gama de significados y expresiones.

Ensamblaje (Técnicas Escultura): El ensamblaje es una técnica escultórica que implica la creación de una obra tridimensional mediante la unión de diferentes objetos o materiales. Los artistas ensamblan elementos encontrados, como objetos cotidianos, fragmentos de madera, metal u otros materiales, para crear composiciones nuevas y sorprendentes. Esta técnica permite una amplia variedad de posibilidades creativas y fomenta la experimentación con formas, texturas y contextos, desafiando las convenciones tradicionales de la escultura y cuestionando la naturaleza misma del arte.

Ensayo (Géneros Literarios): El ensayo es un género literario que se caracteriza por su estilo reflexivo y argumentativo. Se utiliza para explorar ideas, analizar temas y expresar opiniones sobre una amplia gama de temas, desde la política y la filosofía hasta la cultura y la sociedad. Los ensayos pueden ser formales o informales, académicos o personales, y a menudo reflejan la voz y la perspectiva única del autor. A través del ensayo, los escritores pueden compartir sus pensamientos y experiencias con el lector, invitándolo a reflexionar y participar en un diálogo intelectual.

Equilibrio (Diseño Gráfico): El equilibrio en el diseño gráfico se refiere a la distribución visual de peso y elementos dentro de una composición para lograr estabilidad y armonía. Puede ser simétrico, asimétrico o radial, y se logra mediante la distribución cuidadosa de elementos visuales como forma, color, tamaño y espacio. El equilibrio ayuda a mantener la estabilidad visual y evita que el diseño se sienta desequilibrado o pesado en una dirección particular. Un diseño equilibrado transmite una sensación de orden y cohesión, lo que contribuye a una experiencia visual placentera y efectiva para el espectador.

Escritura Automática (Géneros): La escritura automática es una técnica literaria asociada al movimiento surrealista, que consiste en escribir de manera espontánea y sin censura, dejando fluir libremente los pensamientos y asociaciones mentales. Los escritores practicantes de la escritura automática buscan acceder a un estado de conciencia más profundo y liberar el inconsciente, creando textos que pueden ser surrealistas, oníricos o cargados de simbolismo. Esta técnica ha sido utilizada por autores como André Breton y los surrealistas para explorar el subconsciente y romper con las convenciones literarias establecidas.

Escuela Flamenca (Renacimiento): La Escuela Flamenca fue un importante centro de producción artística durante el Renacimiento en los Países Bajos, especialmente en las ciudades de Brujas, Gante y Amberes. Esta escuela se caracterizó por su enfoque en la técnica detallada, la precisión realista y el uso innovador de la luz y el color. Los artistas flamencos, como Jan van Eyck, Rogier van der Weyden y Hans Memling, se destacaron por su habilidad para crear obras de gran belleza y refinamiento técnico. La Escuela Flamenca tuvo una profunda influencia en el desarrollo del arte europeo, particularmente en el ámbito de la pintura de género, el retrato y la naturaleza muerta.

Escultura (Géneros Artísticos): La escultura es una forma de arte tridimensional que implica la creación de formas y figuras físicas a partir de materiales como piedra, metal, madera, arcilla, yeso y otros. Los escultores pueden tallar, modelar, fundir, soldar o esculpir materiales para crear obras de arte que pueden ser apreciadas desde diferentes ángulos. La escultura ha existido desde la antigüedad y ha sido una parte importante de muchas culturas y civilizaciones en todo el mundo.

Escultura Móvil (Arte Cinético): La escultura móvil es una forma de arte cinético que se caracteriza por la capacidad de sus elementos para moverse o cambiar de posición, ya sea por acción del viento, mecanismos internos o interacción humana. Estas obras desafían la percepción estática de la escultura tradicional al incorporar el movimiento como una parte integral de su diseño. Los artistas que trabajan en este medio pueden utilizar una variedad de materiales y técnicas para crear esculturas que respondan al entorno circundante de formas inesperadas y dinámicas.

Esfinge (Esculturas Antiguas): La Esfinge es una figura mitológica representada comúnmente como un ser con cuerpo de león y cabeza humana. En el Antiguo Egipto, las esfinges tenían un significado religioso y protector, y se colocaban frecuentemente en las entradas de los templos y tumbas como guardianes. La Gran Esfinge de Guiza, ubicada cerca de las pirámides en Egipto, es una de las esfinges más famosas del mundo. Se cree que fue construida durante la dinastía del Imperio Antiguo alrededor del siglo XXVI a.C. y representa al faraón con rostro de león, simbolizando su poder y autoridad. La Esfinge de Guiza es una de las obras de arte más emblemáticas del Antiguo Egipto y ha fascinado a los visitantes durante milenios con su enigma y majestuosidad.

Esgrafiado (Técnicas): El esgrafiado es una técnica artística que implica raspar o rayar una superficie pintada para revelar capas subyacentes de color. Se realiza aplicando una capa base de pintura sobre la superficie, seguida de una o más capas de color adicional. Una vez que la pintura está seca pero aún maleable, se utiliza una herramienta afilada, como un cuchillo, una espátula o un objeto puntiagudo, para raspar la capa superior y revelar el color debajo. Esta técnica se utiliza comúnmente en la pintura mural, la cerámica y el grabado, y permite crear efectos de textura y contraste visualmente interesantes.

Esmalte (Instrumentos Arte): El esmalte es un material utilizado en la creación de arte, especialmente en la técnica de la pintura al óleo. Consiste en pigmentos de colores mezclados con un aglutinante a base de aceite, como el aceite de linaza, que le da una consistencia suave y flexible. Los artistas aplican el esmalte sobre la superficie de la obra de arte con pinceles u otras herramientas, creando capas translúcidas y ricas en color. El esmalte permite una amplia

gama de efectos visuales y texturas, desde acabados brillantes y luminosos hasta acabados opacos y matizados, dependiendo de la técnica y la aplicación del artista.

Esmeralda (Colores. Naturaleza) (Colores Artísticos): El color esmeralda es un color verde intenso y brillante. Evoca la frescura y la vitalidad de la naturaleza, siendo reminiscente del verde intenso de las esmeraldas, gemas preciosas que se encuentran en diversas partes del mundo. Este color se asocia con la fertilidad, la renovación y la esperanza, y se utiliza frecuentemente en el arte y el diseño para transmitir un sentido de tranquilidad y armonía con el entorno natural. En la naturaleza, el color esmeralda se encuentra en exuberantes paisajes de vegetación, bosques frondosos y exóticas plantas tropicales, brindando una sensación de frescura y vitalidad.

Español (Renacimiento): El inicio del Renacimiento en España se liga íntimamente al devenir histórico-político de la monarquía de los Reyes Católicos. Sus figuras son las primeras en salir de los planteamientos medievales que fijaban un esquema feudal de monarca débil sobre nobleza poderosa y levantisca. El Renacimiento se extendió de Italia a España de forma un tanto tardía y llegó a su auge en España en la segunda mitad del siglo XVI y a principios del siglo XVII, principalmente en la literatura y el arte. En el siglo XVI la literatura española tuvo un importante desarrollo con grandes éxitos de novelas y dramas. Lope de Vega y Miguel de Cervantes o Garcilaso de la Vega, son representantes famosos en estas áreas. La lengua española se consolidó como un medio literario rico y expresivo, especialmente con la creación de obras maestras como "El Quijote". En lo referente al arte, tenemos representantes como el Greco, que fue un pintor del final del Renacimiento, con un estilo muy personal y que tuvo una gran influencia del estilo de los maestros italianos Tiziano, Tintoretto y Miguel Ángel.

Estarcido (Técnicas): El estarcido es una técnica artística que implica la aplicación de pigmento a través de una plantilla o patrón recortado. Consiste en sujetar una plantilla sobre una superficie y aplicar pintura, tinta u otro medio a través de los recortes de la plantilla para crear un diseño específico en la superficie subyacente. Esta técnica permite crear patrones detallados y repetitivos de manera uniforme. El estarcido se utiliza en una variedad de formas artísticas, como la pintura mural, el diseño de textiles, la decoración de muebles y la creación de tarjetas y papel decorativo.

Estética (Teorías Artísticas): La estética es una rama de la filosofía que se ocupa del estudio de la belleza y la apreciación artística. Se centra en comprender la naturaleza y los fundamentos de la experiencia estética, así como en analizar los criterios que utilizamos para juzgar la belleza en el arte y en la naturaleza. Los filósofos estéticos exploran cuestiones relacionadas con el gusto, la percepción, la creatividad y la interpretación artística, contribuyendo a la comprensión de por qué ciertas obras de arte nos resultan atractivas o significativas.

Estilo (Conceptos Artísticos): El estilo en el arte se refiere a la manera distintiva en la que un artista o un movimiento artístico particular aborda la creación de obras. Se refiere a las características únicas y reconocibles que definen el trabajo de un artista o de una época específica. Estos rasgos pueden incluir la elección de colores, la técnica de aplicación, la temática, la composición, la textura y el uso del espacio, entre otros elementos. Cada estilo artístico refleja las influencias culturales, históricas y personales del artista, así como las tendencias y preocupaciones de la época en la que se desarrolla.

Expresionismo (Arte Abstracto) (Conceptos Artísticos) (Teorías Artísticas): El expresionismo en el arte es un movimiento que se desarrolló a principios del siglo XX, especialmente en Alemania, y se caracteriza por la representación emocional y subjetiva de la realidad. Los artistas expresionistas buscan expresar sus emociones internas y percepciones del mundo a través de colores intensos, pinceladas vigorosas y formas distorsionadas. A menudo se centran en temas como la angustia, la alienación, el miedo y la ansiedad, reflejando las tensiones sociales y políticas de la época. El expresionismo abarca diversas formas de expresión artística, incluida la pintura, la escultura, el cine, el teatro y la literatura, y ha dejado un legado duradero en la historia del arte moderno.

Fantasía (Géneros de Cine): La fantasía es un género cinematográfico que se caracteriza por la inclusión de elementos imaginarios, sobrenaturales o mágicos en la trama, así como por la creación de mundos y personajes fantásticos. Las películas de fantasía pueden abarcar desde historias épicas de aventuras hasta cuentos de hadas y mitología, y suelen explorar temas de escapismo, heroísmo y crecimiento personal. Este género permite a los cineastas crear universos visualmente sorprendentes y narrativas llenas de imaginación, donde la realidad se mezcla con la fantasía de manera creativa y evocadora.

Fauvismo (Movimientos Artísticos): Fue un movimiento artístico de vanguardia surgido en Francia a principios del siglo XX, liderado por artistas como Henri Matisse y André Derain. Los fauvistas se caracterizaban por su uso audaz del color y su enfoque en la expresión emocional sobre la representación naturalista. Las obras fauvistas a menudo presentaban colores vibrantes y contrastantes aplicados de manera no convencional, creando composiciones dinámicas y emocionantes que desafiaban las convenciones artísticas de la época.

Figura (Esculturas): La figura es una forma de escultura que representa la representación tridimensional de una persona, animal u objeto. Los escultores que trabajan en figuras buscan capturar la forma, la postura, la expresión y los detalles del sujeto de manera realista o estilizada, dependiendo del enfoque artístico y del propósito de la obra. Las figuras pueden variar en tamaño desde miniaturas hasta esculturas monumentales, y se han utilizado a lo largo de la historia como medio de expresión artística, religiosa, conmemorativa y narrativa.

Flamenca (Escuelas de Arte): La escuela flamenca se refiere al estilo artístico desarrollado en los Países Bajos durante el siglo XV y XVI, especialmente en las ciudades de Flandes como Brujas, Gante y Amberes. Esta escuela de arte fue famosa por su maestría en la pintura al óleo y su atención al detalle, especialmente en géneros como el retrato, el paisaje y la naturaleza muerta. Artistas destacados de esta escuela incluyen a Jan van Eyck, Rogier van der Weyden y Pieter Bruegel el Viejo.

Flamencos (Renacimiento): Los flamencos, o artistas flamencos, fueron un grupo destacado de pintores que trabajaron en los Países Bajos durante el Renacimiento, especialmente en las ciudades de Brujas, Gante y Amberes. Estos artistas, incluidos Jan van Eyck, Rogier van der Weyden y Hans Memling, se destacaron por su habilidad para crear obras de gran belleza y refinamiento técnico. Los flamencos fueron pioneros en el uso de la pintura al óleo y desarrollaron técnicas innovadoras para representar la luz y el color de manera realista. Su trabajo tuvo una profunda influencia en el desarrollo del arte europeo y sentó las bases para el surgimiento de la pintura de género, el retrato y la naturaleza muerta en los siglos posteriores.

Folk (Géneros Musicales): El folk es un género musical que se caracteriza por su conexión con la tradición oral, la música comunitaria y la expresión cultural de un pueblo o una región específica. Surgió en comunidades rurales y urbanas de todo el mundo y abarca una amplia variedad de estilos y formas, desde baladas y canciones de trabajo hasta himnos religiosos y danzas populares. El folk ha sido una forma importante de preservar la historia, la identidad y las tradiciones culturales, y ha influido en muchos otros géneros musicales, incluido el rock, el country, el blues y el pop.

Formalismo (Teorías Artísticas): El formalismo es una teoría estética que se centra en la forma y la estructura de una obra de arte, destacando la importancia de los elementos visuales y formales sobre el contenido o el contexto. Los formalistas argumentan que la apreciación artística debe basarse en las cualidades intrínsecas de la obra, como la composición, el color, la textura y la armonía visual, más que en consideraciones externas o narrativas. Esta perspectiva ha influido en diversos campos artísticos, desde la pintura y la escultura hasta la arquitectura y el diseño.

Fotografía (Géneros Artísticos): La fotografía es un género artístico y una técnica para capturar imágenes mediante el uso de luz. Utilizando una cámara u otro dispositivo de captura de imágenes, los fotógrafos pueden registrar momentos, paisajes, personas y objetos de manera permanente. La fotografía abarca una amplia variedad de estilos y enfoques, desde retratos y paisajes hasta fotografía de moda, fotografía documental, fotografía de naturaleza muerta y muchas otras formas de expresión visual. Con el desarrollo de la tecnología digital, la fotografía se ha convertido en una forma de arte accesible para millones de personas en todo el mundo, permitiendo una mayor creatividad y experimentación en la captura y edición de imágenes.

Fotomontaje: El fotomontaje es una técnica artística que consiste en combinar diferentes imágenes para crear una composición visualmente impactante y a menudo surrealista. Se utiliza para crear obras de arte digitales, anuncios publicitarios, portadas de revistas y otras formas de medios visuales. Los fotomontajes pueden ser simples o complejos, y pueden implicar la superposición, la fusión y la manipulación de imágenes para crear una nueva realidad visual.

Fotoperiodismo (Géneros Fotográficos): El fotoperiodismo es una forma de fotografía documental que se centra en capturar eventos y situaciones de relevancia social, política o cultural. Los fotoperiodistas trabajan en estrecha colaboración con los medios de comunicación para cubrir noticias, reportajes y eventos en tiempo real, utilizando sus habilidades técnicas y su capacidad para capturar momentos significativos para informar y concienciar al público. La fotografía de prensa puede abarcar una amplia variedad de temas, desde conflictos armados y desastres naturales hasta celebraciones culturales y protestas sociales, y busca transmitir la verdad y la autenticidad de una situación a través de imágenes impactantes y emotivas. Los fotoperiodistas deben tener un fuerte sentido de la ética y la responsabilidad, así como habilidades técnicas y un ojo agudo para la composición y la narrativa visual.

Fragonard (Pintores Rococó): Jean-Honoré Fragonard fue un destacado pintor francés del siglo XVIII, conocido por sus obras llenas de gracia, encanto y sensualidad, que capturan la esencia del estilo rococó. Nacido en 1732 en Grasse, Francia, Fragonard fue alumno de François Boucher y desarrolló un estilo propio caracterizado por pinceladas sueltas, colores vibrantes y composiciones dinámicas. Sus obras a menudo representan escenas de la vida cotidiana,

amorosas y pastorales, así como retratos encantadores y paisajes idílicos. Fragonard fue uno de los artistas más importantes de su época y dejó un legado duradero en el arte rococó.

Frans Hals (Artistas del Barroco): Frans Hals fue un destacado pintor neerlandés del siglo XVII, conocido por sus retratos animados y su estilo enérgico y expresivo. Nacido en Amberes, Bélgica, alrededor de 1582 y fallecido en Haarlem, Países Bajos, en 1666, Hals es considerado uno de los principales representantes del barroco holandés. Sus obras, como "Los regentes del asilo de ancianos de Haarlem" y "El bebedor alegre", reflejan su habilidad para capturar la personalidad y el carácter de sus sujetos con pinceladas sueltas y espontáneas. Es uno de los grandes maestros en el arte del retrato. Despierta gran admiración por la brillantez en la representación de la luz y la libertad en el manejo de los pinceles, con una pincelada rápida y suelta precedente del impresionismo.

Free Jazz (Géneros Jazz): El Free Jazz, también conocido como Avant-Garde Jazz o Jazz Libre, es un estilo de jazz experimental que se desarrolló a fines de la década de 1950 y principios de la década de 1960. Se caracteriza por su enfoque en la improvisación libre y la exploración sonora, sin las restricciones armónicas y rítmicas del jazz tradicional. Los músicos de free jazz, como Ornette Coleman, John Coltrane y Sun Ra, desafiaron las convenciones del género, explorando nuevas técnicas de juego, estructuras musicales abiertas y un enfoque más abstracto de la composición.

Friedrich (Pintores Siglo XIX): Caspar David Friedrich fue un destacado pintor alemán asociado con el movimiento del romanticismo. Nacido el 5 de septiembre de 1774 en Greifswald, Pomerania, Friedrich es conocido por sus evocadores paisajes que exploran temas como la espiritualidad, la melancolía y la relación entre el hombre y la naturaleza. Sus obras, como "El caminante sobre el mar de nubes" y "La abadía en el roble", son reconocidas por su atmósfera misteriosa, sus composiciones simbólicas y su uso magistral de la luz y el color. Friedrich es considerado uno de los principales exponentes del paisajismo romántico y su obra ha ejercido una profunda influencia en la historia del arte.

Funcionalismo (Teorías Artísticas): El funcionalismo es una teoría estética que se centra en la función o utilidad de una obra de arte. Surgió a principios del siglo XX como una reacción contra el formalismo y el idealismo del arte tradicional, argumentando que la forma de una obra de arte debe estar determinada por su función o propósito práctico. Los funcionalistas creen que el arte debe ser útil y servir a un propósito específico, ya sea estético, social, político o utilitario. Esta perspectiva ha influido en diversas áreas del diseño, la arquitectura y las artes aplicadas, fomentando la integración de la estética y la funcionalidad en la creación de objetos y espacios.

Fundición (Técnicas Escultura): La fundición es una técnica escultórica que implica el vertido de metal fundido en moldes para crear obras de arte tridimensionales. Los artistas que utilizan esta técnica primero crean un modelo de la obra en arcilla, cera u otro material moldeable, que luego se utiliza para crear un molde de yeso o cerámica. Una vez que el molde está listo, se vierte metal fundido, como bronce, aluminio o hierro, en el molde y se deja enfriar y solidificar. Una vez que el metal se ha enfriado, se retira el molde para revelar la escultura acabada. La fundición permite a los artistas crear obras duraderas y detalladas en metal, explorando una amplia gama de formas y texturas.

Fusion (Géneros Jazz): El Fusion es un género de jazz que combina elementos del jazz tradicional con otros estilos musicales, como el rock, el funk, el R&B y el hip-hop. Surgió en la década de 1960 y se popularizó en la década de 1970, con músicos como Miles Davis, Herbie Hancock y Weather Report, entre otros, experimentando con nuevas formas de fusión entre diferentes géneros. El Fusion se caracteriza por su énfasis en la improvisación, la instrumentación ampliada y el uso de técnicas de estudio y producción avanzadas.

Futurismo (Movimientos): El Futurismo fue un movimiento artístico y cultural que surgió en Italia a principios del siglo XX, liderado por el poeta Filippo Tommaso Marinetti. Los futuristas buscaban romper con las tradiciones del pasado y celebrar la velocidad, la tecnología, la industria y la modernidad. Rechazaban el arte tradicional y abogaban por una estética radicalmente nueva que reflejara el dinamismo y la energía de la vida moderna. Utilizaban formas geométricas, líneas diagonales y colores brillantes para representar el movimiento y la velocidad. Algunos de los artistas más destacados del Futurismo fueron Umberto Boccioni, Giacomo Balla y Gino Severini.

Gaudí (Arquitectura Célebre): Sin duda, Antonio Gaudí es uno de los arquitectos más reconocidos y celebrados de la historia. Su estilo único y distintivo se caracteriza por el uso innovador de formas orgánicas, colores vivos y la integración de elementos naturales en sus diseños. Entre sus obras más famosas se encuentra la Sagrada Familia en Barcelona, una monumental basílica que aún está en construcción y es un ícono del modernismo. Otros proyectos destacados de Gaudí incluyen el Parque Güell, con sus coloridos mosaicos y esculturas peculiares, y la Casa Batlló, con su fachada ondulante y vidrieras coloridas. La arquitectura de Gaudí sigue cautivando a espectadores de todo el mundo por su creatividad, innovación y belleza atemporal.

Gentileschi (Artistas del Barroco): Artemisia Gentileschi fue una destacada pintora italiana del barroco, nacida en Roma en 1593 y fallecida en Nápoles en 1653. Conocida por sus potentes representaciones de mujeres fuertes y protagonistas, Gentileschi desafió las convenciones de género de su época y se destacó por su habilidad para capturar el drama y la emoción en sus obras. Su estilo distintivo y su dominio del claroscuro se reflejan en pinturas como "Judith decapitando a Holofernes" y "Susana y los viejos".

Gérôme (Pintores Siglo XIX): Jean-Léon Gérôme fue un destacado pintor francés conocido por sus obras de género histórico, orientalista y académico. Nacido el 11 de mayo de 1824 en Vesoul, Francia, Gérôme fue un maestro del realismo y la precisión técnica, y sus pinturas a menudo presentan escenas detalladas y vívidas del mundo antiguo y oriental. Sus obras más famosas incluyen "El nacimiento de Venus" y "Pollice verso", que reflejan su habilidad para combinar la narrativa histórica con una representación visual impresionante. Gérôme también fue un destacado profesor y figura influyente en la Escuela de Bellas Artes de París, donde transmitió su pasión por el arte a las generaciones futuras de artistas.

Gestualismo (Arte Abstracto): El gestualismo es un enfoque dentro del arte abstracto que pone énfasis en los gestos y movimientos expresivos del artista al crear una obra. Los gestos del artista, como pinceladas rápidas, espontáneas o enérgicas, se convierten en parte integral de la composición, dejando rastros visibles de su proceso creativo. Esta técnica busca capturar la energía y la emoción del momento presente, transmitiendo la intensidad del acto de creación a través de la obra de arte resultante.

Ghiberti (Artistas del Renacimiento): Lorenzo Ghiberti, nacido como Lorenzo di Bartolo, fue un destacado escultor y artista del Renacimiento italiano. Nacido en 1378 en Florencia, Ghiberti es más conocido por su trabajo en la creación de las famosas puertas del Baptisterio de San Juan, en Florencia, conocidas como las "Puertas del Paraíso". Estas puertas, diseñadas en estilo gótico, presentan paneles que representan escenas del Antiguo Testamento en relieve. Ghiberti también trabajó en otras esculturas y proyectos arquitectónicos en Florencia y otras ciudades italianas, contribuyendo al desarrollo del Renacimiento temprano. Murió en 1455 en Florencia, dejando un legado duradero en la historia del arte italiano.

Giacometti (Escultores): Alberto Giacometti fue un escultor y pintor suizo conocido por su estilo distintivo y su enfoque en la representación de la figura humana de forma estilizada y alargada. Sus esculturas, como "Hombre que camina", se caracterizan por sus figuras delgadas y estiradas que evocan una sensación de movimiento y exploran la condición humana en un mundo moderno. Giacometti también experimentó con el surrealismo y el cubismo en su obra, contribuyendo significativamente al arte del siglo XX con su enfoque innovador y su expresividad única.

Gioconda (Obras Maestras): La "Gioconda", también conocida como "La Mona Lisa", es una de las obras maestras más famosas del renacimiento italiano, pintada por Leonardo da Vinci alrededor del año 1503. Esta icónica pintura al óleo sobre tabla representa a una mujer con una enigmática sonrisa, cuyo verdadero significado ha sido objeto de debate durante siglos. La "Gioconda" es apreciada por su técnica magistral, su misteriosa expresión y su aura de misterio, convirtiéndola en una de las obras de arte más reconocibles y veneradas en la historia del arte occidental.

Girodet (Pintura del Neoclasicismo): Anne-Louis Girodet-Trioson fue un destacado pintor francés asociado con el neoclasicismo, nacido en 1767 en Montargis, Francia, y fallecido en 1824 en París. Girodet fue alumno de Jacques-Louis David y se destacó por su habilidad técnica y su enfoque en temas históricos y mitológicos. Su estilo se caracterizaba por su elegancia y su dramatismo, así como por su manejo magistral del color y la composición. Entre sus obras más famosas se encuentra "La muerte de Atala" y "El entierro de Atala".

Glaseado (Técnicas): El glaseado es una técnica utilizada en la pintura al óleo que consiste en aplicar capas transparentes de pintura diluida sobre una superficie previamente pintada y seca. Estas capas delgadas de pintura, conocidas como glaseados, se aplican para modificar el color, ajustar el valor tonal y crear efectos de profundidad y luminosidad en la obra. El glaseado permite al artista lograr una mayor precisión y sutileza en la representación de detalles, así como controlar la saturación del color y la transparencia de la pintura.

Gótico (Estilos): El gótico es un estilo artístico y arquitectónico que floreció en Europa durante la Edad Media, especialmente en los siglos XII al XVI. Caracterizado por sus altas y esbeltas estructuras, arcos apuntados, bóvedas de crucería, vitrales y esculturas ornamentales, el gótico se desarrolló inicialmente en Francia y se extendió por toda Europa, convirtiéndose en el estilo dominante de la arquitectura religiosa y civil durante la Edad Media. El gótico se caracterizaba por su verticalidad y su capacidad para inspirar una sensación de elevación espiritual, y reflejaba la creencia en la grandeza y la majestuosidad de Dios. Además de la arquitectura, el estilo gótico influyó en otras formas de arte, como la escultura, la pintura y la literatura, y dejó un legado duradero en la historia del arte occidental.

Gouache (Materiales Pintura): El gouache es una técnica de pintura que utiliza pigmentos mezclados con agua y goma arábiga como aglutinante. Es similar a la acuarela, pero tiene una mayor concentración de pigmento y un aglutinante más opaco, lo que le da un acabado más denso y vibrante. El gouache se caracteriza por su capacidad para crear colores brillantes y opacos, así como por su capacidad de superposición y corrección. Es una técnica muy versátil que se puede aplicar sobre una variedad de superficies, como papel, cartón, madera y lienzo. Los artistas pueden diluir el gouache con agua para lograr efectos translúcidos similares a la acuarela o aplicarlo en capas densas para obtener colores sólidos y opacos.

Goya (Pintores Siglo XIX): Francisco de Goya fue uno de los pintores más importantes y versátiles del siglo XIX. Nacido el 30 de marzo de 1746 en Fuendetodos, España, Goya es conocido por sus obras maestras en una variedad de géneros, incluyendo retratos, pintura de historia y grabados. Su estilo evolucionó a lo largo de su carrera, desde retratos elegantes de la aristocracia hasta pinturas sombrías que exploraban temas sociales y políticos. Algunas de sus obras más famosas incluyen "La maja desnuda", "El tres de mayo de 1808 en Madrid" y "Saturno devorando a su hijo". Goya es considerado uno de los precursores de la pintura moderna y su trabajo sigue siendo relevante y conmovedor hasta el día de hoy.

Grabado (Técnicas) (Técnicas de Ilustración): El grabado es una técnica de impresión en la que una imagen se transfiere a un soporte, generalmente papel, a través de una matriz grabada. La matriz puede ser de metal, madera, linóleo u otro material, y se talla, incide o graba con herramientas especiales para crear surcos o líneas que contienen la imagen. La matriz se entinta y se limpia para dejar tinta solo en las áreas grabadas, y luego se presiona sobre el papel para transferir la imagen impresa. El grabado incluye técnicas como la xilografía, la calcografía, el linograbado y la punta seca, y ha sido utilizada por artistas desde la antigüedad hasta la actualidad para crear impresiones de alta calidad y detalle. El grabado permite al artista crear múltiples copias de una imagen o diseño con detalles finos y precisos, y ha sido utilizado a lo largo de la historia del arte para producir obras de arte gráfico y textil.

Graffiti (Arte Urbano): El graffiti es una forma de expresión artística que implica pintar o dibujar imágenes, letras o símbolos en espacios públicos, como paredes, calles o trenes. Surgió en la década de 1960 en ciudades de Estados Unidos, particularmente en Nueva York, como una forma de expresión para jóvenes marginados. A lo largo de los años, el graffiti ha evolucionado en términos de estilo, técnica y mensaje, y ha ganado reconocimiento como una forma legítima de arte callejero. A menudo se utiliza para transmitir mensajes políticos, sociales o culturales, y puede variar desde simples firmas hasta murales complejos y elaborados.

Grafito (Materiales) (Técnicas Dibujo): El grafito es una forma de carbono puro que se encuentra en la naturaleza en forma de mineral. Es conocido por su estructura cristalina laminar, que le confiere su característica suavidad y capacidad de dejar marcas en las superficies. El grafito se ha utilizado tradicionalmente en la fabricación de lápices de diferentes durezas, que van desde muy blandos (H) hasta muy duros (9H), lo que permite al artista controlar la calidad y la intensidad de las marcas. También se ha usado como lubricante en aplicaciones industriales debido a su baja fricción y resistencia al calor. En el arte, el grafito se utiliza comúnmente para dibujar y esbozar, ya sea en lápices de grafito tradicionales o en forma de polvo para técnicas de sombreado y tonalidad. Además de su uso en lápices, el grafito

también se ha utilizado en la creación de obras de arte contemporáneo, como pinturas y esculturas, donde su naturaleza versátil y maleable ofrece posibilidades creativas únicas.

Gris (Colores): El gris es un color neutro que se encuentra entre el blanco y el negro en la escala de grises. Es un tono versátil y sofisticado que se utiliza ampliamente en el diseño de interiores, la moda y la industria automotriz. El gris puede tener diferentes matices, desde un gris claro y luminoso hasta un gris oscuro y profundo. Se asocia comúnmente con la elegancia, la formalidad y la seriedad, pero también puede transmitir sensaciones de tranquilidad y equilibrio. En la teoría del color, el gris se utiliza a menudo como un color de fondo para resaltar otros colores en una composición.

Guernica (Obras Maestras): "Guernica" es una obra maestra del arte moderno creada por el pintor español Pablo Picasso en 1937. La pintura, de gran formato, representa el bombardeo de la ciudad vasca de Guernica durante la Guerra Civil Española. Picasso utiliza un lenguaje visual simbólico y expresionista para transmitir el horror y la brutalidad de la guerra. La composición está dominada por figuras distorsionadas y angustiadas, así como por un esquema de color sombrío que refleja el sufrimiento y la destrucción. "Guernica" se ha convertido en un símbolo universal de los horrores de la guerra y la lucha por la paz.

Guggenheim (Museos Mundiales): El Museo Guggenheim, oficialmente conocido como el Museo Solomon R. Guggenheim, es una institución de arte moderno ubicada en Nueva York, Estados Unidos. Diseñado por el renombrado arquitecto Frank Lloyd Wright y abierto al público en 1959, el museo es famoso por su arquitectura distintiva en forma de espiral y su impresionante colección de arte moderno y contemporáneo. La colección del Guggenheim incluye obras de artistas como Marc Chagall, Wassily Kandinsky, Pablo Picasso, Jackson Pollock, y otros importantes exponentes del arte del siglo XX y XXI.

Guggenheim (Museos) (Museos Mundiales): El Museo Guggenheim es una institución dedicada al arte moderno y contemporáneo, con sedes en diferentes partes del mundo, incluyendo Nueva York, Bilbao, Venecia y Abu Dabi. El museo fue fundado por el magnate Solomon R. Guggenheim en 1937 con el objetivo de promover el arte moderno y proporcionar un espacio para exhibir obras de vanguardia. El Museo Guggenheim de Nueva York, diseñado por el arquitecto Frank Lloyd Wright y abierto al público en 1959, es famoso por su arquitectura distintiva en forma de espiral. Es uno de los edificios más icónicos del siglo XX y alberga una impresionante colección de arte moderno, incluyendo obras de artistas como Picasso, Kandinsky, Pollock y Rothko. Las sucursales del Guggenheim en Bilbao, Venecia y Abu Dabi también cuentan con importantes colecciones de arte contemporáneo y son conocidas por su arquitectura innovadora y sus exposiciones temporales de vanguardia.

Gypsy Jazz (Géneros Jazz): El Gypsy Jazz, también conocido como Jazz Manouche, es un estilo de jazz originario de Europa, especialmente asociado con el guitarrista gitano Django Reinhardt y el violinista Stéphane Grappelli en la década de 1930. Se caracteriza por su ritmo rápido, su melodía pegadiza y su enfoque en la improvisación virtuosa. El Gypsy Jazz incorpora influencias de la música gitana tradicional y a menudo se interpreta en pequeños grupos con guitarra, violín, contrabajo y a veces acordeón. Este estilo sigue siendo popular en la actualidad, con músicos como Biréli Lagrène y Gonzalo Bergara continuando la tradición.

Hatching (Técnicas de Ilustración): El "hatching", también conocido como "trazo de líneas", es una técnica de dibujo en la que se crean sombras y texturas mediante la superposición de

líneas paralelas o entrecruzadas. Estas líneas se dibujan en la misma dirección para sugerir la dirección de la luz y la forma del objeto. Cuanto más juntas estén las líneas, más oscura será la sombra, mientras que las áreas sin líneas o con líneas más espaciadas aparecerán más claras. El hatching se utiliza comúnmente en la ilustración para agregar profundidad y volumen a las formas y crear efectos de sombreado.

Hausmann (Artistas Dadaísmo): Raoul Hausmann fue un artista alemán asociado con el movimiento dadaísta y conocido por sus contribuciones al collage y la fotografía experimental. Como miembro activo del grupo dadaísta en Berlín, Hausmann participó en la organización de eventos y exposiciones dadaístas y contribuyó a la revista "Der Dada". Es conocido por sus collages fotomontajes, en los que combinaba fotografías y recortes de periódicos para crear composiciones surrealistas y políticamente cargadas. Su trabajo desafió las convenciones del arte y la sociedad de su tiempo, explorando temas de identidad, tecnología y la naturaleza del arte mismo.

HDR (High Dynamic Range): El HDR, o Rango Dinámico Alto, es una técnica fotográfica que combina múltiples exposiciones de una misma escena con diferentes niveles de luz. Estas exposiciones se fusionan digitalmente para crear una imagen final que tiene un rango dinámico más amplio que una sola exposición. Esto significa que las áreas oscuras y claras de la imagen pueden ser capturadas con más detalle y profundidad, lo que resulta en una fotografía final con una apariencia más realista y vibrante.

Hermitage (Museos Mundiales) (Museos): El Museo del Hermitage es uno de los museos más grandes y antiguos del mundo, ubicado en San Petersburgo, Rusia. Fundado en 1764 por Catalina la Grande, el Hermitage alberga una vasta colección de arte que abarca desde la antigüedad hasta el siglo XXI. Sus colecciones incluyen obras maestras de artistas como Leonardo da Vinci, Rafael, Miguel Ángel, Rembrandt, Rubens, Van Dyck, Picasso y muchos más. El Hermitage está ubicado en un complejo de edificios que incluye el Palacio de Invierno, la antigua residencia de los zares rusos. Entre sus obras más destacadas se encuentran "La Madonna Litta" de Leonardo da Vinci, "La Venus de Tánagra" y "La habitación verde" de Matisse.

Hip Hop (Géneros Musicales): El hip hop es un género musical y cultural que surgió en la década de 1970 en las comunidades afroamericanas y latinas de Nueva York. Se caracteriza por su uso de rimas habladas rítmicamente sobre bases musicales, conocidas como beats, y su énfasis en la improvisación, la competencia y la autoexpresión. El hip hop incluye cuatro elementos principales: el rap (voz y poesía), el DJing (mezcla y producción musical), el breakdance (baile) y el graffiti (arte visual). Ha crecido hasta convertirse en un fenómeno global y ha influido en una amplia gama de disciplinas artísticas y culturales.

Hiperrealismo (Arte Hiperrealismo): El hiperrealismo es un movimiento artístico que busca representar la realidad de manera extremadamente precisa y detallada, a menudo alcanzando un nivel de realismo que puede confundirse fácilmente con una fotografía. Los artistas hiperrealistas se esfuerzan por capturar cada pequeño detalle, desde las texturas hasta las sombras, con una precisión casi fotográfica. Esta técnica puede requerir un dominio excepcional de las habilidades de dibujo y pintura, así como un profundo conocimiento de la anatomía y la percepción visual. El hiperrealismo surgió en la década de 1960 como una

reacción al expresionismo abstracto y ha seguido siendo una influencia significativa en el arte contemporáneo.

Hirst (Contemporáneos): Damien Hirst es un controvertido artista británico conocido por sus obras que exploran temas de vida, muerte, mortalidad y la naturaleza efímera de la existencia. Es famoso por sus instalaciones de animales y plantas en formaldehído, así como por sus series de obras que presentan objetos. Hirst es una figura polarizadora en el mundo del arte contemporáneo, provocando debates sobre el valor del arte, la autenticidad y la ética en la creación artística.

Hockney (Contemporáneos): David Hockney es un reconocido artista británico conocido por su versatilidad en diversas formas de arte, como la pintura, el dibujo, la fotografía y la creación digital. Es famoso por sus vibrantes paisajes californianos, así como por sus innovadoras exploraciones en el arte digital, incluidos los dibujos hechos en iPad. Hockney ha sido una figura influyente en el arte contemporáneo, desafiando las convenciones tradicionales y explorando nuevas técnicas y medios.

Holandesa (Escuelas de Arte): La escuela holandesa, también conocida como la Edad de Oro de la pintura neerlandesa, floreció durante el siglo XVII en lo que hoy es los Países Bajos. Esta escuela se caracterizó por su énfasis en la pintura de género, los retratos y los paisajes realistas. Los artistas holandeses también fueron pioneros en el uso de la técnica del claroscuro y la representación de la vida cotidiana. Algunos de los pintores más destacados de esta época incluyen a Rembrandt van Rijn, Johannes Vermeer y Frans Hals.

Homer (Pintores Realismo): Winslow Homer fue un destacado pintor estadounidense del siglo XIX, conocido por sus evocadoras representaciones de la vida rural y marina en Estados Unidos. Nacido en 1836 en Boston, Massachusetts, Homer es considerado uno de los principales exponentes del realismo en la pintura estadounidense, así como uno de los primeros artistas en explorar temas puramente estadounidenses en su obra. Sus pinturas, como "Breezing Up (A Fair Wind)" y "El pescador de ostras", capturan la belleza y la fuerza de la naturaleza, así como la vida cotidiana de la gente común en la América del siglo XIX. Homer fue también un hábil ilustrador y acuarelista, y su obra ha sido celebrada por su habilidad técnica, su sentido del color y su capacidad para transmitir la emoción y la atmósfera en sus pinturas.

Hopper (Artistas del Siglo XX): Edward Hopper fue un influyente pintor estadounidense conocido por sus evocadoras representaciones de la vida urbana y rural en Estados Unidos. Con un estilo realista y una técnica magistral de luz y sombra, Hopper capturó la soledad y el aislamiento de la experiencia humana, creando obras que sugieren narrativas ambiguas y atmósferas cargadas de emoción.

Impresionismo (Estilos Artísticos): El Impresionismo fue un movimiento artístico que surgió en Francia a finales del siglo XIX. Se caracterizó por la representación de escenas cotidianas al aire libre, utilizando pinceladas sueltas y una paleta de colores brillantes para capturar la luz y el movimiento. Los artistas impresionistas buscaban plasmar sus impresiones fugaces del mundo a través de la pintura, evitando la precisión fotográfica y centrando su atención en la atmósfera y la percepción visual.

Impresionismo (Movimientos): El Impresionismo fue un movimiento artístico que surgió en Francia a mediados del siglo XIX y tuvo un impacto significativo en la historia del arte. Los

artistas impresionistas buscaban capturar la impresión o la sensación visual del momento a través de pinceladas sueltas y rápidas, y un énfasis en la luz y el color. Se interesaron por la representación de la vida cotidiana, los paisajes y las escenas al aire libre. Algunos de los artistas más destacados del Impresionismo fueron Claude Monet, Pierre-Auguste Renoir, y Edgar Degas.

Incisión (Técnicas): La incisión, también conocida como grabado, es una técnica de impresión en la que se realiza un diseño o imagen en una superficie dura mediante la eliminación de material con herramientas afiladas, como buriles o punzones. La superficie grabada se entinta y se limpia, dejando tinta solo en las áreas grabadas, y luego se coloca papel sobre la superficie y se presiona para transferir la imagen. Los diferentes tipos de grabado incluyen el grabado en metal, como el cobre y el zinc, y el grabado en madera. Esta técnica permite al artista crear líneas precisas, detalles finos y texturas sutiles en la impresión final. La incisión ha sido utilizada históricamente para producir ilustraciones, estampados y reproducciones artísticas en una variedad de medios, incluidos libros, grabados y ediciones limitadas de arte.

Índigo (Colores Fríos): El índigo es un tono oscuro de azul que se encuentra entre el azul y el violeta en el espectro de colores. Es un color profundo y misterioso, asociado con la noche estrellada y la oscuridad del océano profundo. En el arte, el índigo se utiliza para crear atmósferas misteriosas y evocadoras, así como para representar la profundidad y la intensidad emocional. Este color puede variar en tonalidad, desde tonos más oscuros y apagados hasta tonos más brillantes y saturados.

Índigo (Colores): El índigo es un color que se encuentra entre el azul y el violeta en el espectro visible. Es un tono oscuro, profundo y misterioso, asociado con la noche estrellada y la oscuridad del océano profundo, que se asemeja al color del tinte índigo, que se deriva de ciertas plantas. A lo largo de la historia, el índigo ha sido valorado por su rareza y su uso en la coloración de textiles. En términos de simbolismo, el índigo se asocia a menudo con la intuición, la espiritualidad y la sabiduría. En la teoría del color, el índigo, puede variar en tonalidad, desde tonos más oscuros y apagados hasta tonos más brillantes y saturados.

Informalismo (Arte Abstracto): El informalismo es un movimiento artístico que se desarrolló en Europa después de la Segunda Guerra Mundial, caracterizado por la liberación de las convenciones pictóricas tradicionales y la exploración de formas y materiales no convencionales. Los artistas informales rechazan la estructura y el orden predefinidos, favoreciendo la espontaneidad, la improvisación y la experimentación en su práctica artística. Las obras informales pueden presentar gestos gestuales, texturas táctiles y una sensación de libertad creativa.

Ingres (Pintura del Neoclasicismo) (Pintores del Clasicismo): Jean-Auguste-Dominique Ingres fue otro destacado pintor neoclásico francés, conocido por su habilidad técnica y su estilo clásico refinado. Nacido en 1780 en Montauban (Francia) y fallecido en 1867, Ingres fue alumno de Jacques-Louis David y se destacó por su dominio del dibujo y la representación precisa del cuerpo humano. Sus obras se caracterizaban por su idealización de la forma y su atención al detalle, y abordaban una variedad de temas. Destacó en la pintura de retratos, así como en la representación de escenas históricas y mitológicas Entre sus obras más conocidas se encuentran "La gran Odalisca" y "La bañista de Valpinçon".

Instalación (Arte Urbano): Las instalaciones artísticas son obras de arte que se crean específicamente para un lugar determinado y que a menudo implican la manipulación del espacio físico y la participación del espectador. En el contexto del arte urbano, las instalaciones pueden incluir elementos como esculturas, proyecciones de video, sonido, luces y objetos encontrados, que se combinan para crear una experiencia inmersiva y única en entornos urbanos. Las instalaciones urbanas pueden transformar temporalmente espacios públicos, provocar reflexiones sobre el entorno urbano y fomentar la interacción entre el arte y el público.

Instantánea: La instantánea es una técnica fotográfica que se caracteriza por capturar momentos espontáneos y fugaces de la vida cotidiana. Se trata de tomar fotografías rápidas y sin preparación previa, con el objetivo de capturar la esencia de un momento tal como sucede. La instantánea se asocia comúnmente con la fotografía callejera y documental, donde el fotógrafo busca capturar la vida urbana en su forma más auténtica y sin poses.

Interactivo (Arte Cinético): El arte interactivo es una forma de expresión artística que invita a la participación activa del espectador, ya sea física, emocional o intelectualmente. En el contexto del arte cinético, la interactividad puede manifestarse a través de obras que responden al movimiento o la presencia del espectador, generando cambios en tiempo real o activando elementos cinéticos dentro de la obra. Esta forma de arte promueve una experiencia de colaboración entre el espectador y la obra, desafiando la noción tradicional de la contemplación pasiva y fomentando una conexión más profunda y personal con la obra de arte.

Italia (Renacimiento): Italia fue el centro del Renacimiento, un período de gran florecimiento cultural y artístico que abarcó aproximadamente desde el siglo XIV hasta el siglo XVII. Durante este tiempo, artistas italianos como Leonardo da Vinci, Miguel Ángel y Rafael produjeron algunas de las obras maestras más importantes de la historia del arte. El Renacimiento italiano se caracterizó por un renacimiento del interés en la cultura clásica grecolatina, así como por un enfoque en la exploración de la naturaleza y el ser humano. Los artistas italianos desarrollaron técnicas innovadoras en pintura, escultura y arquitectura, y crearon obras que reflejaban un ideal de belleza y perfección inspirado en la Antigüedad clásica. El Renacimiento italiano tuvo una profunda influencia en el desarrollo del arte occidental y sentó las bases para la aparición del arte moderno.

J.L. David (Pintura del Neoclasicismo) (Pintores del Clasicismo): Jacques-Louis David fue un destacado pintor neoclásico francés, considerado uno de los principales representantes de este movimiento artístico. Nacido en 1748 en París y fallecido en 1825, David fue conocido por sus obras que reflejaban los ideales de la Revolución Francesa y el regreso a la estética clásica griega y romana. Sus pinturas se caracterizaban por su claridad, precisión y equilibrio, así como por su compromiso político y social. David ejerció una gran influencia en el arte de su época, estableciendo estándares de nobleza y heroicidad en la representación artística. Entre sus obras más famosas se encuentran "La muerte de Marat" y "El juramento de los Horacios".

Jacob Lawrence (Pintores del Clasicismo): Jacob Lawrence fue un influyente pintor afroamericano del siglo XX, conocido por su estilo expresionista y su representación visual de la experiencia afroamericana en Estados Unidos. Su serie de pinturas "The Migration Series", que documenta la Gran Migración de afroamericanos desde el sur rural a las ciudades del norte, es

una de sus obras más conocidas. Lawrence combinó colores vivos y formas simplificadas para crear narrativas visuales poderosas y emotivas.

Jardín de las Delicias (Obras Maestras): es una obra maestra del pintor flamenco Hieronymus Bosch (El Bosco), creada en torno al año 1500. Este tríptico, que se encuentra en el Museo del Prado de Madrid, es una representación visual compleja y surrealista del Jardín del Edén, el mundo terrenal y el Infierno. La obra está llena de simbolismo y detalles fantásticos, mostrando escenas de placer, pecado y castigo. El panel central presenta un jardín lleno de figuras humanas, animales exóticos y objetos extraños, mientras que los paneles laterales muestran escenas del Paraíso y el Infierno respectivamente. "El Jardín de las Delicias" es una obra única y fascinante que ha intrigado a los espectadores durante siglos.

Jazz (Géneros Musicales): El jazz es un género musical que surgió a finales del siglo XIX y principios del XX en los Estados Unidos, especialmente en la ciudad de Nueva Orleans. Se caracteriza por su énfasis en la improvisación, la sincopación, los ritmos complejos y la expresión individual de los músicos. Originado a partir de la fusión de tradiciones musicales africanas y europeas, el jazz ha evolucionado a lo largo del tiempo, dando lugar a subgéneros como el swing, el bebop, el cool jazz, el jazz fusión y el free jazz, entre otros. Es reconocido por su vitalidad, su influencia en la música popular y su capacidad para reflejar la diversidad cultural y social.

Jean-Baptiste Greuze (Pintores del Clasicismo): Jean-Baptiste Greuze fue un destacado pintor francés del siglo XVIII, conocido por sus obras de género y retratos que reflejaban las virtudes morales y la sensibilidad sentimental. Sus pinturas a menudo presentaban escenas de la vida cotidiana con un enfoque en la moralidad y la emoción humana. Greuze fue influyente en el desarrollo del arte rococó y neoclásico, y su estilo se caracteriza por su habilidad para representar expresiones y gestos emocionales con gran detalle y realismo.

Jerarquía (Diseño Gráfico): La jerarquía en el diseño gráfico se refiere a la organización visual de los elementos en una composición para comunicar la importancia relativa de cada uno de ellos. Se logra mediante la manipulación de tamaño, color, contraste, ubicación y otros atributos visuales para guiar la atención del espectador y destacar los elementos clave. La jerarquía ayuda a los diseñadores a estructurar la información de manera que sea fácilmente comprensible y atractiva para el público, permitiendo que los elementos más importantes se destaquen claramente y se comuniquen con eficacia.

Johns (Artistas Pop Art): Jasper Johns es un influyente artista estadounidense conocido por su trabajo en el movimiento del pop art y el arte conceptual. Es famoso por sus pinturas de la bandera estadounidense y otros objetos cotidianos, que exploran la relación entre la imagen y el objeto, así como la naturaleza del arte y la representación. Johns es considerado uno de los artistas más importantes del siglo XX, y su trabajo ha tenido un impacto duradero en el arte contemporáneo.

JR (Contemporáneos): Es un artista francés conocido por su trabajo en arte urbano y fotografía. Es famoso por sus proyectos de gran escala que involucran retratos fotográficos de personas comunes, que luego se exhiben en espacios públicos de todo el mundo. JR se centra en dar voz a las comunidades marginadas y en resaltar las historias individuales dentro de un contexto social más amplio. Utiliza la fotografía como una herramienta para la expresión y la

conexión humana, transformando espacios urbanos y generando conversaciones sobre identidad, diversidad y justicia social.

Kahlo (Artistas del Siglo XX): Frida Kahlo fue una destacada pintora mexicana conocida por su estilo surrealista y su exploración de temas como la identidad, el género y el sufrimiento personal. Kahlo creó autorretratos íntimos y emotivos que reflejan su experiencia de vida, incluyendo su lucha con el dolor físico y emocional después de un grave accidente. Su obra ha sido celebrada por su sinceridad y su capacidad para conectar con el espectador a un nivel emocional profundo.

Kandinsky (Artistas del Expresionismo): Wassily Kandinsky fue un influyente pintor y teórico del arte ruso, considerado uno de los pioneros del arte abstracto y una figura central en el movimiento del Expresionismo. Nacido el 16 de diciembre de 1866 en Moscú, Rusia, Kandinsky es conocido por sus obras abstractas que exploran la relación entre color, forma y emoción, así como por sus teorías sobre el arte espiritual y la síntesis de las artes. Su estilo evolucionó desde representaciones figurativas hacia una abstracción cada vez más abstracta, en la que el color y la forma adquieren un significado emocional y espiritual. Kandinsky fue uno de los primeros artistas en abrazar la abstracción pura y su trabajo ha tenido un impacto duradero en el arte moderno y contemporáneo.

Kauffman (Pintura del Neoclasicismo): Angelica Kauffman fue una destacada pintora suiza que trabajó en el neoclasicismo y el rococó tardío. Nacida en 1741 en Coira, Suiza, y fallecida en 1807, Kauffman fue una de las pocas mujeres artistas reconocidas en su época y fue miembro fundador de la Royal Academy en Londres. Su estilo se caracterizaba por su elegancia y su habilidad para capturar la emoción y el drama en sus obras. Kauffman fue conocida por sus retratos, escenas mitológicas y allegorías, y su trabajo contribuyó al desarrollo del arte neoclásico en Europa.

Kirchner (Artistas del Expresionismo): Ernst Ludwig Kirchner fue un destacado pintor y grabador alemán, miembro fundador del grupo artístico Die Brücke (El Puente) y una figura clave en el movimiento del Expresionismo en Alemania. Nacido el 6 de mayo de 1880 en Aschaffenburg, Alemania, Kirchner es conocido por sus obras que representan la vida urbana moderna y que exploran temas de alienación, ansiedad y dislocación en la sociedad moderna. Su estilo audaz y vibrante, caracterizado por líneas angulares, colores intensos y una pincelada enérgica, refleja su interés en la expresión emocional y la experimentación formal. Kirchner influyó en el desarrollo del arte moderno en Alemania y su legado sigue siendo relevante en la actualidad.

Klimt (Artistas del Siglo XX): Gustav Klimt fue un destacado pintor simbolista y uno de los principales representantes del modernismo vienés. Conocido por sus obras ornamentales y decorativas, Klimt exploró temas como el amor, la sexualidad y la vida humana, utilizando formas abstractas, líneas sinuosas y una paleta de colores exuberante. Sus obras más famosas incluyen "El Beso" y "El Friso de Beethoven".

Kosuth (Arte Conceptual): Joseph Kosuth es un influyente artista conceptual estadounidense conocido por su exploración del significado y la representación del arte a través del lenguaje y la semiótica. Su obra a menudo involucra la presentación de definiciones de palabras o conceptos en forma de instalaciones y textos, desafiando las nociones convencionales de arte y cuestionando la relación entre el objeto artístico y su significado. Kosuth es una figura

importante en el desarrollo del arte conceptual y ha influido en numerosos artistas contemporáneos.

Kunsthaus Zürich: Kunsthaus Zürich es un museo de arte ubicado en Zúrich, Suiza. Fundado en 1910, el museo alberga una extensa colección de arte europeo, desde la Edad Media hasta la actualidad, con énfasis en el arte suizo y alemán. La colección permanente del Kunsthaus incluye obras de artistas como Alberto Giacometti, Paul Klee, Marc Chagall, Henri Matisse, Pablo Picasso y muchos otros. Además de sus exposiciones permanentes, el Kunsthaus Zürich organiza exposiciones temporales, eventos culturales y programas educativos para promover el aprecio y la comprensión del arte entre el público.

Kusama (Artistas Pop Art Asia) (Contemporáneos): Yayoi Kusama es una influyente artista japonesa conocida por sus obras de arte pop y sus instalaciones surrealistas. Es famosa por sus repetitivos patrones de puntos, que ella llama "infinito", y sus esculturas y entornos envolventes. Kusama ha experimentado con una amplia variedad de medios, incluyendo pintura, escultura, performance y arte digital. Su obra a menudo aborda temas como la feminidad, la psique humana y la obsesión, y ha sido aclamada tanto en Japón como en todo el mundo por su singularidad y originalidad. Es especialmente famosa por sus instalaciones de puntos y espejos, así como por su estilo distintivo y psicodélico.

Land Art (Movimientos Artísticos): El arte terrestre, o Land Art, es un movimiento artístico que surgió en la década de 1960 y 1970 en Estados Unidos y Europa. Se caracteriza por la creación de obras de arte en paisajes naturales utilizando materiales que se encuentran en el entorno, como piedras, tierra, agua y vegetación. Las obras de Land Art suelen ser de gran escala y se integran orgánicamente con el paisaje, transformando temporalmente el entorno natural y ofreciendo una nueva forma de experimentar el arte y la naturaleza. Ejemplos destacados de Land Art incluyen "Spiral Jetty" de Robert Smithson y "The Lightning Field" de Walter De Maria.

Laocoonte (Esculturas Antiguas): Laocoonte y sus hijos es una escultura antigua que representa a Laocoonte, un sacerdote troyano, y a sus dos hijos siendo atacados por serpientes marinas. Se cree que data del siglo I a.C. y es una obra maestra del arte helenístico griego. La escultura fue descubierta en Roma en 1506 y ha sido reconocida por su dramatismo y expresión emocional intensa. Actualmente se encuentra en el Museo del Vaticano en Roma, donde es admirada por su impresionante habilidad técnica y su capacidad para transmitir la angustia y el sufrimiento humanos.

Lápiz (Técnicas Dibujo): El lápiz es uno de los medios de dibujo más utilizados, compuesto por un núcleo de grafito o una mezcla de grafito y arcilla encerrado en una cubierta de madera o plástico. Los lápices vienen en una variedad de durezas, desde muy blandos (H) hasta muy duros (9H), lo que permite al artista crear líneas finas y detalles precisos, así como sombras y tonos graduados. Los lápices de colores, que contienen pigmentos coloreados en lugar de grafito, también son populares entre los artistas y se utilizan para crear obras de arte en color.

Larga Exposición: La larga exposición es una técnica fotográfica que implica dejar el obturador de la cámara abierto durante un período prolongado de tiempo, generalmente varios segundos o más. Esto permite capturar el movimiento en una imagen de una manera única, ya que objetos en movimiento aparecerán borrosos y difuminados, mientras que los objetos estáticos se registrarán con mayor claridad. La larga exposición se utiliza comúnmente para crear efectos

como el desenfoque de movimiento en paisajes urbanos o la suavización del agua en fotografías de paisajes naturales.

Le Brun (Pintores Rococó): Élisabeth Louise Vigée Le Brun fue una destacada pintora francesa del siglo XVIII, conocida por sus elegantes retratos y su asociación con la realeza y la aristocracia de su época. Nacida en 1755 en París, Le Brun se convirtió en la pintora oficial de la reina María Antonieta y disfrutó de gran éxito y reconocimiento durante su carrera. Su estilo refinado y delicado capturaba la gracia y la elegancia de sus sujetos, y sus retratos se caracterizaban por su habilidad para representar la moda y la personalidad de la época. Le Brun fue una de las artistas más influyentes de su tiempo y dejó un legado duradero en la historia del retrato rococó.

Lee Bul (Artistas Pop Art Asia): Lee Bul es una artista surcoreana conocida por sus instalaciones y esculturas futuristas que exploran temas de la tecnología, la identidad y el cuerpo humano. Su trabajo desafía las normas estéticas convencionales y desdibuja las líneas entre lo humano y lo no humano, lo real y lo ficticio. Lee Bul ha exhibido su obra en todo el mundo y es considerada una de las artistas contemporáneas más importantes de Corea del Sur.

LeWitt (Arte Conceptual): Sol LeWitt fue un prominente artista conceptual estadounidense conocido por sus obras basadas en instrucciones y sistemas, que exploran la relación entre idea y ejecución en el arte. LeWitt es famoso por sus "instrucciones" para la creación de obras de arte, que permiten una ejecución libre y variaciones en la realización de la obra. Su enfoque en el concepto sobre la habilidad manual y su énfasis en la idea como la base del arte han influido significativamente en la práctica del arte conceptual.

Lichtenstein (Artistas del Siglo XX) (Artistas Pop Art): Roy Lichtenstein fue un artista estadounidense asociado con el movimiento del pop art. Es conocido por sus obras que imitan el estilo y la estética de los cómics, utilizando técnicas de impresión y puntos benday para crear efectos visuales llamativos. Lichtenstein reinterpretó imágenes populares y cotidianas, explorando la relación entre la cultura de masas y el arte, y desafiando las nociones tradicionales de belleza y originalidad.

Lienzo (Instrumentos Arte): El lienzo es un material comúnmente utilizado como soporte para la pintura al óleo y la pintura acrílica. Consiste en una superficie de tela estirada y fijada a un marco de madera, generalmente de forma rectangular o cuadrada. El lienzo proporciona una base resistente y flexible para la aplicación de pintura, permitiendo al artista crear obras de arte duraderas y de alta calidad. Además de los lienzos tradicionales de algodón o lino, también existen lienzos sintéticos y pretratados disponibles en el mercado para adaptarse a las necesidades y preferencias individuales del artista.

Linograbado (Estilos de Grabado): El linograbado es una técnica de grabado en relieve que utiliza una plancha de linóleo como matriz para imprimir imágenes. En este proceso, el artista talla o corta la superficie del linóleo con herramientas especiales, dejando elevaciones que retendrán la tinta para luego transferirla al papel. El linograbado es conocido por su simplicidad y versatilidad, y ha sido utilizado por muchos artistas para crear obras de arte gráfico con una amplia variedad de estilos y efectos visuales.

Louvre (Museos) (Museos Mundiales): El Museo del Louvre es uno de los museos más famosos y visitados del mundo, ubicado en París, Francia. Inaugurado en 1793, el Louvre

cuenta con una extensa colección de arte y antigüedades que abarcan desde la Antigüedad hasta el siglo XIX. Su colección incluye obras maestras como la Mona Lisa de Leonardo da Vinci, la Venus de Milo, la Victoria de Samotracia o la Libertad guiando al pueblo de Eugène Delacroix. Además de su impresionante colección permanente, el Louvre también alberga exposiciones temporales, conferencias y eventos culturales. Con sus icónicas pirámides de vidrio y su imponente arquitectura, el Louvre es una visita obligada para los amantes del arte y la historia de todo el mundo.

Macramé (Técnicas Arte Textil): El macramé es una técnica de tejido que utiliza nudos decorativos para crear diseños en una variedad de formas y patrones. Se originó en el antiguo Oriente Medio y se ha utilizado tradicionalmente para crear tapices, cortinas, bolsos y otros objetos decorativos. El macramé utiliza una combinación de nudos simples y complejos para crear diseños únicos y texturas interesantes en la tela.

Macro (Géneros Fotográficos): La fotografía macro se especializa en capturar imágenes de objetos o sujetos a una escala mucho mayor que su tamaño real, revelando detalles y texturas que suelen pasar desapercibidos a simple vista. Los fotógrafos macro utilizan lentes especializadas, técnicas de iluminación y enfoque preciso para acercarse a su sujeto y resaltar los pequeños detalles, creando imágenes impactantes y sorprendentes. Este género es popular entre los aficionados y profesionales por igual, y puede abarcar una amplia variedad de temas, desde insectos y flores hasta objetos cotidianos y partes del cuerpo humano, ofreciendo una perspectiva única y fascinante del mundo que nos rodea.

Macrofotografía: La macrofotografía es una técnica que consiste en tomar fotografías de objetos muy pequeños o detalles en tamaño real o incluso ampliado. Se utiliza para capturar detalles que no son perceptibles a simple vista y para explorar la belleza y la complejidad de pequeños objetos, como insectos, flores o texturas. Los fotógrafos suelen utilizar objetivos especiales de macro que les permiten acercarse mucho al sujeto y enfocar con precisión.

Madera (Materiales): La madera es uno de los materiales más antiguos y versátiles utilizados en el arte y la artesanía. Se deriva principalmente de los troncos de árboles y se ha utilizado para tallar esculturas, crear mobiliario, construir estructuras arquitectónicas y producir una amplia variedad de objetos artísticos y funcionales. La madera ofrece una superficie natural y cálida que es ideal para tallar, grabar, pintar y decorar, y su disponibilidad en una variedad de especies y tonalidades la hace adecuada para una amplia gama de aplicaciones artísticas. Además, la madera es un material sostenible y renovable, lo que la convierte en una opción popular para artistas y artesanos preocupados por la conservación del medio ambiente.

Magritte (Artistas Surrealismo): René Magritte fue un influyente pintor surrealista belga conocido por sus imágenes enigmáticas y su exploración de la relación entre las palabras y las imágenes. Su obra se caracteriza por la representación de objetos cotidianos en contextos inusuales, a menudo combinados con elementos surrealistas como el cielo abierto, las nubes y el paisaje. Magritte desafió las convenciones de la representación realista y jugó con la percepción del espectador, creando obras que invitan a la reflexión y la contemplación sobre la naturaleza de la realidad y la representación artística. Entre sus obras más famosas se encuentran "La traición de las imágenes" y "El hijo del hombre".

Manet (Impresionistas): Édouard Manet fue un influyente pintor francés considerado un precursor del movimiento impresionista. Nacido el 23 de enero de 1832 en París, Manet es

conocido por su estilo audaz y provocativo, así como por su rechazo de las convenciones artísticas tradicionales. Su obra desafió las normas establecidas de la pintura académica y anticipó muchas de las preocupaciones estilísticas y temáticas de los impresionistas posteriores. Manet también es famoso por sus innovadoras representaciones de la vida **moderna parisina y sus controvertidos temas de desnudos femeninos.**

Manierismo (Renacimiento): El Manierismo fue un movimiento artístico que surgió a finales del Renacimiento en Italia, alrededor del siglo XVI. Se caracterizó por una ruptura con las convenciones estilísticas del Renacimiento temprano y una búsqueda de originalidad y expresión personal por parte de los artistas. El Manierismo se distingue por su énfasis en la distorsión de las figuras, las composiciones complejas y la experimentación con la perspectiva y el color. Los artistas manieristas a menudo buscaban crear obras cargadas de emoción y dramatismo, utilizando técnicas como el alargamiento de las figuras, la exageración de los gestos y la intensificación de los colores para lograr efectos visuales impactantes.

Mantegna (Artistas del Renacimiento): Andrea Mantegna fue un destacado pintor y grabador del Quattrocento italiano. Como pintor del Renacimiento italiano, es conocido por su estilo realista y sus habilidades técnicas excepcionales. Nacido alrededor de 1431 en la región de Lombardía, Mantegna se estableció en Padua, donde realizó gran parte de su trabajo. Su obra maestra, "La Crucifixión", es conocida por su detallada representación y uso innovador de la perspectiva. Mantegna también fue influyente en el desarrollo del grabado, produciendo una serie de grabados en cobre que mostraban su dominio de la técnica. A lo largo de su carrera, Mantegna trabajó para poderosos mecenas, incluidos los Gonzaga de Mantua, donde pasó la mayor parte de su vida adulta. Murió en 1506 en Mantua, dejando un legado duradero en la historia del arte renacentista.

Marc (Artistas del Expresionismo): Franz Marc fue un influyente pintor alemán y uno de los principales exponentes del movimiento artístico conocido como el Expresionismo. Nacido el 8 de febrero de 1880 en Múnich, Alemania, Marc es conocido por sus representaciones de animales y paisajes en las que utiliza colores brillantes y formas simplificadas para expresar la armonía espiritual y la conexión entre el ser humano y la naturaleza. Su obra más famosa, "Los caballos azules", es un ejemplo destacado de su estilo distintivo y su exploración de temas espirituales y emocionales. La carrera de Marc fue truncada trágicamente por su muerte en combate durante la Primera Guerra Mundial en 1916.

Marfil (Colores. Naturaleza) (Colores Artísticos): El marfil es un color suave y cremoso que evoca la elegancia y la serenidad del marfil natural. Inspirado en el tono cremoso y delicado de los colmillos de marfil de los elefantes, este color se asocia con la pureza, la calma y la sofisticación. En la naturaleza, el marfil se encuentra en los majestuosos elefantes africanos y asiáticos, y ha sido apreciado durante siglos por su belleza y valor. Su tono neutro y atemporal lo convierte en una opción popular en la moda, el diseño de interiores y el arte, añadiendo un toque de refinamiento y elegancia a cualquier espacio.

Marinetti (Artistas Futurismo): Filippo Tommaso Marinetti fue un poeta, escritor y teórico italiano, considerado el fundador y líder del movimiento futurista. Nacido en 1876 en Alessandria, Italia, Marinetti fue el autor del "Manifiesto Futurista", publicado en 1909 en el diario francés Le Fígaro. Este manifiesto proclamaba la necesidad de un arte nuevo y radical que celebrara la modernidad, la tecnología y la velocidad, rechazando las tradiciones artísticas

del pasado. Marinetti fue una figura controvertida y provocadora que abogó por la destrucción de museos y bibliotecas como parte de una revolución cultural y estética más amplia.

Mármol (Materiales): El mármol es una roca metamórfica compuesta principalmente de calcita o dolomita. Es conocido por su belleza y durabilidad, lo que lo convierte en un material popular para la escultura y la arquitectura desde la antigüedad. El mármol se forma a partir de la recristalización de rocas sedimentarias carbonatadas, como el calcáreo o la dolomita, bajo altas temperaturas y presiones. Se caracteriza por su coloración variada, desde el blanco puro hasta tonos más oscuros como el negro, gris, verde o rosa, y por sus vetas y patrones únicos. Debido a su belleza y facilidad para ser pulido, el mármol se ha utilizado en la construcción de edificios, monumentos, esculturas, pavimentos y elementos decorativos en todo el mundo.

Marrón (Colores Cálidos): El marrón es un color cálido que se encuentra en una amplia gama de tonalidades, desde los tonos más oscuros y ricos hasta los más claros y suaves. Se asocia comúnmente con la tierra, la estabilidad y la simplicidad. Este color evoca una sensación de calidez y seguridad, y se utiliza a menudo en el diseño para crear una sensación de conexión con la naturaleza y lo orgánico. En el arte, el marrón se utiliza tanto como color principal como en combinación con otros colores para crear profundidad y textura.

Max Ernst (Artistas Surrealismo): Max Ernst fue un destacado artista surrealista alemán conocido por sus experimentaciones con técnicas y materiales, así como por sus innovadoras obras de collage y frottage. Ernst exploró los rincones más oscuros del subconsciente humano, creando obras llenas de imágenes oníricas, criaturas fantásticas y paisajes surrealistas. Su obra abarca una amplia variedad de medios, incluyendo la pintura, la escultura y la grabación, y se caracteriza por su estilo único y su capacidad para evocar un sentido de misterio y asombro en el espectador. Entre sus obras más destacadas se encuentran "La tentación de San Antonio" y "La mujer 100 cabezas".

MAXXI (Museos de Arte Moderno): El Museo Nacional de las Artes del Siglo XXI, conocido como MAXXI, es un museo de arte contemporáneo ubicado en Roma, Italia. Diseñado por la arquitecta anglo-iraquí Zaha Hadid, el MAXXI fue inaugurado en 2010 y se ha convertido en un importante centro cultural en la escena artística romana. El museo alberga una amplia colección de arte contemporáneo, incluyendo pinturas, esculturas, fotografías, instalaciones y obras multimedia. MAXXI también organiza exposiciones temporales, eventos culturales y programas educativos para fomentar la participación del público en el arte contemporáneo.

Mengs (Pintura del Neoclasicismo): Anton Raphael Mengs fue un destacado pintor y teórico del arte neoclásico, nacido en 1728 en Bohemia (actual República Checa) y fallecido en 1779 en Roma. Aunque nacido en Bohemia, pasó la mayor parte de su vida en Roma y fue una figura influyente en los círculos artísticos europeos. Mengs abogó por un retorno a los principios clásicos del arte, enfatizando la importancia del dibujo, la composición y la claridad en la representación. Su estilo se caracterizaba por su elegancia clásica y su manejo magistral de la luz y la sombra. Entre sus obras más famosas se encuentran los retratos de la familia real española y el fresco "Parnaso" en el Palacio Real de Madrid.

Meninas (Obras Maestras): Es una obra maestra del pintor español Diego Velázquez, realizada en 1656. Esta pintura representa una escena de la vida cotidiana en la corte española del siglo XVII, donde la infanta Margarita Teresa, hija del rey Felipe IV, posa junto a sus sirvientes y a la propia familia del pintor. Velázquez desafía las convenciones artísticas de la época al incluirse a

sí mismo en el lienzo, pintiendo el retrato real que está creando. Las "Meninas" son una obra innovadora que juega con la percepción del espectador y continúa siendo objeto de estudio y admiración en la historia del arte.

MET (Museos Mundiales): El Museo Metropolitano de Arte, conocido como MET, es uno de los museos más grandes y prestigiosos del mundo, ubicado en la ciudad de Nueva York. Fundado en 1870, el MET alberga una impresionante colección de más de dos millones de obras de arte que abarcan más de 5.000 años de historia. Su colección incluye arte de todas las épocas y partes del mundo, desde arte antiguo egipcio y griego hasta obras maestras de la pintura europea y estadounidense, así como arte asiático, africano, islámico y mucho más.

Metal (Materiales): El metal es un material resistente y maleable que ha sido utilizado en el arte desde tiempos antiguos. Se obtiene a partir de minerales metálicos como el hierro, el cobre, el bronce, el aluminio y el acero, y se utiliza en una variedad de formas y técnicas artísticas, incluyendo la escultura, la fundición, el grabado, la soldadura y la forja. El metal ofrece una superficie brillante y duradera que puede ser pulida, texturizada, patinada y coloreada para lograr una amplia gama de efectos visuales y estilos artísticos. Su resistencia y maleabilidad lo hacen adecuado para la creación de obras de arte de gran escala y detalle, así como para la producción de objetos decorativos y funcionales.

Mezcla (Técnicas): La mezcla es una técnica fundamental en el arte que implica combinar colores, medios o materiales para crear nuevos tonos, texturas o efectos. En la pintura, la mezcla de colores permite al artista crear una paleta única y expresiva que se adapte a su visión creativa. Los artistas pueden mezclar colores en la paleta antes de aplicarlos a la superficie, o pueden mezclar los colores directamente sobre la superficie para lograr efectos de gradiente, sombreado y transición suaves. Además de la pintura, la mezcla se utiliza en una variedad de medios artísticos, como la escultura, la cerámica, la fotografía y la composición musical, para crear armonía y equilibrio en la obra final.

Miguel Ángel (Escultores): Miguel Ángel Buonarroti fue un arquitecto, escultor, pintor y poeta italiano renacentista, considerado uno de los más grandes artistas de la historia tanto por sus esculturas como por sus pinturas y obra arquitectónica. En escultura, es conocido por sus obras maestras como el David y La Piedad. Su habilidad para esculpir figuras humanas con una gran expresividad y realismo le valió reconocimiento como uno de los más grandes artistas de todos los tiempos. Además de su trabajo en la escultura, Miguel Ángel también destacó como pintor (Bóveda de la Capilla Sixtina, Crucifixión de San Pedro) y como arquitecto (Biblioteca de Laurenziana, EL Palacio de Farnese, Basílica de San Pedro del Vaticano), dejando un legado artístico que ha perdurado a lo largo de los siglos.

Millet (Pintores Realismo) (Pintores Siglo XIX): Jean-François Millet fue un influyente pintor francés del siglo XIX, asociado con el movimiento artístico del realismo. Nacido en 1814 en Gruchy, Francia, Millet es conocido por sus conmovedoras representaciones de la vida rural y la clase trabajadora, así como por su habilidad para capturar la belleza y la dignidad en escenas cotidianas de la vida campesina. Sus obras más famosas, como "Las espigadoras" y "El ángelus", reflejan su profundo compromiso con los temas sociales y su preocupación por las condiciones de los trabajadores agrícolas. Millet fue admirado por su habilidad para transmitir la atmósfera y el carácter de la vida rural, influyendo en el desarrollo del realismo y el impresionismo en el arte francés.

Minimalismo (Conceptos Artísticos) (Teorías Artísticas): El minimalismo es un movimiento artístico que surgió en la década de 1960 principalmente en las artes visuales y la música, aunque también influyó en la literatura, la danza y la arquitectura. Está caracterizado por la reducción deliberada de elementos a lo esencial, buscando simplificar la expresión artística y eliminar cualquier forma de ornamentación o narrativa superflua. Los artistas minimalistas buscan crear obras que se centren en lo esencial, utilizando formas geométricas simples, líneas limpias y colores neutros. El minimalismo se inspira en la filosofía de "menos es más", buscando transmitir ideas y emociones con la mayor economía de medios posible. A menudo se asocia con la escultura, la pintura y la arquitectura, pero también ha influido en otras formas de expresión artística, como la música y el diseño.

Miró (Artistas Surrealismo): Joan Miró fue un influyente pintor, escultor y ceramista español asociado con el movimiento surrealista. Conocido por su estilo distintivo y su enfoque en la exploración del subconsciente y la imaginación, Miró creó obras llenas de formas orgánicas, símbolos primitivos y colores vivos. Su obra abarca una amplia gama de medios, incluyendo la pintura, la escultura, la cerámica y la obra gráfica, y se caracteriza por su estilo único y su habilidad para evocar un sentido de lo misterioso y lo mágico. Entre sus obras más famosas se encuentran "El jardín de las delicias" y "La casa de los sueños".

Mitología (Géneros Literarios): La mitología es un género literario que se centra en las historias, creencias y tradiciones de un grupo cultural específico. Se basa en la narración de mitos y leyendas que explican el origen del mundo, los fenómenos naturales, los dioses y héroes, y los valores fundamentales de la sociedad. A lo largo de la historia, la mitología ha desempeñado un papel importante en la formación de identidades culturales y en la transmisión de conocimientos y valores de una generación a otra. Además de su función religiosa y cultural, la mitología también ha inspirado una amplia variedad de obras literarias, artísticas y cinematográficas que continúan influyendo en la cultura contemporánea.

Mixta (Técnicas): La técnica mixta es un enfoque artístico que combina diferentes medios o materiales en una sola obra. Puede incluir la combinación de pintura al óleo, acrílico, acuarela, collage, grabado, estampado, dibujo, texturas, objetos tridimensionales y cualquier otro material que el artista considere adecuado para lograr el efecto deseado. La técnica mixta ofrece una amplia gama de posibilidades creativas y permite al artista experimentar con la interacción entre diferentes materiales y técnicas para crear obras únicas y originales.

Moai (Esculturas Antiguas): Los Moai son monumentales estatuas de piedra que se encuentran en la isla de Pascua, conocida como Rapa Nui, en Chile. Estas esculturas representan figuras humanas con cabezas de gran tamaño y cuerpos estilizados, talladas en toba volcánica. Se cree que fueron creadas por la civilización Rapa Nui entre los siglos XIII y XVI, y sirvieron como representaciones de ancestros divinizados o líderes tribales. Los Moai son conocidos por sus enormes cabezas, algunas de las cuales alcanzan hasta 10 metros de altura, y por su característica expresión facial con ojos almendrados, narices rectas y labios finos. Son un símbolo icónico de la cultura polinesia y un importante patrimonio arqueológico mundial.

Moda (Géneros Fotográficos): La fotografía de moda se dedica a capturar y mostrar prendas de vestir, accesorios y estilos de moda en entornos creativos y atractivos. Los fotógrafos de moda trabajan en estrecha colaboración con diseñadores, modelos y estilistas para crear imágenes que destaquen la estética y el estilo de las prendas, utilizando técnicas de

iluminación, composición y dirección artística para producir fotografías impactantes y visualmente atractivas. Este género puede abarcar una amplia variedad de estilos y enfoques, desde editoriales de moda de alta gama hasta campañas publicitarias y fotografía de pasarela, y ofrece oportunidades para la experimentación y la expresión creativa.

Modelado (Arte Digital): El modelado es una técnica fundamental en el arte digital que consiste en la creación de modelos tridimensionales virtuales de objetos, personajes o escenas. Los artistas utilizan software especializado de modelado 3D para esculpir, manipular y dar forma a estos modelos, definiendo sus geometrías, texturas y materiales. El modelado se utiliza en una variedad de campos del arte digital, incluyendo la animación, los efectos visuales, los videojuegos y la impresión 3D, permitiendo a los artistas crear mundos y personajes imaginativos y realistas.

Modelado (Técnicas) (Técnicas Escultura): El modelado es una técnica tridimensional que consiste en manipular un material maleable, como arcilla, plastilina o cera, para crear formas y volúmenes. Los artistas utilizan sus manos o herramientas especializadas, como espátulas y raspadores, para moldear y esculpir el material según su visión creativa. El modelado puede ser tanto aditivo como sustractivo, lo que significa que el artista puede agregar o quitar material según sea necesario para dar forma a la obra de arte. Esta técnica es ampliamente utilizada en la escultura y la cerámica, así como en la creación de prototipos y maquetas en campos como el diseño industrial y la arquitectura.

Moderno (Épocas): La época moderna es un período de la historia que abarca desde el Renacimiento hasta finales del siglo XVIII o principios del XIX, dependiendo del contexto histórico y geográfico. Durante esta época, se produjeron importantes cambios en áreas como la política, la economía, la ciencia, la tecnología y la cultura, que sentaron las bases para la era contemporánea. El surgimiento del humanismo durante el Renacimiento marcó el comienzo de una nueva forma de pensar centrada en el individuo y el poder de la razón. La Reforma Protestante y la Contrarreforma cambiaron la cara del cristianismo en Europa, mientras que la Revolución Científica sentó las bases para el método científico moderno. La Ilustración promovió ideas de libertad, igualdad y fraternidad, que inspiraron movimientos revolucionarios en todo el mundo. La época moderna también vio el surgimiento del capitalismo y la expansión colonial europea, así como importantes avances en áreas como la medicina, la astronomía y la navegación.

MoMA (Museo de Arte Moderno) (Museos Mundiales) (Museos): El Museo de Arte Moderno, conocido comúnmente como MoMA, es uno de los museos más influyentes del mundo dedicado al arte moderno y contemporáneo. Ubicado en la ciudad de Nueva York, fue fundado en 1929 y alberga una extensa colección de pinturas, esculturas, fotografías, diseños arquitectónicos y obras de medios de comunicación, incluyendo obras maestras de artistas como Vincent van Gogh, Pablo Picasso, Jackson Pollock y Andy Warhol. El MoMA es reconocido por su papel en la promoción y el estudio del arte moderno y contemporáneo, así como por sus exposiciones innovadoras y su programa educativo.

Monet (Impresionistas): Claude Monet fue un influyente pintor francés y uno de los líderes del movimiento impresionista. Nacido el 14 de noviembre de 1840 en París, Monet es conocido por sus obras que capturan la luz y el color en la naturaleza con pinceladas sueltas y una paleta vibrante. Sus series de pinturas al aire libre, como los nenúfares en su jardín en Giverny y las

vistas de la catedral de Rouen, son algunas de sus obras más reconocidas. Monet buscaba capturar las impresiones fugaces y los efectos atmosféricos en sus lienzos, creando obras que transmiten una sensación de efervescencia y vitalidad.

Monotipo (Estilos de Grabado): El monotipo es una técnica de grabado en la que se imprime una sola copia de una imagen en una plancha de metal o vidrio. En este proceso, el artista aplica tinta o pintura sobre la superficie de la plancha, creando una composición que luego se transfiere al papel mediante presión, generalmente utilizando una prensa de grabado. Debido a su naturaleza única y no repetible, cada monotipo es una obra de arte original y singular. El monotipo es conocido por su capacidad para producir impresiones espontáneas y expresivas, y ha sido utilizado por muchos artistas para explorar la experimentación y la improvisación en el grabado.

Monumental (Técnicas Escultura): La escultura monumental se refiere a obras de arte escultórico de gran tamaño y escala, diseñadas para ocupar y dominar un espacio físico determinado. Estas obras suelen ser monumentos públicos, instalaciones al aire libre o estructuras arquitectónicas diseñadas para conmemorar eventos históricos, honrar a figuras importantes o embellecer el entorno urbano. La escala monumental permite a los artistas explorar conceptos de poder, memoria colectiva y presencia física, creando obras que inspiran asombro, reflexión y conexión con el espectador y su entorno.

Moore (Escultores): Henry Moore fue un destacado escultor británico del siglo XX, conocido por sus formas orgánicas y abstractas que exploraban temas como la figura humana, la naturaleza y el espacio negativo. Sus obras monumentales, como "Reclining Figure" y "Knife Edge Two Piece", se encuentran en colecciones de arte de todo el mundo y han dejado un legado duradero en la historia del arte moderno. Moore también fue un defensor del arte público y la educación artística, contribuyendo al enriquecimiento cultural de su época.

Morisot (Impresionistas): Berthe Morisot fue una destacada pintora francesa y una de las pocas mujeres que formaron parte del círculo impresionista. Nacida el 14 de enero de 1841 en Bourges, Francia, Morisot es conocida por sus delicadas representaciones de la vida cotidiana y sus retratos íntimos. Su obra refleja una sensibilidad única hacia la luz y el color, con pinceladas suaves y una paleta tonal. Morisot desafió las normas de género de su época al participar activamente en el movimiento impresionista y ganarse el reconocimiento como una de las grandes pintoras de su tiempo.

Móvil (Arte Cinético): Los móviles son obras de arte cinético que consisten en estructuras suspendidas que se mueven o giran en respuesta a la fuerza del viento o al movimiento del espectador. Estas esculturas están diseñadas para crear una sensación de movimiento y cambio constantes, ya sea mediante la rotación de sus elementos individuales o mediante la interacción con el entorno circundante. Los móviles pueden estar hechos de una variedad de materiales, como metal, madera o plástico, y pueden presentar formas abstractas o figurativas. Su naturaleza cambiante y dinámica los convierte en objetos de contemplación fascinantes, ya que nunca se ven exactamente igual en dos momentos diferentes.

Movimiento (Arte Cinético): El movimiento es una característica fundamental del arte cinético, que se refiere a la acción física o aparente de los elementos dentro de una obra de arte. A través del movimiento, los artistas cinéticos buscan crear una sensación de dinamismo y cambio constante, desafiando la estática de las formas tradicionales de arte. El movimiento

puede ser generado por fuerzas naturales, como el viento o la gravedad, o por medios mecánicos, como motores eléctricos o dispositivos de movimiento incorporados a la obra. Esta cualidad dinámica confiere a las obras cinéticas una sensación de vida y energía única, que evoluciona a medida que el espectador interactúa con ellas.

Munch (Artistas del Expresionismo): Edvard Munch fue un destacado pintor y grabador noruego, considerado uno de los precursores del movimiento del Expresionismo en el arte moderno. Nacido el 12 de diciembre de 1863 en Loten, Noruega, Munch es conocido principalmente por su obra maestra "El grito", una icónica representación de la angustia y la ansiedad humanas. Su estilo emotivo y evocador, caracterizado por el uso expresivo del color y las formas distorsionadas, refleja su interés en explorar temas universales como el amor, la muerte, la ansiedad y la alienación. Munch influyó significativamente en el desarrollo del arte moderno y su legado sigue siendo relevante en la actualidad.

Murakami (Artistas Pop Art Asia): Takashi Murakami es un artista japonés conocido por su estilo distintivo que combina la estética pop con elementos de la cultura tradicional japonesa y la cultura otaku. Es famoso por sus coloridas pinturas y esculturas de personajes kawaii (adorables), así como por su colaboración con marcas de moda y entretenimiento. Murakami es considerado uno de los artistas contemporáneos más influyentes de Japón y ha alcanzado un gran éxito internacional, con exposiciones en museos de todo el mundo y una base de seguidores devotos.

Mural (Arte Urbano): Los murales son obras de arte que se realizan en grandes superficies, como paredes exteriores de edificios, y a menudo forman parte del paisaje urbano. Pueden ser creados por artistas individuales o colectivos, y abarcan una amplia variedad de estilos y temas. Los murales urbanos pueden servir como una forma de embellecer y revitalizar espacios urbanos, así como de transmitir mensajes sociales, políticos o culturales. A menudo se utilizan técnicas de pintura mural para crear imágenes duraderas y resistentes a la intemperie.

Muralismo (Estilos): El muralismo es un movimiento artístico que se desarrolló principalmente en México a principios del siglo XX, liderado por artistas como Diego Rivera, David Alfaro Siqueiros y José Clemente Orozco. Se caracteriza por la creación de murales públicos de gran escala que representan temas sociales, políticos y culturales, con el objetivo de educar, inspirar y unificar a la sociedad. Los muralistas mexicanos utilizaron técnicas de pintura mural tradicionales y modernas para crear obras impactantes y accesibles para el público en general. Sus pinturas a menudo presentaban imágenes vívidas de la historia y la identidad mexicanas, así como la lucha del pueblo mexicano por la justicia social y la igualdad. El muralismo influyó en movimientos artísticos posteriores en América Latina y en todo el mundo, y su legado perdura en la promoción del arte como una herramienta para el cambio social y político.

Nacimiento de Venus (Obras Maestras): Es una de las obras maestras del pintor renacentista italiano Sandro Botticelli, creada alrededor de 1486. La pintura muestra a la diosa Venus emergiendo del mar sobre una concha, rodeada de otras figuras mitológicas como las Horas y los vientos. Botticelli logra capturar la belleza idealizada y la gracia de Venus en un entorno mítico y poético. La obra es conocida por su elegancia y su influencia en el arte posterior del Renacimiento italiano.

Naif (Estilos): El arte naif, también conocido como arte ingenuo o primitivo moderno, se refiere a un estilo artístico caracterizado por su simplicidad, ingenuidad y espontaneidad. Los artistas

naif suelen ser autodidactas y no están influenciados por las convenciones artísticas tradicionales o académicas. Sus obras suelen presentar colores brillantes, formas simples y composiciones directas, a menudo con un sentido de humor o fantasía. El arte naif tiende a reflejar la vida rural, las tradiciones folclóricas, las escenas cotidianas y los paisajes idílicos, y a menudo transmite una sensación de inocencia y alegría. Aunque a menudo se asocia con artistas amateurs, el arte naif ha sido reconocido y apreciado como una forma legítima de expresión artística.

Nara (Artistas Pop Art Asia): Yoshitomo Nara es un artista japonés conocido por sus pinturas y esculturas de niños con expresiones melancólicas y a menudo rebeldes. Sus obras a menudo exploran temas de la infancia, la identidad y la alienación en la sociedad contemporánea. Nara combina influencias del arte pop, el manga y el arte callejero para crear obras que son a la vez tiernas y perturbadoras. Su estilo distintivo y su enfoque en la figura del niño han ganado el reconocimiento internacional y han influido en una generación de artistas contemporáneos en Asia y más allá.

Naranja (Círculo Cromático): El naranja es un color secundario en el círculo cromático, resultado de la mezcla de rojo y amarillo. Se encuentra entre el rojo y el amarillo en la rueda de colores y se asocia con la energía, la vitalidad y la creatividad. En el contexto del círculo cromático, el naranja puede variar desde tonos brillantes y vibrantes hasta tonos más apagados y terrosos, y se utiliza en una variedad de aplicaciones artísticas y decorativas.

Naranja (Colores Cálidos): El naranja es un color cálido que combina la energía del rojo con la felicidad del amarillo. Se asocia comúnmente con la vitalidad, la creatividad, la alegría y la aventura. Este color evoca una sensación de calidez y entusiasmo, y se utiliza a menudo para representar la diversión y el dinamismo. En el arte y el diseño, el naranja puede añadir un toque de calidez y vitalidad a una composición. También puede simbolizar la juventud, la creatividad y la expansión. En la naturaleza, el naranja se encuentra en elementos como las hojas de otoño, las frutas cítricas y los paisajes desérticos.

Naturaleza Muerta (Géneros Artísticos): Las naturalezas muertas son composiciones artísticas que representan objetos inanimados, como frutas, flores, utensilios domésticos y otros elementos cotidianos. A menudo se organizan cuidadosamente en una disposición específica para crear una composición visualmente atractiva. Las naturalezas muertas pueden tener significados simbólicos o alegóricos, y han sido populares en el arte a lo largo de la historia, desde las pinturas del Antiguo Egipto hasta las obras contemporáneas.

Neoclásico (Estilos): El neoclasicismo fue un movimiento artístico y cultural que surgió en Europa durante el siglo XVIII, como una reacción al exceso ornamental del Barroco y el Rococó. Inspirado en los ideales del arte y la arquitectura de la Antigua Grecia y Roma, el neoclasicismo buscaba recuperar la sobriedad, la claridad y la proporción que se creía caracterizaban a las obras clásicas. Los neoclásicos se inspiraron en la razón, la lógica y la moralidad, y utilizaron formas geométricas simples, líneas rectas y motivos simétricos en sus creaciones. Este estilo se manifestó en la arquitectura, la escultura, la pintura y la literatura, y fue adoptado en toda Europa y América durante el siglo XVIII y principios del XIX.

Net Art (Movimientos Siglo XXI): El net.art, o arte en la red, es un movimiento artístico contemporáneo que se desarrolla en el contexto de Internet y las nuevas tecnologías de la comunicación. Surgido a finales del siglo XX, el net.art utiliza la red como plataforma creativa y

medio de distribución, creando obras de arte que son accesibles en línea y que a menudo exploran temas como la identidad digital, la interactividad, la globalización y la cultura de la información. Los artistas de net.art emplean una variedad de técnicas y formatos, como la programación, la manipulación de datos, la animación, el video y el diseño web, para crear obras que desafían las convenciones del arte tradicional y cuestionan las relaciones entre el arte, la tecnología y la sociedad.

New Media Art (Movimientos Siglo XXI): El New Media Art, o arte de nuevos medios, es un movimiento artístico contemporáneo que utiliza tecnologías digitales y medios de comunicación para crear obras de arte. Este movimiento surge a partir del uso cada vez más extendido de la tecnología en la sociedad moderna y busca explorar las posibilidades creativas que ofrecen los nuevos medios, como la realidad virtual, la realidad aumentada, la inteligencia artificial y la interactividad. El New Media Art desafía las convenciones del arte tradicional y redefine la relación entre el arte, la tecnología y el espectador, explorando temas como la identidad digital, la información y la experiencia inmersiva.

Noche Estrellada (Obras Maestras): "La Noche Estrellada" es una icónica pintura del artista neerlandés Vincent van Gogh, creada en 1889 durante su estancia en el hospital psiquiátrico de Saint-Rémy-de-Provence, Francia. Esta obra maestra muestra un paisaje nocturno en el que un pueblo se encuentra bajo un cielo turbulento y estrellado. Van Gogh empleó pinceladas gruesas y expresivas para capturar la energía y la belleza de la noche, creando una atmósfera de misterio y asombro. "La Noche Estrellada" es una de las obras más reconocibles e influyentes de van Gogh y es apreciada por su poder emocional y su innovadora exploración del color y la forma.

Nolde (Artistas del Expresionismo): Emil Nolde fue un destacado pintor y grabador alemán asociado con el movimiento del Expresionismo. Nacido el 7 de agosto de 1867 en Nolde, Alemania, Nolde es conocido por sus vibrantes y emotivas representaciones de paisajes, retratos y escenas religiosas. Su estilo se caracteriza por el uso audaz del color y la pincelada expresiva, que reflejan una intensa expresión emocional y una profunda conexión con la naturaleza y la espiritualidad. Nolde estuvo creando obras poderosas y provocativas hasta su muerte en 1956.

Nouveau Roman (Géneros): El Nouveau Roman, o Nueva Novela, fue un movimiento literario surgido en Francia en la década de 1950, que se caracterizaba por su rechazo a las técnicas narrativas tradicionales y su énfasis en la experimentación formal y estilística. Los escritores del Nouveau Roman exploraban la fragmentación del tiempo y el espacio, la ausencia de trama lineal y el uso de la narración en primera persona, desafiando las convenciones del realismo y la psicología de los personajes. Entre los principales exponentes de este movimiento se encuentran Alain Robbe-Grillet, Nathalie Sarraute y Marguerite Duras.

Novela (Géneros Literarios): La novela es una forma narrativa de la literatura que se caracteriza por su extensión y complejidad. Es una obra de ficción que presenta una trama elaborada, personajes bien desarrollados y un entorno detallado. A diferencia de otros géneros, como el cuento o la poesía, la novela permite una exploración más profunda de los temas y una mayor atención al desarrollo de los personajes y la trama. A lo largo de los siglos, la novela ha evolucionado para abarcar una amplia variedad de estilos y enfoques, desde la

novela de aventuras y la novela romántica hasta la novela de ciencia ficción y la novela experimental.

Obelisco (Esculturas): Un obelisco es una estructura arquitectónica tallada en piedra, generalmente monolítica y con una forma prismática y una punta piramidal en la parte superior. Los obeliscos se han erigido en diversas culturas y civilizaciones a lo largo de la historia, pero son más conocidos por su asociación con el antiguo Egipto, donde se utilizaban como monumentos conmemorativos o funerarios. Tradicionalmente, los obeliscos estaban decorados con inscripciones jeroglíficas y simbolizaban la conexión entre la Tierra y el cielo, así como la adoración al dios sol Ra. Hoy en día, los obeliscos siguen siendo elementos arquitectónicos prominentes en muchas ciudades de todo el mundo, utilizados como monumentos conmemorativos, ornamentales o de orientación.

Ocre (Colores Artísticos): El ocre es un color terroso y cálido que varía desde tonos amarillos hasta marrones y rojos. Se deriva de minerales de arcilla ricos en óxidos de hierro y ha sido utilizado por diversas culturas a lo largo de la historia como pigmento para la pintura y el tinte de textiles. En el arte, el ocre se utiliza para representar la tierra, el paisaje y la naturaleza, así como para agregar profundidad y textura a una composición. Es un color asociado con la calidez, la estabilidad y la conexión con la tierra.

Oldenburg (Artistas Pop Art): Claes Oldenburg es un reconocido artista sueco-estadounidense conocido por sus esculturas de gran tamaño que representan objetos comunes y cotidianos. Utilizando materiales como lona, vinilo y espuma, Oldenburg crea representaciones humorísticas y exageradas de objetos como hamburguesas, zapatos y elementos arquitectónicos. Su trabajo desafía las nociones de belleza y monumentalidad en el arte, y ha tenido una gran influencia en el arte público y la escultura contemporánea.

Óleo (Materiales Pintura): El óleo es un tipo de pintura que utiliza aceites como aglutinante para los pigmentos. Es una técnica muy versátil que se ha utilizado ampliamente desde el Renacimiento europeo. Los óleos se caracterizan por su consistencia densa y su capacidad de mezcla y superposición de colores. Los artistas pueden trabajar en capas para crear efectos de profundidad y luminosidad, y el secado lento del óleo permite ajustes y correcciones durante el proceso de pintura. Los óleos se aplican generalmente sobre lienzos preparados con imprimación, aunque también se pueden utilizar sobre madera u otros soportes.

Ópalo (Colores. Naturaleza): El ópalo es una gema preciosa conocida por su iridiscencia y su amplia gama de colores que van desde el blanco lechoso hasta el negro, pasando por una variedad de tonos pastel y brillantes destellos de color. Este colorido espectro se inspira en las capas de sílice y agua que componen esta piedra preciosa, creando efectos ópticos únicos que cambian con la luz. En la naturaleza, el ópalo se encuentra en depósitos minerales y rocas sedimentarias, y se asocia con la creatividad, la inspiración y la imaginación. Su belleza multicolor lo convierte en una elección popular en joyería y decoración.

OpArt (Arte Cinético): El Op Art, abreviatura de "arte óptico", es un movimiento artístico que surgió en la década de 1960. Se caracteriza por la creación de ilusiones ópticas y efectos visuales que desafían la percepción del espectador. A través del uso de formas geométricas, patrones repetitivos y contrastes de color y tono, los artistas Op Art logran crear obras que parecen vibrar, moverse o cambiar de forma cuando son observadas. Estas ilusiones ópticas pueden provocar una sensación de movimiento o profundidad en una superficie plana,

desafiando la realidad y cuestionando la naturaleza de la percepción visual. El Op Art alcanzó su apogeo en la década de 1960, influyendo en el diseño gráfico, la moda y la arquitectura contemporánea. Los artistas de Op Art, como Bridget Riley y Victor Vasarely, empleaban patrones geométricos, líneas onduladas y colores contrastantes para crear obras que parecían vibrar, moverse o cambiar ante la mirada del espectador.

Óxido (Colores Artísticos): El óxido es un color terroso que se forma como resultado de la oxidación del hierro, creando tonos anaranjados o marrones rojizos. En el contexto artístico, el óxido se ha utilizado para representar la textura y la pátina en superficies metálicas en obras de arte contemporáneo e incluso en técnicas de pintura donde se busca representar la decadencia o la naturaleza envejecida de los objetos. Este color evoca una sensación de antigüedad y rusticidad, a menudo utilizado para agregar profundidad y carácter a una composición artística.

Paisaje (Géneros Artísticos): Los paisajes son representaciones artísticas de la naturaleza, que pueden incluir montañas, ríos, árboles, cielos y otros elementos geográficos y atmosféricos. Los artistas a menudo buscan capturar la belleza y la serenidad de la naturaleza, así como transmitir emociones y estados de ánimo a través de sus obras. Los paisajes pueden ser realistas o abstractos, y se han representado en una variedad de medios, incluyendo la pintura, la fotografía, la escultura y la instalación.

Paisaje (Géneros Fotográficos): El paisaje fotográfico se enfoca en capturar la belleza y la serenidad de la naturaleza, desde vastas extensiones de montañas y valles hasta la delicadeza de una flor en primer plano. Los fotógrafos de paisajes buscan transmitir la grandeza y la majestuosidad de los entornos naturales, utilizando técnicas de composición, iluminación y enfoque para crear imágenes impactantes y evocadoras. La fotografía de paisajes puede incluir tanto escenas amplias y panorámicas como detalles íntimos y cercanos, y puede abarcar una amplia variedad de temas, desde la vida silvestre y los fenómenos atmosféricos hasta la interacción entre la luz y la sombra. Es un género muy apreciado tanto por fotógrafos aficionados como profesionales, y puede ser una fuente de inspiración y contemplación para quienes admiran la naturaleza.

Paleta (Instrumentos Arte): La paleta es una superficie plana, generalmente de madera, plástico o vidrio, que se utiliza para mezclar y contener los colores de pintura durante el proceso creativo. Los artistas disponen los pigmentos en la paleta y los mezclan según sea necesario para obtener la paleta de colores deseada antes de aplicarlos al lienzo o al papel. La paleta puede tener una disposición organizada de colores o ser una mezcla caótica de tonos, dependiendo de las preferencias y el estilo del artista.

Parnasianismo (Géneros): El parnasianismo fue un movimiento poético surgido en la segunda mitad del siglo XIX, que se caracterizaba por su búsqueda de la perfección formal y el cultivo de la belleza objetiva en la poesía. Los parnasianos rechazaban el sentimentalismo y el subjetivismo romántico, y en su lugar enfatizaban la precisión del lenguaje, la musicalidad de los versos y la descripción objetiva de la realidad. Inspirados en la mitología clásica y en la naturaleza, los poetas parnasianos buscaban crear obras poéticas que fueran elegantes, equilibradas y refinadas en su estilo.

Pastel (Técnicas) (Técnicas Dibujo): El pastel es una técnica de dibujo y pintura que utiliza barras de pigmento comprimido para crear obras de arte. Estas barras de pigmento están compuestas principalmente de pigmentos en polvo y una pequeña cantidad de aglutinante, lo

que les confiere una textura suave y cremosa. Los pasteles se aplican sobre papel especial para pastel o cartulina con trazos suaves y delicados, permitiendo mezclas y superposiciones de colores para lograr una amplia gama de efectos artísticos. La técnica del pastel es apreciada por su luminosidad, sus colores vibrantes y su capacidad para capturar detalles sutiles en retratos, paisajes y naturalezas muertas. También lo es por su capacidad para mezclarse y difuminarse en la superficie del papel.

Patchwork (Técnicas Arte Textil): El patchwork es una técnica textil que implica unir piezas de tela de diferentes formas, tamaños y colores para crear diseños decorativos o patrones. Estas piezas de tela se cosen juntas utilizando técnicas de costura, como el pespunte o la aplicación, para formar un diseño cohesivo. El patchwork se utiliza comúnmente en la creación de colchas, almohadones, tapices y otras obras textiles decorativas. Es una técnica versátil que permite una amplia gama de posibilidades creativas y puede incorporar elementos de bordado, acolchado y otras técnicas de decoración textil.

Perspectiva (Conceptos Artísticos): La perspectiva en el arte se refiere a la representación visual de la profundidad y la distancia en una imagen bidimensional para crear la ilusión de espacio tridimensional. Se basa en el principio de que los objetos parecen más pequeños a medida que se alejan y convergen en un punto de fuga en el horizonte. La perspectiva puede ser lineal, atmosférica o cromática, y se utiliza para dar sensación de profundidad y volumen a una composición. El dominio de la perspectiva es fundamental para crear obras de arte realistas y convincentes, aunque también puede ser subvertido o distorsionado con fines expresivos o estilísticos en el arte contemporáneo.

Pincel (Instrumentos Arte): El pincel es una herramienta esencial en la práctica artística, especialmente en la pintura. Consiste en un mango largo y delgado con cerdas en uno de sus extremos, que pueden ser naturales (como pelo de animal) o sintéticas. Los pinceles vienen en una variedad de formas y tamaños, cada uno adecuado para diferentes técnicas y estilos de pintura. Se utilizan para aplicar pigmentos sobre una superficie, permitiendo al artista crear trazos, líneas y detalles con precisión y control.

Pissarro (Impresionistas): Camille Pissarro fue un influyente pintor danés-francés y uno de los fundadores del movimiento impresionista. Nacido el 10 de julio de 1830 en Saint-Thomas, en las Islas Vírgenes danesas, Pissarro es conocido por sus paisajes urbanos y rurales que capturan la vida cotidiana en Francia durante el siglo XIX. Su técnica distintiva incluía pinceladas sueltas y una paleta de colores vibrantes, y su enfoque en la representación de la luz y el color influyó en sus contemporáneos y en las generaciones posteriores de artistas. Pissarro también fue un mentor para muchos de los artistas impresionistas más jóvenes, y su obra contribuyó significativamente al desarrollo del arte moderno.

Pluma (Técnicas Dibujo): La pluma es un instrumento de dibujo que utiliza tinta líquida como medio de marcado. Viene en una variedad de estilos y puntas, incluyendo plumas de punta fina para líneas precisas y plumas de punta ancha para trazos más anchos y expresivos. La pluma se utiliza comúnmente en técnicas de dibujo como el trazo de contornos, el sombreado y la creación de texturas, y es apreciada por su capacidad para crear líneas limpias y definidas con un flujo de tinta uniforme.

Poesía (Géneros Literarios): La poesía es una forma de expresión artística que utiliza el lenguaje para evocar emociones, transmitir ideas y explorar temas profundos. Se caracteriza

por su uso creativo del ritmo, la métrica, la estructura y las figuras retóricas, como la metáfora y la aliteración. A lo largo de la historia, la poesía ha abordado una amplia gama de temas, desde el amor y la naturaleza hasta la política y la espiritualidad, y ha sido apreciada por su belleza estética y su capacidad para conmover al lector.

Polímero (Materiales): Los polímeros son macromoléculas formadas por la unión de unidades de repetición más pequeñas llamadas monómeros. Son ampliamente utilizados en una variedad de aplicaciones, incluidas las artes plásticas y la escultura contemporánea. Los polímeros se pueden moldear, fundir, esculpir y colorear fácilmente, lo que permite a los artistas y diseñadores crear una amplia gama de obras de arte tridimensionales con diferentes texturas, formas y colores. Los polímeros se utilizan en la creación de esculturas modernas, instalaciones artísticas, joyería contemporánea y una variedad de objetos decorativos y funcionales.

Pollock (Artistas del Siglo XX): Jackson Pollock fue un influyente pintor estadounidense asociado con el movimiento del expresionismo abstracto. Es conocido por su técnica de acción o gestual, en la que arrojaba y goteaba pintura sobre lienzos dispuestos en el suelo, creando obras de gran energía y dinamismo. Pollock fue pionero en la exploración del automatismo y la liberación del gesto artístico, influyendo significativamente en el desarrollo del arte contemporáneo.

Pompidou (Museos Arte Moderno): El Centro Nacional de Arte y Cultura Georges Pompidou, comúnmente conocido como Centre Pompidou o simplemente Pompidou, es un centro cultural ubicado en París, Francia. Inaugurado en 1977, es conocido por su arquitectura distintiva, que expone sus tuberías, conductos y escaleras en el exterior del edificio. Alberga una vasta colección de arte moderno y contemporáneo, incluyendo obras de artistas como Picasso, Matisse, Duchamp, Kandinsky, y muchos otros. Además de sus colecciones permanentes, el Pompidou organiza exposiciones temporales, eventos culturales y programas educativos.

Pop (Géneros Musicales): El pop es un género musical que se caracteriza por su accesibilidad, su enfoque en la melodía y su amplio atractivo para audiencias masivas. Surgió en la década de 1950 como una forma de música popular destinada a llegar a un público amplio, y desde entonces ha sido una de las formas dominantes de música popular. El pop abarca una amplia variedad de estilos y subgéneros, desde el pop tradicional hasta el pop electrónico, el pop rock, el synth-pop y el indie pop, entre otros. Se distingue por su énfasis en las canciones pegadizas, las letras simples y directas, y la producción elaborada.

Pop (Movimientos Artísticos): Pop Art fue un movimiento artístico que surgió en el Reino Unido y Estados Unidos en la década de 1950 y alcanzó su apogeo en la década de 1960. Este movimiento se caracterizaba por su enfoque en la cultura popular y el consumismo, utilizando imágenes y técnicas de la publicidad y los medios de comunicación de masas. Los artistas pop como Andy Warhol, Roy Lichtenstein y Claes Oldenburg crearon obras que celebraban objetos cotidianos, celebridades y temas de la cultura popular, cuestionando las ideas tradicionales sobre el arte y la sociedad.

Posmodernismo (Géneros): El posmodernismo es un movimiento literario y cultural que surgió en la segunda mitad del siglo XX como reacción al modernismo y a las grandes narrativas de la época. Se caracteriza por su escepticismo hacia las metanarrativas, su enfoque en la multiplicidad de perspectivas y su interés por la hibridación de géneros y estilos. En la literatura

posmoderna, se exploran temas como la relatividad de la verdad, la fragmentación de la identidad y la intertextualidad, utilizando técnicas como la parodia, la ironía y la metaficción para cuestionar las formas establecidas de conocimiento y representación.

Posmodernismo (Teorías Artísticas): El posmodernismo es un término que se utiliza para describir un amplio y variado conjunto de movimientos y tendencias artísticas que surgieron a finales del siglo XX y principios del XXI, como reacción al modernismo y a las grandes narrativas de la época. A diferencia del modernismo, que buscaba romper con las tradiciones y explorar nuevas formas de expresión, el posmodernismo se caracteriza por su actitud irónica y escéptica hacia las grandes narrativas y los conceptos de verdad absoluta y progreso. Los artistas posmodernistas tienden a adoptar una actitud de apropiación, reinterpretación y collage, mezclando libremente diferentes estilos y referencias culturales para crear obras que desafían las normas establecidas y cuestionan la autoridad del arte y la cultura dominantes.

Poussin (Pintores Barrocos): Nicolas Poussin, nació el 15 de junio de 1594 en Les Andelys, Francia, y falleció el 19 de noviembre de 1665 en Roma, Italia. Fue uno de los principales pintores del clasicismo francés y su obra se caracteriza por su rigor intelectual, su composición cuidadosamente estructurada y su atención al detalle histórico y mitológico. Poussin es conocido por sus paisajes serenos y sus escenas mitológicas, destacándose obras como "El rapto de las sabinas" y "Éxtasis de San Pablo".

Prado (Museos Mundiales): El Museo del Prado es uno de los museos de arte más importantes del mundo, ubicado en Madrid, España. Fundado en 1819, cuenta con una extensa colección de pinturas europeas desde el siglo XII hasta el siglo XIX. Es conocido por su amplia colección de arte europeo, especialmente de artistas españoles como Velázquez, Goya y El Greco, así como de maestros europeos como Rubens, Tiziano y Rembrandt. Entre las obras más famosas del Prado se encuentran Las Meninas de Velázquez, El tres de mayo de 1808 de Goya y La rendición de Breda de Velázquez. El museo cuenta con más de 8000 pinturas en su colección, así como una importante selección de esculturas, dibujos y grabados. El Museo del Prado es reconocido por su amplia colección de obras maestras, así como por su labor en la investigación, conservación y difusión del arte.

Programación (Arte Digital): La programación es una habilidad clave en el arte digital, ya que permite a los artistas crear herramientas, aplicaciones y sistemas interactivos para la creación y presentación de obras de arte. Los artistas programadores utilizan lenguajes de programación como JavaScript, Python y Processing para desarrollar software personalizado que amplíe las capacidades de los programas de diseño y renderizado, así como para crear instalaciones interactivas, experiencias de realidad virtual y arte generativo. La programación es una herramienta poderosa en el arsenal del artista digital, que permite la exploración de nuevas formas de expresión y la integración de tecnología en la práctica artística.

Proporción (Diseño Gráfico): La proporción en el diseño gráfico se refiere a la relación entre diferentes partes de una composición en términos de tamaño, forma y escala. Se utiliza para crear armonía visual y equilibrio dentro de un diseño, asegurando que los elementos se relacionen de manera estéticamente agradable y efectiva. La proporción se puede manipular para enfatizar ciertos elementos, crear énfasis visual o mejorar la legibilidad y la comprensión del diseño. Un uso adecuado de la proporción ayuda a crear una experiencia visual equilibrada y atractiva para el espectador.

Proximidad (Diseño Gráfico): La proximidad en el diseño gráfico se refiere a la agrupación de elementos visuales relacionados o similares dentro de una composición. Al organizar elementos cercanos entre sí, se establece una relación visual que indica su asociación o conexión conceptual. La proximidad es una herramienta importante para organizar la información de manera clara y efectiva, ya que ayuda a agrupar elementos relacionados y a distinguirlos de otros elementos dentro de un diseño. Al mantener elementos relacionados juntos y separarlos de otros elementos mediante espacios vacíos o cambios en la proximidad, se mejora la legibilidad y la comprensión del diseño.

Puntaseca (Estilos de Grabado): La puntaseca, también conocida como grabado en seco, es una técnica de grabado que implica el uso de una punta afilada o un buril para grabar directamente sobre una plancha de metal (generalmente cobre) sin la aplicación de ácido. En este proceso, el artista crea líneas y texturas incisas en la superficie del metal, que luego retendrán la tinta para la impresión. La puntaseca es conocida por su capacidad para producir grabados con líneas finas y detalles delicados, y ha sido utilizada por muchos artistas para crear obras de arte gráfico con un alto grado de precisión y expresión.

Quilting (Técnicas Arte Textil): El quilting es una técnica de costura que consiste en unir varias capas de tela con un relleno intermedio para crear una superficie acolchada. Se utiliza comúnmente en la confección de colchas, almohadas y tapices, y puede realizarse a máquina o a mano con una variedad de puntadas decorativas.

Rafael (Artistas del Renacimiento): Rafael, cuyo nombre completo era Raffaello Sanzio da Urbino, fue uno de los artistas más influyentes del Renacimiento italiano. Nacido en 1483 en Urbino, Italia, Rafael demostró un talento excepcional desde una edad temprana y se convirtió en un maestro consumado en varias disciplinas artísticas, incluida la pintura, la arquitectura y el dibujo. Es conocido por su habilidad para representar la belleza idealizada, la armonía y la gracia en sus obras, así como por su capacidad para capturar la expresión emocional y la profundidad psicológica de sus personajes. Entre sus obras más famosas se encuentran "La escuela de Atenas", "La Virgen del Jardín" y "La Madonna Sixtina". Rafael falleció prematuramente a la edad de 37 años, pero su legado perdura como uno de los grandes maestros del Renacimiento.

Ralph Goings (Arte Hiperrealismo): Ralph Goings fue un destacado pintor estadounidense asociado con el movimiento del hiperrealismo. Es conocido por sus meticulosas pinturas al óleo de escenas urbanas y naturalezas muertas, que capturan la realidad con una precisión sorprendente. Goings se inspiraba en la estética de la cultura estadounidense y sus obras a menudo representan diners, coches y otros elementos icónicos de la vida cotidiana en Estados Unidos. Su enfoque detallado y su dominio del color y la luz lo convierten en uno de los exponentes más influyentes del hiperrealismo.

Rascado (Técnicas): El rascado es una técnica artística que implica el uso de herramientas puntiagudas o afiladas para eliminar selectivamente capas de material de una superficie, revelando así áreas subyacentes o creando texturas y detalles. Esta técnica se puede utilizar en una variedad de medios, como pintura, dibujo y grabado. En la pintura, el rascado se emplea para eliminar pintura seca de la superficie y revelar capas inferiores de color, mientras que en el dibujo, se utiliza para crear líneas y detalles precisos. En el grabado, el rascado se utiliza para

tallar líneas y patrones en una placa de metal o madera, que luego se entinta y se imprime en papel para producir una obra de arte impresa.

Rauschenberg (Artistas Pop Art): Robert Rauschenberg fue un influyente artista estadounidense asociado con el movimiento del pop art y el arte contemporáneo. Conocido por su enfoque ecléctico y experimental, Rauschenberg trabajó en una variedad de medios, incluyendo pintura, escultura, fotografía y collage. Sus obras a menudo combinan elementos visuales y materiales encontrados, explorando la intersección entre el arte y la vida cotidiana. Rauschenberg desafió las convenciones del arte tradicional y abogó por una mayor libertad y experimentación en la práctica artística.

Ray (Artistas Dadaísmo): Man Ray fue un destacado fotógrafo, pintor y cineasta estadounidense asociado con el movimiento del dadaísmo y el surrealismo. Nacido en Filadelfia, Man Ray se trasladó a París, donde se convirtió en una figura prominente en los círculos artísticos de vanguardia. Es conocido por sus innovadoras técnicas fotográficas, como el rayograma (fotografía sin cámara) y la solarización, que desafiaron las convenciones de la fotografía tradicional. Su trabajo abarcó una variedad de medios, desde la fotografía experimental hasta la pintura y el cine, y tuvo un impacto duradero en el arte del siglo XX.

Realidad Virtual (Arte Digital): La realidad virtual (RV) es una tecnología que permite a los usuarios sumergirse en entornos virtuales tridimensionales generados por ordenador. En el arte digital, la realidad virtual se utiliza como una forma de crear experiencias inmersivas y participativas, donde los espectadores pueden explorar e interactuar con obras de arte en entornos virtuales. Los artistas utilizan herramientas de desarrollo de realidad virtual para crear mundos y experiencias digitales únicas, que pueden incluir desde instalaciones artísticas interactivas hasta recorridos virtuales por galerías y museos.

Realismo (Estilos Artísticos) (Estilos) (Movimientos): El realismo es un movimiento artístico que surge en el siglo XIX, especialmente en Francia, como reacción al romanticismo y se caracteriza por representar fielmente la realidad sin idealizaciones ni exageraciones. Los artistas realistas se esfuerzan por retratar la vida cotidiana, los paisajes y las personas de manera precisa y detallada, buscando capturar la verdad objetiva y social de su tiempo. Este enfoque se refleja tanto en la pintura como en la literatura y la escultura, y tiene un profundo impacto en el arte moderno al desafiar las convenciones estéticas previas y promover una representación más honesta y directa del mundo. El realismo tuvo un impacto duradero en el arte moderno y se considera un precursor importante de movimientos como el impresionismo y el naturalismo. Entre los destacados artistas realistas se encuentran Gustave Courbet, Jean-François Millet y Honoré Daumier.

Realismo del Norte (Renacimiento): El Realismo del Norte, también conocido como Primitivismo Flamenco, fue un movimiento artístico que se desarrolló en los Países Bajos durante el Renacimiento, especialmente en el siglo XV. Se caracterizó por una representación detallada y realista de la naturaleza y la vida cotidiana, así como por una atención meticulosa a los detalles y la textura. Los artistas del Realismo del Norte, como Jan van Eyck y Rogier van der Weyden, fueron pioneros en el uso de la pintura al óleo, lo que les permitió crear obras de gran luminosidad y profundidad. Este movimiento tuvo una profunda influencia en el desarrollo del arte europeo y sentó las bases para el surgimiento de la pintura de género y el retrato en los siglos posteriores.

Realismo Mágico (Géneros): El realismo mágico es un género literario que combina elementos de la realidad cotidiana con elementos fantásticos o mágicos de manera natural y coherente. Surgido en América Latina en el siglo XX, el realismo mágico se caracteriza por su representación detallada de la vida cotidiana, combinada con la presencia de elementos sobrenaturales o extraordinarios que se aceptan como parte integral del mundo narrativo. Autores como Gabriel García Márquez, Isabel Allende y Jorge Luis Borges son conocidos por su uso del realismo mágico para explorar temas como la identidad, la memoria y la historia de América Latina.

Realismo Social (Movimientos): El Realismo Social fue un movimiento artístico que surgió en la primera mitad del siglo XX y que se centró en representar las condiciones sociales y económicas de la clase trabajadora y los problemas políticos y sociales de la época. Los artistas del Realismo Social utilizaron su arte como una herramienta para la crítica social y la denuncia de la injusticia, la desigualdad y la explotación. Buscaban reflejar la vida de las clases populares y dar voz a los marginados y oprimidos. Algunos de los principales exponentes del Realismo Social fueron Diego Rivera, David Alfaro Siqueiros y José Clemente Orozco.

Reina Sofía (Museo Nacional Centro de Arte Reina Sofía): El Museo Nacional Centro de Arte Reina Sofía, conocido como el Reina Sofía, es un museo de arte moderno y contemporáneo ubicado en Madrid, España. Inaugurado en 1992, el museo está dedicado principalmente al arte español del siglo XX, con una colección que incluye obras de artistas como Pablo Picasso, Salvador Dalí, Joan Miró y Juan Gris. Además de su destacada colección permanente, el Reina Sofía es conocido por albergar el famoso cuadro de Picasso "Guernica", así como por sus exposiciones temporales y actividades educativas.

Relieve (Técnicas Escultura): El relieve es una técnica escultórica en la que las formas tridimensionales se esculpen en una superficie plana, creando una sensación de profundidad sin llegar a ser completamente independientes del fondo. Esta técnica puede variar desde relieves de bajo relieve, donde las formas apenas sobresalen de la superficie, hasta altorrelieves, donde las figuras están más prominentemente esculpidas. El relieve se utiliza comúnmente en la decoración arquitectónica, monumentos conmemorativos y obras de arte decorativas, y puede realizarse en una variedad de materiales, incluyendo piedra, metal, madera o yeso.

Rembrandt (Pintores Barrocos) (Artistas del Barroco): Rembrandt Harmenszoon van Rijn, destacado pintor, grabador y dibujante neerlandés del periodo barroco, nació el 15 de julio de 1606 en Leiden, Países Bajos, y falleció el 4 de octubre de 1669 en Ámsterdam, Países Bajos. Rembrandt es uno de los artistas más importantes del Siglo de Oro neerlandés y uno de los más grandes maestros del arte europeo. Conocido por su habilidad para retratar la humanidad en toda su complejidad emocional, Rembrandt creó obras icónicas como "La ronda de noche", "Autorretrato con Saskia" y "Lección de anatomía del Dr. Nicolaes Tulp". Su uso magistral del claroscuro y su técnica innovadora influyeron en generaciones posteriores de artistas.

Renacimiento (Épocas): El Renacimiento fue un período de renovación cultural, artística y científica que tuvo lugar en Europa occidental entre los siglos XIV y XVI. Se caracterizó por un resurgimiento del interés en la cultura clásica grecolatina, así como por el desarrollo de nuevas ideas y formas de expresión en áreas como el arte, la literatura, la ciencia y la filosofía. Durante el Renacimiento, hubo importantes avances en la pintura, la escultura y la arquitectura, con

artistas como Leonardo da Vinci, Miguel Ángel y Rafael creando obras maestras que reflejaban una nueva preocupación por la observación de la naturaleza y la representación realista del mundo. Además, el Renacimiento marcó el comienzo de la era moderna, con importantes cambios sociales, económicos y políticos que sentaron las bases para el mundo moderno.

Renacimiento (Estilos Artísticos): El Renacimiento fue un movimiento cultural que surgió en Europa en los siglos XIV y XV. Se caracterizó por un renacer del interés en la cultura clásica de la antigua Grecia y Roma. En el arte, se destacó por un enfoque en la representación realista de la figura humana, la perspectiva, la proporción y la profundidad. Los artistas renacentistas más destacados incluyen a Leonardo da Vinci, Miguel Ángel y Rafael.

Renderización (Arte Digital): La renderización es el proceso de generar una imagen digital a partir de modelos tridimensionales utilizando software de renderizado. Esta técnica es ampliamente utilizada en la industria del arte digital y la animación para crear imágenes realistas de objetos, personajes y escenas virtuales. Los programas de renderizado utilizan algoritmos y técnicas de iluminación, sombreado y texturización para calcular el aspecto final de la imagen, incluyendo la apariencia de los materiales, la reflexión de la luz y las sombras. La renderización es un paso crucial en la producción de arte digital y animación, ya que determina la calidad visual y el realismo de la imagen final.

Renoir (Impresionistas): Pierre-Auguste Renoir fue un prominente pintor francés y uno de los principales exponentes del movimiento impresionista. Nacido el 25 de febrero de 1841 en Limoges, Francia, Renoir es conocido por sus obras que celebran la belleza y la vitalidad de la vida cotidiana, especialmente retratos femeninos, escenas al aire libre y paisajes florales. Sus pinceladas sueltas y su uso hábil del color capturan la luz y el movimiento de una manera distintiva. Renoir desarrolló un estilo distintivo que combinaba la delicadeza y la sensualidad, y su obra influyó en el desarrollo del arte moderno.

Repetición (Diseño Gráfico): La repetición en el diseño gráfico se refiere al uso deliberado de elementos visuales recurrentes dentro de una composición. Estos elementos pueden incluir formas, colores, patrones, imágenes o tipografía. La repetición es una técnica efectiva para unificar un diseño, crear cohesión visual y establecer un ritmo o patrón perceptible. Al repetir ciertos elementos a lo largo de un diseño, se refuerza su presencia y se establece una conexión visual entre diferentes partes de la composición, lo que contribuye a la claridad y la coherencia del diseño.

Repin (Pintores Realismo): Ilya Repin fue un destacado pintor ruso del siglo XIX, asociado con el movimiento artístico del realismo y considerado uno de los artistas más importantes de la pintura rusa. Nacido en 1844 en Chugúyev, Ucrania, Repin es conocido por sus pinturas históricas, retratos y escenas de la vida rusa, que capturan la profundidad emocional y la autenticidad del pueblo ruso. Sus obras más famosas, como "Los cosacos escribiendo una carta al Sultán turco" y "La aparición del falso Dmítri", reflejan su habilidad para combinar la narrativa histórica con un realismo vívido y una rica paleta de colores. Repin fue admirado por su dominio técnico y su capacidad para transmitir la complejidad psicológica de sus personajes, convirtiéndose en uno de los principales exponentes del realismo en Rusia.

Resina (Materiales): La resina es un material sintético o natural que se utiliza en diversas formas en el arte contemporáneo. En su forma sintética, la resina epoxi es especialmente popular debido a su versatilidad, resistencia y transparencia. Se utiliza para crear esculturas,

obras de arte en relieve, pinturas en capas y aplicaciones de acabado en una amplia gama de contextos artísticos. La resina se vierte en moldes para crear formas tridimensionales y se puede colorear, pigmentar o combinar con otros materiales como madera, metal o fibra de vidrio para lograr efectos visuales únicos. Su capacidad para encapsular objetos y crear efectos de profundidad y transparencia la hace especialmente adecuada para obras de arte contemporáneo que exploran temas de luz, color y textura.

Retrato (Géneros Artísticos): Los retratos son obras artísticas que representan a una persona o grupo de personas. A lo largo de la historia del arte, los retratos han sido una forma popular de expresión, desde las pinturas clásicas de la nobleza hasta las fotografías contemporáneas de individuos comunes. Estas obras pueden variar en estilo y técnica, capturando la apariencia física, la personalidad y el carácter emocional de los sujetos.

Retrato (Géneros Fotográficos): El retrato fotográfico es una de las formas más antiguas y populares de fotografía, que se centra en capturar la imagen de una persona o grupo de personas. En el retrato, el fotógrafo busca resaltar la personalidad, el carácter y la expresión del sujeto, utilizando técnicas de iluminación, composición y enfoque para transmitir emociones y contar historias. Los retratos pueden ser formales o informales, y pueden incluir primeros planos, planos medios o planos generales, dependiendo del estilo y la intención del fotógrafo. Este género fotográfico es ampliamente utilizado en el arte, la moda, la publicidad y el periodismo, y puede ser tanto una forma de documentar la realidad como una expresión artística.

Richard Estes (Arte Hiperrealismo): Richard Estes es un destacado pintor estadounidense conocido por sus pinturas hiperrealistas de paisajes urbanos y escenas de la vida cotidiana. Utilizando una técnica meticulosa de múltiples capas, Estes crea imágenes que parecen fotografías en su precisión y detalle. Sus obras a menudo capturan reflejos y juegos de luz que evocan una sensación de realidad y movimiento. Estes es considerado uno de los principales exponentes del hiperrealismo y ha influido en numerosos artistas contemporáneos con su enfoque distintivo.

Ritmo (Diseño Gráfico): El ritmo en el diseño gráfico se refiere a la repetición regular o alternancia de elementos visuales para crear una sensación de movimiento o flujo en una composición. Puede ser uniforme, regular, irregular o aleatorio, y se logra mediante la repetición de formas, colores, patrones, texturas o líneas a lo largo de un diseño. El ritmo ayuda a mantener el interés del espectador y a guiar su mirada a través del diseño de manera fluida y natural, creando una sensación de cohesión y armonía en toda la composición.

Robert Bechtle (Arte Hiperrealismo): Robert Bechtle fue un destacado pintor estadounidense conocido por sus representaciones hiperrealistas de suburbios y paisajes urbanos de California. Utilizando la técnica del óleo sobre lienzo, Bechtle capturaba con precisión fotográfica escenas aparentemente mundanas pero cargadas de significado cultural. Sus obras a menudo exploraban la relación entre la realidad y la representación, desafiando al espectador a reflexionar sobre la naturaleza de la percepción y la memoria.

Rock (Géneros Musicales): El rock es un género musical que se originó en la década de 1950 en Estados Unidos y se convirtió en un fenómeno cultural global. Se caracteriza por su uso dominante de la guitarra eléctrica, el bajo y la batería, así como por sus fuertes ritmos y letras centradas en temas como el amor, la rebeldía, la política y la identidad juvenil. El rock ha

evolucionado a lo largo de las décadas, dando lugar a numerosos subgéneros como el rock and roll, el rock psicodélico, el hard rock, el heavy metal, el punk rock, el grunge y muchos más. Ha sido una fuerza poderosa en la música popular y ha influido en una amplia gama de estilos musicales.

Rococó (Movimientos Artísticos): es un estilo artístico desarrollado en Europa durante los siglos XVIII y XIX, caracterizado por su elegancia, ornamentación exuberante y temas frívolos. El Rococó se distingue por su uso de líneas curvas, colores pastel y elementos decorativos como lazos, conchas y follaje. Este estilo refleja la opulencia y la sofisticación de la aristocracia de la época, siendo especialmente prominente en la decoración de interiores, la arquitectura y las artes visuales.

Rodin (Escultores): Auguste Rodin fue un influyente escultor francés del siglo XIX, considerado uno de los precursores del movimiento modernista en la escultura. Su estilo innovador y su enfoque en la representación realista del cuerpo humano le valieron reconocimiento internacional. Rodin es famoso por obras como "El Pensador" y "El Beso", que exploran temas universales como el amor, la pasión y la introspección. Su técnica escultórica, que enfatizaba la textura y el movimiento, influyó en generaciones posteriores de artistas y sigue siendo una fuente de inspiración en el mundo del arte contemporáneo.

Rojo (Círculo Cromático): El rojo es un color primario en el círculo cromático, situado entre el naranja y el violeta. Es una tonalidad cálida que se asocia con la energía, la pasión y la vitalidad. En el contexto del círculo cromático, el rojo puede utilizarse para crear contrastes vibrantes y armonías complementarias con colores como el verde y el azul.

Rojo (Colores Cálidos): El rojo es un color cálido que se encuentra en el extremo más vibrante del espectro visible. Se asocia comúnmente con el calor, la pasión, la energía y la vitalidad. Este color puede evocar una amplia gama de emociones, desde el amor y la pasión hasta la ira y la intensidad. En el arte y el diseño, el rojo se utiliza a menudo para llamar la atención y crear un punto focal poderoso. También puede simbolizar el peligro, la fuerza y la urgencia. En la naturaleza, el rojo está presente en elementos como las flores, las frutas maduras y los atardeceres ardientes.

Romántico (Épocas): El Romanticismo fue un movimiento cultural y artístico que se desarrolló en Europa occidental a finales del siglo XVIII y principios del XIX como una reacción contra el racionalismo de la Ilustración y las restricciones del neoclasicismo. Se caracterizó por un énfasis en la emoción, la imaginación y la individualidad, así como por una fascinación por lo exótico, lo misterioso y lo sobrenatural. Los artistas románticos buscaban expresar la experiencia humana a través de la pintura, la literatura, la música y la poesía, explorando temas como el amor, la naturaleza, la melancolía y la rebelión contra la autoridad. El Romanticismo tuvo un profundo impacto en la cultura occidental, influyendo en movimientos posteriores como el realismo y el simbolismo, y contribuyendo al desarrollo del nacionalismo y el idealismo en la política y la sociedad.

Romanticismo (Movimientos): El Romanticismo fue un movimiento artístico y cultural que surgió a finales del siglo XVIII en Europa y se extendió hasta mediados del siglo XIX. Se caracterizó por un énfasis en la emoción, la imaginación y la libertad creativa, en contraposición a la racionalidad y el orden del Neoclasicismo. Los artistas románticos buscaban expresar sentimientos intensos y explorar temas como la naturaleza, la historia antigua, el

folclore y el misterio. Algunos de los principales exponentes del Romanticismo fueron Caspar David Friedrich, Eugène Delacroix y William Blake.

Rosenquist (Artistas Pop Art): James Rosenquist fue un destacado artista estadounidense asociado con el movimiento del pop art. Conocido por sus grandes y coloridas pinturas que combinan imágenes de la publicidad, la cultura popular y la política, Rosenquist exploró temas como el consumismo, la comunicación de masas y la identidad estadounidense. Su obra desafió las nociones de la pintura como un medio puramente estético, y ha tenido un impacto significativo en el arte contemporáneo.

Rubens (Artistas del Barroco) (Pintores Barrocos): Peter Paul Rubens fue un influyente pintor flamenco del periodo barroco, nacido en Siegen, Alemania, en 1577 y fallecido en Amberes, Bélgica, en 1640. Rubens es conocido por su habilidad para combinar la técnica del claroscuro con colores vibrantes y una composición dinámica. Su estilo exuberante y sensual se refleja en obras como "El Juicio de Paris" y "La Adoración de los Magos". Además de su prolífica carrera como pintor, Rubens también fue un hábil diplomático y un coleccionista de arte apasionado, lo que le permitió establecer conexiones importantes en la élite cultural y política de su época. También destacan en su obra "El rapto de las hijas de Leucipo" y "La masacre de los Inocentes".

Russolo (Artistas Futurismo): Luigi Russolo fue un destacado músico, compositor y teórico italiano asociado con el movimiento futurista. Nacido en 1885 en Portogruaro, Italia, Russolo es conocido por su "Manifiesto de los ruidos", publicado en 1913, en el que abogaba por una nueva música que incorporara los sonidos de la era industrial y urbana. Este manifiesto sentó las bases para la música futurista, un género experimental que utilizaba máquinas ruidosas, instrumentos caseros y sonidos ambientales para crear composiciones innovadoras y vanguardistas. Russolo también fue un inventor prolífico, desarrollando varios instrumentos musicales futuristas, como el intonarumori, que ampliaron las posibilidades expresivas del sonido en la música moderna.

Sagrada Familia (Arquitectura Célebre): La Sagrada Familia es una basílica católica en Barcelona, España, diseñada por el arquitecto catalán Antoni Gaudí. Es una obra maestra del modernismo catalán, y su construcción comenzó en 1882. Aunque todavía está en construcción, la Sagrada Familia es uno de los lugares más visitados de España y un símbolo emblemático de Barcelona. Su diseño único combina elementos góticos y curvilíneos, y está lleno de simbolismo religioso y referencias a la naturaleza.

Sanguina (Técnicas Dibujo): La sanguina es un medio de dibujo de color rojo suave que se utiliza tradicionalmente para retratos y estudios de figura. Se fabrica a partir de un mineral de hierro rojizo conocido como hematita, que se muele en polvo fino y se mezcla con aglutinantes para formar una barra o lápiz de color sanguina. La sanguina es apreciada por su capacidad para crear líneas suaves y cálidas, así como por su tono terroso y natural. Se utiliza comúnmente en dibujos a mano alzada y bocetos preliminares, así como en obras de arte acabadas que requieren un enfoque más suave y expresivo.

Sant'Elia (Artistas Futurismo): Antonio Sant'Elia fue un arquitecto italiano y teórico del movimiento futurista. Nacido en 1888 en Como, Italia, Sant'Elia es conocido por sus innovadoras visiones arquitectónicas que reflejaban la estética y la filosofía del futurismo. Sus diseños, aunque en su mayoría nunca se construyeron, anticiparon la arquitectura moderna y el urbanismo del siglo XX, incorporando elementos de velocidad, tecnología y dinamismo.

Sant'Elia también escribió extensamente sobre la necesidad de una nueva arquitectura que reflejara la rapidez y la eficiencia de la era moderna, influenciando a generaciones posteriores de arquitectos y diseñadores.

Schiele (Artistas del Expresionismo): Egon Schiele fue un influyente pintor y dibujante austriaco asociado con el movimiento del Expresionismo. Nacido el 12 de junio de 1890 en Tulln, Austria, Schiele es conocido por sus obras que exploran la sexualidad, el cuerpo humano y la psique humana con una intensidad emocional y una franqueza inquebrantables. Su estilo distintivo, caracterizado por líneas angulares y contornos expresivos, refleja su visión personal y su búsqueda de la autenticidad en el arte. Schiele desafió las convenciones sociales y artísticas de su tiempo, y su trabajo sigue siendo admirado por su poderosa expresividad y su capacidad para capturar la complejidad del ser humano.

Schmidt-Rottluff (Artistas del Expresionismo): Karl Schmidt-Rottluff fue un destacado pintor y grabador alemán, miembro fundador del grupo artístico Die Brücke (El Puente) y una figura importante en el movimiento del Expresionismo en Alemania. Nacido el 1 de diciembre de 1884 en Rottluff, Alemania, Schmidt-Rottluff es conocido por sus obras vibrantes y expresivas que exploran temas como la vida urbana, la naturaleza y la experiencia humana. Su estilo se caracteriza por el uso audaz del color y la forma, así como por una pincelada enérgica y gestual que refleja una intensa emotividad y una conexión con lo primitivo y lo instintivo. A lo largo de su carrera, Schmidt-Rottluff produjo una amplia variedad de obras que reflejan su compromiso con la experimentación y la innovación en el arte moderno.

Schwitters (Artistas Dadaísmo): Kurt Schwitters fue un artista alemán conocido por su trabajo en el movimiento dadaísta y por su invención del "Merz", un término que utilizó para describir su práctica artística de combinar materiales y objetos encontrados en collages y ensamblajes. Schwitters también fue un destacado poeta y creador de "poemas Merz", composiciones experimentales que combinaban palabras y elementos visuales de manera no convencional. Su trabajo desafiaba las convenciones estéticas y literarias de su tiempo, y tuvo un impacto significativo en el desarrollo del arte moderno.

Semiótica (Teorías Artísticas): La semiótica es el estudio de los signos y los sistemas de significación en el arte y la cultura. Surgió a finales del siglo XIX y principios del XX como una disciplina interdisciplinaria que combina la lingüística, la filosofía, la psicología y otras áreas del conocimiento para analizar cómo se producen, interpretan y utilizan los signos en diferentes contextos culturales y sociales. En el ámbito artístico, la semiótica se utiliza para estudiar cómo las obras de arte comunican significados a través de símbolos, imágenes y otros elementos visuales, así como para analizar cómo se construyen y se interpretan los discursos visuales en la sociedad.

Sepia (Colores Artísticos): El sepia es un tono terroso y cálido que se asemeja al color marrón oscuro con matices rojizos. Se deriva del pigmento sepia, que se extrae de la tinta de ciertos cefalópodos, como el calamar. En el arte, el sepia se ha utilizado tradicionalmente en técnicas de dibujo y pintura, especialmente en grabado y acuarela, para crear efectos tonales sutiles y para dar una sensación de antigüedad o nostalgia a las obras.

Serigrafía (Técnicas de Ilustración): La serigrafía, también conocida como impresión de pantalla, es una técnica de impresión en la que se utiliza una malla fina para transferir tinta a una superficie, excepto en las áreas bloqueadas por un material resistente. El proceso

comienza con la creación de una plantilla o "pantalla" que define las áreas donde la tinta puede pasar a través de la malla. Luego, la tinta se aplica sobre la pantalla y se presiona a través de ella con un rasero o una espátula, transfiriendo la imagen o diseño a la superficie debajo. La serigrafía se utiliza en una variedad de aplicaciones, desde la impresión de camisetas y carteles hasta la producción de obras de arte seriadas y originales.

Severini (Artistas Futurismo): Gino Severini fue un destacado pintor y teórico italiano asociado con el movimiento futurista. Nacido en 1883 en Cortona, Italia, Severini se unió al grupo futurista en 1910 y contribuyó significativamente al desarrollo estético y conceptual del movimiento. Sus obras reflejan la fascinación futurista por la modernidad, la velocidad y la dinámica del mundo urbano, utilizando formas geométricas y líneas cinéticas para representar el movimiento y la energía. Severini también exploró la teoría del color y la relación entre la pintura y otras formas de expresión artística, como la danza y el teatro, en un esfuerzo por sintetizar las artes visuales con la vida contemporánea.

Sgraffito (Técnicas de Ilustración): El sgraffito es una técnica de dibujo en la que se rasca o elimina parte de la capa superior de un medio artístico, como la pintura, para revelar el material subyacente y crear líneas, formas o texturas. Se puede realizar sobre una superficie húmeda o seca, y se utiliza comúnmente en medios como la pintura al óleo, la acuarela o el pastel. El sgraffito permite al artista crear contrastes visuales interesantes y efectos de textura al revelar capas subyacentes de color o material.

Siena (Escuelas de Arte): La escuela sienesa se refiere al estilo artístico desarrollado en la ciudad de Siena, Italia, durante los siglos XIII y XIV. Esta escuela se destacó por su enfoque en la pintura religiosa, caracterizada por el uso de colores vivos, formas elegantes y composiciones ornamentadas. Los artistas sieneses también fueron conocidos por su habilidad en el uso del dorado y la aplicación de detalles intrincados en sus obras.

Simbolismo (Estilos) (Movimientos): El simbolismo fue un movimiento artístico y literario que surgió a finales del siglo XIX como reacción al realismo y al naturalismo predominantes en la época. Los artistas simbolistas buscaron explorar temas espirituales, emocionales y subjetivos a través de símbolos y metáforas, en lugar de representar la realidad de manera objetiva. Utilizaron colores intensos, formas estilizadas y composiciones oníricas para evocar estados de ánimo, sueños y visiones interiores. Los temas comunes en el simbolismo incluyen el misticismo, la naturaleza, el amor, la muerte y el inconsciente. Algunos de los principales representantes del Simbolismo fueron Gustave Moreau, Odilon Redon y Fernand Khnopff. Este estilo influyó en movimientos posteriores como el surrealismo y el expresionismo.

Software (Arte Digital): El software juega un papel fundamental en la creación de arte digital, ya que proporciona las herramientas necesarias para dibujar, pintar, editar y manipular imágenes en una computadora. Hay una amplia variedad de programas de software disponibles para artistas digitales, que van desde programas de dibujo y pintura como Adobe Photoshop y Corel Painter, hasta programas de modelado y animación como Autodesk Maya y Blender. Estos programas ofrecen una variedad de herramientas y funciones que permiten a los artistas crear una amplia gama de obras de arte digitales, desde ilustraciones y pinturas hasta esculturas y animaciones.

Soldadura (Técnicas Escultura): La soldadura es una técnica escultórica que implica la unión de piezas metálicas utilizando calor para fundir y fusionar los materiales. Los artistas que utilizan

esta técnica sueldan piezas de metal, como acero, hierro o aluminio, utilizando equipos de soldadura, como sopletes de gas, arcos eléctricos o soldadores de puntos. La soldadura permite a los escultores crear obras de arte tridimensionales con una amplia variedad de formas y estructuras, desde esculturas abstractas hasta figuras realistas. La soldadura también puede ser utilizada para unir metales con otros materiales, como vidrio, piedra o madera, ampliando las posibilidades creativas de la escultura metálica.

Stencil (Arte Urbano): El stencil, también conocido como plantilla o estarcido, es una técnica de arte urbano que implica el uso de una plantilla para aplicar imágenes o diseños repetitivos en superficies urbanas. Consiste en recortar una plantilla con la forma deseada y luego aplicar pintura a través de ella sobre la superficie deseada, creando así una imagen nítida y definida. El stencil se ha utilizado históricamente con fines políticos, sociales y artísticos, y permite a los artistas reproducir rápidamente sus diseños en diversas ubicaciones urbanas.

Stippling (Técnicas de Ilustración): El stippling es una técnica de dibujo en la que se crean sombras y texturas mediante la aplicación de puntos pequeños y densos en lugar de líneas. Los puntos se colocan en áreas específicas de la ilustración para representar variaciones en el tono, la luz y la textura. Cuanto más cerca estén los puntos entre sí, más oscuro aparecerá el área, mientras que los espacios entre los puntos crean áreas más claras. El stippling requiere paciencia y precisión, pero puede producir efectos de sombreado detallados y realistas.

Stop Motion (Cine Alternativo): El stop motion es una técnica de animación en la que se manipulan objetos físicos, como muñecos o figuras, cuadro por cuadro para crear la ilusión de movimiento. Cada fotograma captura una pequeña modificación en la posición o forma del objeto, y cuando se reproducen en secuencia, estos fotogramas crean la sensación de movimiento. Esta técnica se ha utilizado en una amplia variedad de películas, desde cortometrajes animados hasta largometrajes, y su estética única y laboriosa la ha convertido en una forma de expresión apreciada en el cine alternativo.

Street Art (Movimientos Artísticos) (Arte Urbano): El arte callejero, también conocido como street art, es una forma de expresión artística que se desarrolla en espacios públicos, como calles, paredes, edificios y otros lugares urbanos. Surge como una manifestación cultural de la contracultura urbana y a menudo se asocia con mensajes sociales, políticos o culturales. Utiliza una variedad de técnicas y medios, como graffiti, murales, pegatinas, estarcido y arte efímero. A menudo, los artistas callejeros trabajan de manera ilegal, desafiando las normas establecidas y buscando provocar una reflexión en el espectador sobre el entorno urbano y la sociedad en general. El arte callejero ha ganado reconocimiento y aceptación en el mundo del arte contemporáneo.

Suprematismo (Estilos): El suprematismo fue un movimiento artístico desarrollado por el artista ruso Kazimir Malévich a principios del siglo XX. Se caracteriza por la abstracción geométrica y la reducción de la pintura a sus elementos básicos: formas geométricas simples como cuadrados, círculos y líneas rectas, dispuestas en composiciones no objetivas. Malévich buscaba expresar la esencia espiritual y universal de la forma y el color, liberándolos de cualquier referencia figurativa o representativa. Creía que estas formas puras tenían un poder intrínseco y una belleza independiente de cualquier contexto narrativo o simbólico. El suprematismo influyó en el arte abstracto y en movimientos posteriores como el constructivismo y el minimalismo.

Surrealismo (Estilos Artísticos) (Conceptos Artísticos) (Géneros): El Surrealismo fue un movimiento artístico y literario que surgió en la década de 1920, liderado por el poeta francés André Breton. Se caracterizó por la exploración de lo irracional, lo ilógico y lo inconsciente a través de la representación de imágenes oníricas, surrealistas y fantásticas. Los artistas surrealistas buscaban liberar la creatividad de las restricciones de la razón y la lógica, permitiendo que el inconsciente guiara su proceso creativo. El surrealismo influyó profundamente en el arte moderno y se convirtió en una poderosa herramienta de expresión para explorar los aspectos más profundos de la psique humana. Entre los principales exponentes del surrealismo literario se encuentran André Breton, Paul Éluard y Louis Aragon.

Swing (Géneros Jazz): El swing es un estilo de jazz que alcanzó su apogeo en la década de 1930 y 1940 en Estados Unidos. Se caracteriza por su ritmo contagioso, énfasis en la improvisación y arreglo de big bands. El swing se originó como una evolución del jazz de la era del jazz de Nueva Orleans, incorporando arreglos más elaborados y sofisticados. Los músicos de swing más famosos incluyen a Duke Ellington, Count Basie, Benny Goodman y Glenn Miller, quienes popularizaron el género con sus actuaciones en vivo y grabaciones.

Sydney Opera (Arquitectura Célebre): La Ópera de Sídney es uno de los edificios más famosos y distintivos del mundo, ubicado en el puerto de Sídney, Australia. Diseñado por el arquitecto danés Jørn Utzon, el edificio se inauguró en 1973 y ha sido un ícono cultural y turístico desde entonces. Su diseño único, que se asemeja a velas hinchadas o conchas marinas, es reconocido en todo el mundo. La Ópera de Sídney alberga múltiples salas de conciertos y teatros, y es el hogar de la Ópera Australiana, la Orquesta Sinfónica de Sídney y el Ballet de Australia.

Tableta gráfica (Arte Digital): Una tableta gráfica es un dispositivo de entrada que permite a los artistas dibujar y crear imágenes digitales directamente en una computadora utilizando un lápiz especial o un lápiz óptico. Estas tabletas suelen tener una superficie sensible a la presión que registra la presión aplicada por el lápiz, lo que permite al artista variar la opacidad y el grosor de las líneas al dibujar. Son ampliamente utilizadas en el arte digital para crear ilustraciones, pinturas digitales, diseño gráfico y animación.

Tachismo (Arte Abstracto): El tachismo es un movimiento artístico que surgió en la década de 1940 en Francia, caracterizado por el uso espontáneo y gestual de pinceladas y manchas de pintura sobre el lienzo. Los artistas tachistas enfatizan el acto de la pintura en sí mismo, explorando la energía y la vitalidad del gesto artístico. Las obras tachistas suelen presentar una composición abstracta y dinámica, con formas y líneas que sugieren movimiento y emoción.

Taeuber-Arp (Artistas Dadaísmo): Sophie Taeuber-Arp fue una destacada artista suiza asociada con el movimiento dadaísta y el arte abstracto. Conocida por su enfoque multidisciplinario, Taeuber-Arp trabajó en una variedad de medios, incluyendo la pintura, la escultura, el diseño textil y la danza. Es reconocida por sus experimentaciones con la geometría y el color, así como por su contribución al desarrollo del arte abstracto y la abstracción geométrica. Taeuber-Arp también fue una figura clave en el diseño de vanguardia y la enseñanza del arte, influyendo en generaciones posteriores de artistas y diseñadores.

Tag (Arte Urbano): El tag es una forma básica de graffiti que consiste en escribir o dibujar el nombre o el apodo de un individuo en una superficie, a menudo de manera rápida y con un estilo distintivo. Es una forma de autoidentificación y ha sido una parte integral de la cultura del graffiti desde sus inicios. Los tags pueden variar en tamaño, complejidad y legibilidad, y a

menudo se utilizan para marcar territorio, hacer declaraciones personales o simplemente dejar una marca en el entorno urbano. Aunque a menudo se considera una forma de vandalismo, el tag también puede ser apreciado como una forma de expresión artística y cultural.

Taj Mahal (Arquitectura Célebre): El Taj Mahal, una obra maestra de la arquitectura mogol, se erige majestuoso a lo largo de las orillas del río Yamuna en la ciudad de Agra, India. Comisionado por el emperador Shah Jahan en memoria de su esposa favorita, Mumtaz Mahal, este sublime mausoleo de mármol blanco es un símbolo perdurable de amor y devoción. Construido entre 1632 y 1653, el Taj Mahal combina una belleza arquitectónica excepcional con intrincados detalles artísticos, desde sus elaborados relieves de mármol hasta sus impresionantes jardines y piscinas reflectantes.

Talla (Esculturas): La talla es una técnica escultórica que implica la eliminación de material de un bloque sólido para crear una forma tridimensional. Los escultores que tallan generalmente trabajan con materiales como madera, piedra, marfil o hueso, utilizando herramientas afiladas como cinceles, gubias y sierras para esculpir la forma deseada. La talla puede ser tanto un proceso de adición, en el que se añaden capas de material para construir la forma, como un proceso de sustracción, en el que se elimina el exceso de material para revelar la forma oculta dentro del bloque inicial. Esta técnica ha sido utilizada a lo largo de la historia por escultores de diversas culturas para crear obras de arte tanto decorativas como funcionales.

Talla de Madera (Técnicas Escultura): La talla de madera es una técnica escultórica que implica el tallado de figuras tridimensionales en bloques o piezas de madera utilizando herramientas especializadas como cinceles, gubias y sierras. Esta técnica permite al escultor crear obras detalladas y expresivas, aprovechando las cualidades naturales de la madera, como su textura, color y grano. La talla de madera puede variar desde formas simples y geométricas hasta figuras realistas y ornamentadas, y ha sido utilizada a lo largo de la historia para crear una amplia gama de obras de arte, desde esculturas religiosas hasta piezas decorativas y funcionales.

Talla Directa (Técnicas Escultura): La talla directa es una técnica escultórica en la que el artista talla directamente en un bloque de material, eliminando el exceso de material para revelar la forma deseada. Este método permite al escultor trabajar de manera intuitiva y espontánea, respondiendo a las cualidades inherentes del material y permitiendo que la obra tome forma a medida que avanza el proceso de tallado. La talla directa se utiliza comúnmente en materiales como madera, piedra, mármol o yeso, y puede variar en complejidad desde formas simples hasta obras altamente detalladas.

Tanguy (Artistas Surrealismo): Yves Tanguy fue un pintor surrealista francés conocido por sus paisajes imaginarios y oníricos, poblados por formaciones rocosas, criaturas extrañas y paisajes desérticos. Inspirado por los paisajes surrealistas de su infancia en Bretaña y por sus experiencias en el ejército durante la Primera Guerra Mundial, Tanguy desarrolló un estilo distintivo que evocaba un sentido de lo misterioso y lo desconocido. Su obra se caracteriza por su precisión técnica y su meticuloso control del color y la composición, así como por su capacidad para evocar un sentido de lo inexplicable y lo enigmático en el espectador.

Tapiz (Técnicas Arte Textil): El tapiz es una forma de arte textil que implica tejer o bordar hilos sobre un telar para crear una pieza de tela decorativa con patrones o imágenes. Los tapices han sido utilizados históricamente como elementos decorativos en paredes y muebles, y pueden

ser tejidos con una variedad de materiales y técnicas, incluyendo lana, seda, algodón y fibras sintéticas.

Tate (Museos): La Tate es un grupo de galerías de arte en el Reino Unido, que incluye la Tate Britain, la Tate Modern, la Tate Liverpool y la Tate St Ives. Fundada en 1897 por Sir Henry Tate, la Tate es una de las instituciones de arte más importantes del país y alberga una amplia colección de arte británico e internacional, desde el siglo XVI hasta la actualidad. La Tate Modern, ubicada en Londres, es especialmente conocida por su colección de arte moderno e contemporáneo, incluyendo obras de artistas como Picasso, Warhol, Rothko y Hockney. La Tate Britain se centra en el arte británico desde el siglo XVI hasta la actualidad, mientras que la Tate Liverpool se enfoca en el arte moderno y contemporáneo, y la Tate St Ives se centra en el arte moderno británico.

Tate Modern (Museos de Arte Moderno) (Museos Mundiales): La Tate Modern es uno de los museos de arte contemporáneo más importantes del mundo, ubicado en Londres, Reino Unido. Fundado en el año 2000, ocupa el edificio de una antigua central eléctrica en Bankside y alberga una amplia colección de arte moderno y contemporáneo, con obras de artistas como Pablo Picasso, Salvador Dalí, Andy Warhol, Mark Rothko y muchos otros. La Tate Modern es conocida por sus exposiciones innovadoras y su arquitectura industrial renovada, que proporciona un impresionante telón de fondo para las obras de arte expuestas.

Tejido (Técnicas Arte Textil): El tejido es una técnica fundamental en el arte textil que implica entrelazar hilos para crear telas o tejidos. Se pueden utilizar diferentes tipos de telares y técnicas de tejido, como el tejido a mano en telar de bastidor, el tejido a mano en telar de pedal o el tejido a máquina, para producir una amplia variedad de textiles, desde telas simples hasta tejidos complejos con patrones elaborados. El tejido ha sido una parte integral de muchas culturas a lo largo de la historia y sigue siendo una forma importante de expresión artística y creativa en la actualidad.

Temple (Materiales Pintura): El temple es una técnica de pintura que utiliza pigmentos mezclados con agua y huevo como aglutinante. Es una de las técnicas de pintura más antiguas y se ha utilizado ampliamente en la historia del arte, especialmente en la pintura mural y la iconografía religiosa. El temple se caracteriza por su acabado mate y su capacidad para crear colores vibrantes y duraderos. Los artistas pueden trabajar en capas transparentes para lograr efectos de luminosidad o en capas densas para obtener colores intensos y opacos. Aunque el temple se seca relativamente rápido, es menos flexible que otras técnicas de pintura y puede requerir un barniz protector para preservar la obra a lo largo del tiempo.

Terracota (Colores Cálidos): La terracota es un color cálido que se inspira en los tonos rojizos y anaranjados del barro cocido. Se asocia con la tierra, la calidez y la rusticidad. Este color evoca una sensación de solidez y conexión con la naturaleza, y se utiliza a menudo en el diseño para crear una atmósfera acogedora y orgánica. En el arte, la terracota se utiliza tanto como color en sí mismo como en referencia a los materiales cerámicos y de terracota utilizados en esculturas y cerámicas.

Terracota (Materiales): La terracota es un tipo de arcilla cocida a baja temperatura, que se utiliza ampliamente en la escultura y la cerámica. Es un material antiguo y versátil que ha sido utilizado por diversas culturas en todo el mundo para crear obras de arte, objetos utilitarios y elementos arquitectónicos. La terracota se caracteriza por su coloración natural, que varía

desde tonos rojizos hasta marrones y grises, y por su textura porosa y rugosa. Se moldea fácilmente cuando está húmeda y se endurece al secarse y cocerse en un horno. La terracota se ha utilizado para crear esculturas, vasijas, azulejos, ladrillos y tejas, entre otros objetos, y su durabilidad la convierte en un material popular tanto para fines decorativos como funcionales.

Thriller (Géneros de Cine): El thriller es un género cinematográfico que se caracteriza por la tensión, el suspenso y la emoción, con tramas que suelen involucrar crimen, misterio, intriga o peligro inminente. Las películas de thriller pueden abordar una variedad de temas y ambientaciones, desde los thrillers psicológicos y políticos hasta los thrillers de acción y espionaje. Este género se basa en la habilidad del director para mantener al espectador en vilo y mantener el interés a lo largo de la película, a menudo mediante giros inesperados, revelaciones impactantes y escenas de acción emocionantes.

Tiepolo (Pintores Rococó): Giovanni Battista Tiepolo fue un destacado pintor veneciano del siglo XVIII, conocido por sus obras maestras del estilo rococó, que se caracterizan por su dinamismo, elegancia y dramatismo. Nacido en 1696 en Venecia, Italia, Tiepolo fue un virtuoso del color y la composición, y sus obras a menudo presentan escenas mitológicas, religiosas y alegóricas, así como frescos decorativos de gran escala. Su estilo se caracteriza por el movimiento fluido, las figuras gráciles y la sensación de ligereza y teatralidad. Tiepolo fue uno de los artistas más influyentes de su época y dejó un legado duradero en la historia del arte rococó.

Tinta (Materiales Pintura): La tinta es un medio de pintura líquida compuesto principalmente por pigmentos y un aglutinante, como agua o aceite. Es una técnica de pintura muy antigua que se ha utilizado en diversas culturas y tradiciones artísticas. La tinta se caracteriza por su fluidez y capacidad de fluir libremente sobre la superficie del soporte, lo que permite crear líneas y trazos expresivos. Los artistas pueden aplicar la tinta con pinceles, plumas, cañas o incluso con los dedos, lo que permite una amplia gama de efectos y estilos. La tinta se puede utilizar tanto de forma independiente como en combinación con otras técnicas de pintura, como acuarela, gouache o acrílico, para crear obras de arte variadas y expresivas.

Tiziano (Artistas del Renacimiento): Tiziano Vecellio, conocido simplemente como Tiziano, fue uno de los pintores más destacados del Renacimiento veneciano y uno de los artistas más influyentes de la historia del arte. Nacido alrededor de 1488 en Pieve di Cadore, en el norte de Italia, Tiziano se destacó por su dominio del color, la composición y la técnica pictórica, así como por su capacidad para capturar la emoción humana y la belleza natural en sus obras. Su estilo evolucionó a lo largo de su carrera, desde una fase inicial influida por Giorgione hasta un estilo más maduro y poderoso caracterizado por la pincelada audaz y la experimentación con la luz y la sombra. Entre sus obras más famosas se encuentran "Venus de Urbino", "Bacanal de los Andrios" y "La Asunción de la Virgen". Tiziano falleció en 1576, dejando un legado perdurable en la historia del arte.

Topacio (Colores): El topacio es un tono amarillo dorado que se asemeja al color de la gema preciosa del mismo nombre. Es un color cálido y brillante que evoca sentimientos de lujo y riqueza. El topacio se utiliza en la moda y la joyería para crear piezas llamativas y elegantes. Además de su asociación con la piedra preciosa, el topacio también puede representar la energía y la vitalidad. En la teoría del color, el topacio se encuentra en la parte cálida del

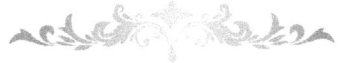

espectro y puede mezclarse con otros tonos amarillos y dorados para crear una paleta de colores armoniosa.

Torre Eiffel (Arquitectura Célebre): Diseñada por el ingeniero Gustave Eiffel, es uno de los íconos más reconocibles del mundo y una obra maestra de la ingeniería del siglo XIX. Situada en París, Francia, la Torre Eiffel fue construida como la entrada principal y el pabellón central de la Exposición Universal de París de 1889, celebrando el centenario de la Revolución Francesa. Con una altura de 324 metros, la estructura de hierro forjado dominó el horizonte de París y rápidamente se convirtió en un símbolo emblemático de la ciudad y de Francia en general.

Torsión (Esculturas): La torsión es una técnica escultórica que implica retorcer o curvar un material, como madera, metal o piedra, para crear una forma espiral, ondulada o en espiral. Esta técnica puede utilizarse para representar el movimiento, la tensión o la energía en la escultura, dando a la obra una sensación dinámica y fluida. Los escultores que emplean la torsión a menudo trabajan con materiales maleables que pueden manipularse fácilmente para lograr la forma deseada, explorando así las posibilidades expresivas de la escultura en tres dimensiones.

Turquesa (Círculo Cromático): El turquesa es un color que se encuentra entre el azul y el verde en el círculo cromático. Se caracteriza por su tonalidad suave y refrescante, que evoca la serenidad y la calma. El turquesa es popular en el arte y el diseño por su asociación con la naturaleza y el mar. Se utiliza en una variedad de aplicaciones decorativas, así como en la moda y la joyería debido a su atractivo visual distintivo.

Turquesa (Colores Fríos): El turquesa es un color que evoca la tranquilidad y la frescura, asociado con la claridad del cielo y la pureza del agua. Se encuentra en la intersección entre el azul y el verde, mostrando tonos de ambos colores. Es un color que transmite serenidad y calma, a menudo utilizado en el diseño de interiores para crear ambientes relajantes y pacíficos. En el arte, el turquesa puede representar la armonía entre el cielo y el mar, así como la conexión con la naturaleza.

Tzara (Artistas Dadaísmo): Tristan Tzara fue un poeta, ensayista y uno de los líderes principales del movimiento dadaísta. Nacido en Rumania, Tzara fue una figura central en el desarrollo y la difusión del dadaísmo en Europa, particularmente en Zurich y París. Es conocido por sus escritos vanguardistas y su participación en la organización de eventos dadaístas, como las famosas "noches dada" en Zurich. Su obra desafió las convenciones literarias y artísticas de su tiempo, abogando por la liberación total del arte de las restricciones tradicionales.

Uffizi (Museos): La Galería Uffizi es uno de los museos más importantes de Florencia, Italia, y alberga una extensa colección de arte renacentista y barroco. Fue diseñada por Giorgio Vasari en el siglo XVI y originalmente sirvió como oficinas administrativas (uffizi, en italiano) del gobierno florentino. La galería cuenta con obras de destacados artistas como Botticelli, Leonardo da Vinci, Miguel Ángel, Rafael y Tiziano, entre otros. Entre sus obras más famosas se encuentra "El nacimiento de Venus" de Botticelli y "La anunciación" de Leonardo da Vinci.

Última Cena (Obras Maestras): "La Última Cena" es una de las obras maestras más famosas del renacimiento italiano, pintada por Leonardo da Vinci entre 1495 y 1498. La obra representa el momento descrito en los evangelios en el que Jesucristo comparte su última cena con sus

discípulos antes de su crucifixión. Leonardo da Vinci logró capturar la emoción y la tensión del momento, mostrando las reacciones variadas de los discípulos ante el anuncio de la traición de uno de ellos. La composición, la técnica de la pintura al óleo y los detalles meticulosos hacen de "La Última Cena" una de las obras más influyentes en la historia del arte occidental.

Vaciado (Técnicas Escultura): El vaciado es una técnica escultórica que implica la creación de una forma tridimensional mediante la fundición de un material líquido en un molde. Los escultores crean un modelo original en arcilla, cera u otro material maleable, que luego se utiliza para hacer un molde. Este molde se llena con un material fundido, como bronce, aluminio o yeso, que se solidifica para formar la escultura final. El proceso de vaciado permite a los artistas reproducir una obra en serie y experimentar con diferentes materiales y acabados.

Vanguardia (Géneros): La vanguardia es un movimiento artístico y literario que surgió a finales del siglo XIX y principios del XX, caracterizado por su rechazo a las convenciones tradicionales y su búsqueda de formas de expresión innovadoras y experimentales. En la literatura, la vanguardia se manifestó a través de técnicas como el collage, la escritura automática y la fragmentación del lenguaje, desafiando las estructuras narrativas convencionales y explorando nuevas formas de representar la experiencia humana y la realidad.

Velázquez (Artistas del Barroco) (Pintores Barrocos): Diego Rodríguez de Silva y Velázquez, conocido como Velázquez, fue un destacado pintor español del periodo barroco. Nacido en Sevilla en 1599 y fallecido en Madrid en 1660, Velázquez es considerado uno de los mayores exponentes del arte español y uno de los maestros de la pintura universal. Su habilidad para capturar la esencia de sus modelos y su maestría en el uso del color y la luz se destacan en obras como "Las Meninas", "La rendición de Breda" y "La Venus del espejo". Su obra maestra, "Las Meninas", es una de las pinturas más famosas y estudiadas de la historia del arte, admirada por su complejidad visual y su tratamiento magistral de la luz y la perspectiva. Velázquez también destacó por sus retratos realistas y su habilidad para capturar la psicología y la personalidad de sus modelos, incluidos miembros de la familia real española y la nobleza. Su carrera estuvo ligada a la corte española, donde sirvió como pintor de cámara del rey Felipe IV, dejando un legado artístico que sigue siendo admirado en la actualidad.

Venus de Milo (Esculturas Antiguas): La Venus de Milo es una escultura de mármol que data del período helenístico de la antigua Grecia, creada entre los años 130 y 100 a.C. Se cree que representa a la diosa Afrodita (Venus para los romanos), la diosa del amor y la belleza. La escultura fue descubierta en la isla de Milo (también conocida como Melos) en Grecia en 1820 y actualmente se encuentra en el Museo del Louvre en París, Francia. La Venus de Milo es conocida por su elegante belleza y su pose serena y clásica, y ha sido una inspiración para artistas y admiradores durante siglos.

Verde (Círculo Cromático): El verde es un color secundario en el círculo cromático, resultado de la mezcla de azul y amarillo. Se encuentra entre el amarillo y el azul en la rueda de colores y se asocia con la naturaleza, la armonía y el equilibrio. En el contexto del círculo cromático, el verde puede variar desde tonos claros y frescos hasta tonos más oscuros y profundos, y se utiliza en una amplia gama de aplicaciones artísticas y decorativas.

Verde (Colores Fríos): El verde es otro color asociado con la gama de colores fríos. Evoca la naturaleza, la frescura y la tranquilidad. Desde el verde brillante de las hojas nuevas hasta el verde oscuro de los bosques, este color está estrechamente relacionado con el mundo vegetal

y con los paisajes naturales. En el arte y el diseño, el verde se utiliza para transmitir una sensación de armonía y equilibrio, así como para representar el crecimiento, la salud y la renovación.

Verrocchio (Artistas del Renacimiento): Andrea del Verrocchio, nacido como Andrea di Michele di Francesco de' Cioni, fue un destacado escultor, pintor y orfebre del Renacimiento italiano. Nacido en 1435 en Florencia, Verrocchio se convirtió en aprendiz de orfebre antes de embarcarse en una exitosa carrera como artista. Su taller se convirtió en un importante centro de producción artística y muchos de sus aprendices, como Leonardo da Vinci, alcanzaron la fama por derecho propio. Verrocchio es conocido por su habilidad para combinar la elegancia clásica con una atención meticulosa al detalle en sus obras escultóricas, como el "David" y "El bautismo de Cristo". También realizó importantes contribuciones a la pintura, siendo su obra más famosa "El bautismo de Cristo", que incluye la participación de un joven Leonardo da Vinci. Verrocchio murió en 1488, dejando un legado duradero en el arte renacentista.

Viajes (Géneros Fotográficos): La fotografía de viajes se centra en capturar la belleza y la diversidad de lugares y culturas alrededor del mundo, desde paisajes impresionantes hasta retratos íntimos de personas y momentos cotidianos. Los fotógrafos de viajes buscan transmitir la emoción y la experiencia de explorar nuevos lugares, utilizando técnicas de composición, iluminación y narrativa visual para contar historias cautivadoras y evocadoras. Este género ofrece una amplia gama de posibilidades creativas, desde la fotografía de paisajes y arquitectura hasta retratos callejeros y documentales culturales, y puede ser una fuente de inspiración y descubrimiento tanto para el fotógrafo como para el espectador.

Videoarte (Movimientos Siglo XXI): El videoarte es una forma de expresión artística que utiliza el video como medio principal. Surgido en las décadas de 1960 y 1970, el videoarte busca explorar las posibilidades creativas del medio audiovisual, así como su capacidad para transmitir ideas, emociones y experiencias de manera innovadora y experimental. Los artistas de videoarte utilizan cámaras de video, equipos de edición y software de postproducción para crear obras que pueden variar en duración, estilo y contenido, desde narrativas lineales hasta instalaciones inmersivas y performances en vivo. El videoarte aborda una amplia gama de temas, desde lo personal y lo íntimo hasta lo político y lo social, y se presenta en una variedad de contextos, como galerías de arte, festivales de cine, museos y espacios públicos.

Violeta (Círculo Cromático): El violeta es otro de los colores secundarios en el círculo cromático, resultado de la mezcla de azul y rojo. Se encuentra entre el azul y el rojo en la rueda de colores y se asocia con la espiritualidad, la creatividad y la introspección. En el contexto del círculo cromático, el violeta puede variar desde tonos suaves y delicados hasta tonos profundos y ricos, y se utiliza en una variedad de contextos artísticos y decorativos.

Violeta (Colores Fríos): El violeta es un color secundario que se forma combinando el rojo y el azul. Como parte de la gama de colores fríos, el violeta transmite misterio, espiritualidad y creatividad. A menudo asociado con la realeza y la extravagancia, el violeta ha sido utilizado históricamente en la moda y la decoración para denotar elegancia y sofisticación. En el arte, el violeta puede añadir profundidad y drama a una composición, así como evocar una sensación de enigma y magia.

Warhol (Artistas del Siglo XX) (Artistas Pop Art): Andy Warhol fue un destacado artista, cineasta y figura central del movimiento del pop art. Conocido por su enfoque en la cultura de

masas y la repetición de imágenes icónicas, Warhol desafió las convenciones del arte tradicional y exploró temas como la celebridad, el consumo y la comercialización, influyendo en la cultura visual contemporánea de manera significativa.

Watteau (Pintores Rococó): Jean-Antoine Watteau fue un influyente pintor francés del siglo XVIII, conocido por sus evocadoras escenas pastorales y su contribución al desarrollo del estilo rococó. Nacido en 1684 en Valenciennes, Francia, Watteau fue uno de los primeros artistas en capturar la atmósfera delicada y sentimental del período rococó. Sus obras, como "La Embarcación a Citera", retratan elegantes fiestas campestres y escenas galantes, llenas de gracia y encanto. Watteau también fue un maestro del dibujo y la composición, y su estilo influyó en generaciones posteriores de artistas rococó y neoclásicos.

Weiner (Arte Conceptual): Lawrence Weiner es un artista conceptual estadounidense conocido por sus obras de arte lingüísticas que exploran la relación entre el lenguaje y el espacio. Weiner utiliza palabras y frases simples para crear instrucciones o proposiciones que pueden ser realizadas por el espectador o el entorno. Sus obras se presentan en una variedad de medios, incluyendo textos impresos en paredes, instalaciones, esculturas y libros. Weiner es una figura influyente en el arte conceptual y ha sido fundamental en la expansión de los límites del arte hacia el ámbito del lenguaje y la comunicación.

Wesselmann (Artistas Pop Art): Tom Wesselmann fue un artista estadounidense conocido por su trabajo en el movimiento del pop art. Es famoso por sus representaciones de objetos cotidianos y figuras femeninas en un estilo audaz y colorido. Wesselmann combinaba elementos de la publicidad, la cultura popular y el erotismo en sus obras, explorando temas de deseo, consumo y la imagen femenina en la sociedad contemporánea. Su trabajo ha sido influyente en el arte contemporáneo y sigue siendo relevante en la actualidad.

Xilografía (Estilos de Grabado): La xilografía es una técnica de grabado que utiliza una plancha de madera como matriz para imprimir imágenes. En este proceso, se talla la superficie de la madera con herramientas especializadas, dejando elevaciones que retendrán la tinta para luego transferirla al papel. La xilografía es conocida por su capacidad para producir líneas y texturas nítidas, así como por su versatilidad en la creación de obras artísticas y grabados comerciales.

Xu Zhen (Artistas Pop Art Asia): Xu Zhen es un artista chino conocido por su práctica multidisciplinaria que abarca la instalación, la escultura, la pintura, la fotografía y el vídeo. Su obra a menudo desafía las convenciones del arte contemporáneo y reflexiona sobre temas como la globalización, el consumismo y la cultura popular. Xu Zhen es el fundador de Madeln Company, una plataforma artística que promueve el intercambio cultural y la colaboración artística a nivel internacional.

Yeso (Materiales): El yeso es un material versátil y económico que ha sido utilizado en el arte desde la antigüedad. Se compone principalmente de sulfato de calcio y agua, y se utiliza en forma de polvo mezclado con agua para crear una pasta maleable que se puede verter en moldes, esculpir a mano o aplicar en capas sobre superficies para crear relieves y esculturas. El yeso es fácil de trabajar y se seca rápidamente, lo que lo hace ideal para la creación de maquetas, moldes y modelos de estudio. También se utiliza como material de acabado para crear superficies lisas y uniformes en esculturas y relieves antes de pintar o dorar.

Zafiro (Colores. Naturaleza): El color zafiro se inspira en la tonalidad azul profundo de la gema preciosa del mismo nombre. Este color evoca la serenidad, la calma y la profundidad del océano y el cielo, transmitiendo una sensación de paz y tranquilidad. En la naturaleza, el color zafiro se encuentra en los cristalinos mares tropicales, los cielos despejados en un día soleado y los gélidos glaciares de tonalidades azuladas. Se asocia también con la sabiduría, la confianza y la espiritualidad, y se utiliza en el arte y el diseño para crear atmósferas serenas y contemplativas.

Zurbarán (Pintores Barrocos): Francisco de Zurbarán, nació el 7 de noviembre de 1598 en Fuente de Cantos, España, y falleció el 27 de agosto de 1664 en Madrid, España. Zurbarán fue uno de los principales pintores españoles del Siglo de Oro español y un maestro del realismo religioso. Es conocido por su habilidad para representar figuras religiosas con una intensidad emocional única y su uso magistral de la luz y la sombra. Obras destacadas de Zurbarán incluyen "Agnus Dei" y "Santa Dorotea".

BlessedPapers

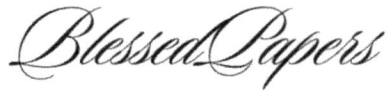

Libros de esta colección: